RAYMOND PIN :
VINGT ANS
DANS LA FORÊT

OUVRAGES DE MICHEL DAMIEN

ESSAIS

L'animal, l'homme et Dieu
éditions du Cerf
(traduit en italien)

La crainte de l'an 2000
éditions Robert Laffont-Seghers

Le grand massacre
éditions Fayard et Hachette
(En collaboration avec Alfred Kastler,
prix Nobel de physique,
et Jean-Claude Nouet,
professeur à la faculté de médecine de Paris)

L'enfant confisqué
préface de Frédéric Pottecher,
éditions A.C.E., Paris

ENCYCLOPÉDIE

Le livre des pouvoirs de l'esprit
Direction et articles,
éditions Culture, Arts et Loisirs

ANTHOLOGIES

Les extra-sensoriels
Robert Laffont-Tchou

Les pensées communicantes
Robert Laffont-Tchou

Le savoir antérieur
Robert Laffont-Tchou

Les corps à prodiges
Robert Laffont-Tchou

Le dossier noir des maisons hantées
Robert Laffont-Tchou

ADAPTATION

La vie après la mort?
Adaptation française du texte de Nils O'Jacobson (Suède)
Presses de la Cité et Presses-Pocket

À PARAÎTRE

Aimé Michel
(biographie),
en collaboration, Mercure de France

L'évadé de Berkeley
roman

UNE HISTOIRE RACONTÉE
PAR MICHEL DAMIEN

RAYMOND PIN : VINGT ANS DANS LA FORÊT

CALMANN-LÉVY

ISBN 2-7021-1741-4

Imprimé en France

CHAPITRE PREMIER

Une forêt pour mon Noël

Ma cabane brûlait. Nous étions à Noël 1971 et, comme cadeau de fin d'année, ma cabane brûlait. Mon abri, mon refuge, le seul endroit où me protéger du froid et des hommes disparaissait dans les flammes, et avec lui une partie de la forêt. C'était gigantesque, effrayant. J'habitais là depuis trois ans. Tout flambait, tout partait en fumée. Au début de l'incendie, quand j'ai compris qu'il n'y avait rien à faire, je me suis reculé jusqu'à un chemin de terre et j'ai regardé avec consternation. Il était dix heures du matin. Une brume se dissipait sur la campagne. Le chat qui me servait de compagnon a bondi hors du toit en hurlant.

Malveillance ou accident ? Non : générosité. La municipalité avait décidé de m'offrir une forêt pour moi tout seul, en cette fête de Noël, et elle voulait m'encourager à partir. Elle m'offrait de magnifiques espaces naturels et désirait me convaincre de m'enfoncer dans les bois avec enthousiasme. Pour cela, elle avait requis l'aide d'un métayer. Il m'avait dit la veille :

— Je vais mettre le feu à ta cabane.

— Où vais-je aller, en hiver ? lui avais-je répondu.

— Dans la forêt !... Va dans la forêt. Elle est grande. Elle est belle. Elle est à toi.

Ce n'était pas vrai. Elle ne m'appartenait pas. Je refusais d'y aller. Le propriétaire, que je ne connaissais pas, m'en chasserait.

— Si, tu peux y aller !... continua le métayer. J'ai reçu des ordres du maire et aussi du propriétaire de la ferme pour te faire partir. Tu dois disparaître demain. Par-dessus ta cabane, nous allons brûler les broussailles, les branches et les arbres qui n'auront pas été récupérés dans cette parcelle de forêt.

Ils défrichaient. Ce n'était pas légal de me chasser de cette manière d'un lieu où j'avais reçu l'autorisation de la mairie d'habiter; je n'avais pas eu de lettre ni d'injonction officielle, mais ils possédaient la force. Le lendemain, le métayer revint avec deux jerrycans d'essence. J'avais passé la nuit à redouter cet instant, et j'étais resté sur place car j'ignorais où me réfugier. « On verra bien ce qui va se passer, me consolais-je en m'enroulant dans mes couvertures. Je n'en mourrai pas, sûrement, je n'en mourrai pas... »

On n'a pas le droit d'expulser les gens en hiver, mais, comme je ne possédais qu'une cabane, on s'embarrassait encore moins de la loi. Les premières maisons du village se trouvaient à trois kilomètres. Il n'existait personne pour me défendre.

— Sors de là ! cria le métayer. Il faut que tu enlèves tes affaires de la cabane, sinon je vais tout brûler.

Je traînai mes affaires sur un petit sentier jusqu'à un pommier au bord d'un chemin plus large, qui servait au passage des tracteurs. Le froid était sec. Il n'avait pas encore neigé. La nuit, la température descendait au-dessous de zéro.

— Ne perdons pas de temps !... Accélérons ! ordonna le maire du village qui avait garé sa voiture sur le chemin.

Il ne m'avait pas salué, hautain, glacial comme la saison, et se tenait en retrait. La décision ne venait pas de lui. Le terrain ne lui appartenait pas. Il n'était présent que pour surveiller les opérations.

Le cultivateur aspergea ma cabane d'essence sur les côtés et le toit. Il lança de grands jets en plaisantant et se donnant beaucoup de mal. Puis, il répandit un filet de carburant sur le sol gelé et mit le feu à l'autre extrémité. La flamme courut comme une flèche et embrasa d'un coup la cabane.

Le feu s'éleva à cinq ou six mètres dans le ciel froid. La fournaise se fit rapidement sentir à plus de vingt mètres, là où le maire, silencieux et immobile, contemplait le spectacle. D'autres gens étaient venus voir, mais j'y fis à peine attention. L'air glacé vibrait à cause de la chaleur. Des flammèches montaient comme des fusées. Le bois craquait.

J'entendis un rire. Il y avait un homme qui riait. C'était le métayer qui trouvait cela drôle. Ce rire me sembla irréel. L'homme recommença à plaisanter et à rire de tout et de n'importe quoi, même du chat à moitié roussi qui cavalait sur le toit en criant. Nous nous connaissions pourtant. Deux mois auparavant, il m'avait acheté pour cinq francs un outil rouillé que j'avais découvert dans les champs. Je lui avais donné aussi des chaussures encore bonnes qui ne m'allaient pas, et une hache. Cet homme costaud d'une trentaine d'années, râblé, aux mèches blondes, s'amusait à son aise devant l'incendie parce que le maire le couvrait de son autorité, parce que c'était original, et aussi pour se donner une contenance.

— Allez dans la forêt !... me dit le maire, sans me regarder, en désignant d'un geste vague de la main l'autre côté de la forêt qui ne brûlait pas.

Il y avait de la place pour les bêtes. Mon refuge aurait pu être démonté avec précaution et reconstruit ailleurs. Mais on avait préféré nettoyer la place par le feu et m'abandonner sans abri dans les bois. J'essayai de m'en moquer, de demeurer indifférent et insensible, de ne pas y penser comme si cet événement ne me concernait pas. La date de Noël n'avait sûrement pas été choisie. A la campagne, on ne regarde pas tellement les dates quand un travail doit être accompli. On fêta pourtant Noël — avec le diable peut-être, dans ce feu d'enfer.

Les hommes partirent déjeuner. La cabane brûla jusque dans l'après-midi. Ils revinrent. Le métayer ajouta un demi-bidon de mazout sur un coin de la cabane qui résistait. Je l'avais construite de mes mains, en espérant un meilleur logement. Pendant l'absence des deux hommes, j'avais fait un tour dans les champs afin de me changer les idées, abandonnant mes affaires devant le pommier. Je marchai un peu étourdi, ça me remuait cette histoire, comme un promeneur qui prend l'air pour se remettre et va bientôt rentrer dans sa maison, mais à mon retour la cabane achevait de se consumer.

Je relevai le col de mon vêtement et vis dans mes doigts rougis mon haleine se transformer en fumée comme celle du brasier. Le gel avait durci les champs labourés et pétrifié les mottes de terre. Je grelottai de l'âme et du corps. J'essayai à nouveau de ne pas me plaindre ni de prêter attention au désagrément de ma situation.

Je sentais le froid piquer et mordre ma chair. En m'approchant de l'incendie, la chaleur me mordait le visage et les mains. J'étais pris entre la morsure du froid et la morsure du feu. Je refusais d'être déchiqueté, étripé, et je m'orientai vers la forêt déserte en me demandant où j'allais parvenir.

Les arbres avaient froid, la terre avait froid, le ciel ne s'éveillait pas de sa grisaille d'hiver.

Ensuite, les hommes allèrent fêter Noël au village, à l'église et dans les fermes dispersées, en mangeant de la dinde, des huîtres et des bûches au chocolat. Ils s'offrirent sûrement des cadeaux dans du papier décoré. Leurs enfants eurent des yeux émerveillés devant les sapins couverts de guirlandes et de boules multicolores. Je voyais de loin les petites lumières du village s'allumer dans le crépuscule. La forêt prenait de l'autre côté une dimension énorme et sombre. J'y fêtai Noël seul, sans ressources, sans cadeau ni paquet de nourriture comme on en donne aux pauvres et aux vieillards. La forêt ne possédait plus une châtaigne, ni un gland, ni un champignon, mais il me restait quelques maigres réserves de nourriture. Les oiseaux étaient partis, ou s'abritaient dans des creux d'arbres, sous des taillis, ne chantaient plus. Le silence et la nuit dominaient tout avec la solitude, chacun des trois paraissant sans limites. Obscurité, silence, désert, il n'y avait rien d'autre.

Je n'enviais pourtant pas les familles qui se réjouissaient autour des tables ou s'apprêtaient à aller à la messe de minuit. Je n'en avais pas le temps. Avant la tombée complète de la nuit, il me fallut agir vite pour affronter le froid et l'obscurité. Un abri devait être construit sans tarder. Une seule nuit dans ce froid pouvait me faire mourir. Je me mis tout de suite à construire, mais je n'eus le temps de rien achever de solide.

Aucun emplacement ne m'avait été désigné dans la forêt et je n'avais pas le droit de m'en attribuer un de préférence.

Dès que les hommes étaient partis, j'étais retourné à ma cabane détruite. Elle dégageait cependant à cinq mètres des vagues d'air bouillant et il s'en échappait de la fumée âcre. Les cendres recouvraient encore du feu prêt à jaillir. Je voulais y récupérer des objets métalliques, des tôles qui n'avaient pas été fondus ou tordus. Lorsque les hommes reviendraient après la fête, ils entasseraient dessus des tonnes de bois, et je ne pourrais plus rien y retrouver. La chaleur demeurait encore trop intense pour que je parvienne à approcher. L'atmosphère était irrespirable. Je protégeai mon visage et mes mains en essayant de trouver quelque chose, puis abandonnai.

La forêt derrière moi semblait engourdie et froide comme le redevenait déjà tout mon corps affamé. Je m'en approchai. C'était la première fois que je l'observais et la touchais de cette façon. Nous étions des complices et des adversaires dans un combat sans merci. Elle impressionnait. Elle ne me paniquait pas. Je saurai la vaincre, je saurai me vaincre.

L'incendie représentait le dernier des derniers actes de la société pour me refouler plus loin dans les bois.

Il n'était plus possible de bâtir un abri, même rudimentaire, avant la nuit complète. Les objets ne pouvaient plus être distingués. L'idée ne m'effleura pas d'aller demander du secours à quiconque, à la mairie par exemple. On se serait moqué de moi. Je ne savais plus qu'une chose, me débrouiller seul dans la nature avec ce que je trouvais à portée de la main. Je ne désirais pas non plus qu'on me voie affligé. De toute façon, on ne m'aurait pas accueilli à bras ouverts puisqu'on me chassait. C'était le seul but immédiat de l'incendie, car la terre ne devenait pas cultivable pour autant, gelée, encore boisée, traversée de racines et de roches calcaires affleurant à la surface.

Dès que j'avais entendu les premières rumeurs du défrichage, j'étais allé parler avec des personnes du coin des possibilités de me reloger. Des associations entretenaient des contacts avec les mairies, des vieillards possédaient quantité de renseignements sur la vie des communes. Ils écoutaient, parlaient entre eux. Ils me dirent tous de ne pas espérer mieux que d'aller dans la forêt. D'ordinaire, c'était interdit de vivre en permanence dans ces lieux. Il fallait des autorisations pour les campings ou les bivouacs. On dressait des procès-verbaux. On chassait les nomades et les vagabonds. Les gendarmes contrôlaient les papiers d'identité. C'était différent pour moi. On m'envoyait dans la forêt de grand cœur comme s'il n'existait rien d'autre sur terre. La forêt et moi ne paraissions faire qu'un désormais aux yeux des hommes. Je m'en désolais.

Pendant plusieurs nuits, je n'eus pas un bon sommeil. Des cauchemars et des inquiétudes m'agitaient. La solitude prenait une ampleur toujours accrue. Je ne voulais pas vivre dans la forêt.

Pourtant, je m'y résignai et, après l'incendie, je dormis dans le froid au pied du pommier où se trouvaient entassées mes affaires, en plein air. Les braises et la cendre chaude de ma cabane, à vingt mètres, rougissaient la nuit. Je m'y étais réchauffé ce soir-là. J'y avais cuit et mangé un malheureux repas. Je ne pouvais à nouveau, parmi les broussailles et les troncs, y tirer mes affaires. Enveloppé dans plusieurs épaisseurs de vêtements, protégé par un matelas et des couvertures, une installation si triste qu'il valait mieux que la nuit la recouvre, une sorte de cabane fragile en chiffons avec un plafond en carton à quatre-vingts centimètres de hauteur, j'avais cherché le sommeil en songeant à Dieu qui, là-haut, en cette période de Noël, en cette fête de la naissance du Christ, nous voyait tous dans le fond de nos cœurs. Je ne récitai pas de prières. Je songeai à Dieu, comme ça, au Christ, au pied du pommier. Sans cette pensée, j'aurais peut-être sombré dans le désespoir ou la révolte, ou je ne sais quoi.

La fraîcheur du matin fut redoutable vers quatre ou cinq heures. Je m'éveillai tôt à cause du froid et de l'inconfort. Le vent glacé me frappait une épaule. Je ne parvenais pas à me protéger. Je ne sentais plus mes mains ni mes pieds. Le vent s'engouffrait dans mes couvertures et mes habits par tous les côtés. Le toit en carton bougeait. J'étais transi, ankylosé. Je ne voulais pas mourir. Il faisait encore nuit pour plusieurs heures. Je me levai sous un ciel sans étoiles et me réchauffai difficilement près des braises mourantes de ma cabane.

Dès que je le pus, à l'aube, je marchai dans la forêt silencieuse et couverte de gelée blanche avec l'intention d'y découvrir un lieu où bâtir une nouvelle cabane. Je ne trouvai pas de clairière, mais des broussailles et des arbres partout. Il se révélait inutile d'aller loin. Je choisis un endroit presque à la lisière de la forêt, qui me protégerait du vent en ne me privant pas de lumière, en ne m'isolant pas complètement.

J'ignorais quel était le propriétaire de ce coin de forêt, mais j'étais si las, et l'on m'avait tant de fois conseillé de disparaître dans la forêt, que je ne m'en souciais guère. Une dizaine d'arbres morts avaient été renversés. Certains étaient très gros. La sauvagerie du lieu annonçait la difficulté de s'y établir et d'y vivre. Il n'était pas entretenu. L'absence de feuilles permettait de voir le ciel entre les branches. Il ajoutait sa teinte grise à la sévérité de la terre. Le temps n'existait pas de la même façon qu'ailleurs, la durée dans la forêt n'était pas la durée hors de la forêt. Je sentais que la patience me serait nécessaire mais aussi qu'elle me serait prodiguée par l'environnement. Les choses suivaient un cours lent. La forêt vivait sans se presser. Je ne devais pas m'affoler ni me précipiter. Il fallait que je m'adapte un peu au rythme de vie des arbres pour parvenir à les fréquenter tous les jours.

En cherchant un autre endroit, je risquais de retomber sans le faire exprès sur une parcelle de forêt appartenant au propriétaire qui me chassait. Je ne connaissais pas tous les propriétaires, et aucune forêt n'était séparée de sa voisine par des grillages ou des fils de fer. La coutume consistait à les marquer par des entailles sur les troncs ou des bornes à demi cachées dans la terre et recouvertes de feuilles et de mousse. J'étais trop épuisé et démoralisé pour aller consulter un cadastre à la mairie, mesurer les emplacements avec précision, faire des relevés, et pratiquer un choix. Il y avait urgence. Un remembrement qui s'effectuait à cette époque, et des ventes de forêts, empêchaient de s'y retrouver aisément. C'était la pagaille. De toute façon, je vivais dans l'incertitude et je m'attendais à être chassé par un inconnu tôt ou tard.

La crainte de la nuit suivante dans le froid m'obligeait cependant à ne pas trop penser à autre chose qu'un abri à construire rapidement. Par chance, la neige ne tombait toujours pas. Je récupérai dans les ruines encore chaudes de ma cabane quelques tôles indispensables pour protéger du feu les parois de bois. Elles étaient noircies et abîmées. Les moins détériorées pouvaient servir. Leur vue ne présentait pas de beauté, mais l'incendie accidentel d'un refuge où je brûlais en permanence du bois mort demeurait un danger que je gardais à l'esprit.

Je récupérai surtout dans ma cabane mon petit poêle. Il m'avait jusqu'alors permis de survivre. Depuis l'automne, j'avais mis sans cesse du bois dans les flammes de ce poêle de cinquante centimètres de long, et trente de large, à moitié détruit, percé de trous de tous côtés, que j'avais découvert quelques temps plus tôt sur un tas d'ordures. Je l'avais rafistolé et consolidé par des plaques de tôle et des tuyaux imbriqués pour l'évacuation de la fumée par le toit. J'eus des difficultés à l'arracher de l'enchevêtrement d'objets après l'incendie de la cabane, mais il était intact.

Lorsque mon choix d'un emplacement fut arrêté, je dressai en quelques heures un abri provisoire de tôles et de piquets maintenus au sol par des pierres et des ficelles. Le vent s'y engouffrait. Je manquais d'outils. Sur cette ébauche de cabane, mon intention était d'élever, jour après jour, des parois et un toit à l'aide des matériaux que la chance me ferait découvrir.

Pour ma seconde nuit en plein air, à la belle étoile, je retournai dormir près du pommier où mes affaires demeuraient entassées face au bosquet qui devait être détruit par les agriculteurs. Je trouvai près du pommier plus de chaleur que dans ma construction inachevée, bien qu'il y fasse là aussi très froid. La température continuait de descendre au-dessous de zéro, mais je ne pouvais faire qu'une évaluation car je ne disposais pas de thermomètre. L'eau gelait. La cendre encore tiède, sous une première couche de cendre froide, à l'emplacement de l'incendie m'aida à faire un feu et à cuire un peu de nourriture, des pommes de terre surtout. Je remis ensuite le toit en carton arraché par le vent et m'allongeai comme la nuit précédente. L'obscurité vient très vite en décembre. Il n'existait autour de moi que la désolation, un silence total et toujours la même solitude, avec des ombres et quelques bruits d'animaux ou de branches secouées par le vent.

La nuit fut épouvantable. Je craignis de ne pas découvrir le minimum de chaleur nécessaire pour résister et survivre. Le vent, stoppé par la disposition que j'avais donnée à mes affaires, se glissait partout et me saisissait, me transperçait. Il m'attaquait par les épaules et la nuque. Je frissonnai longtemps. Le sommeil m'emporta finalement.

Le jour suivant, je ne pus finir ma cabane. Des chiens de chasse coururent autour de mes affaires près du pommier, reniflèrent, frétillants et joyeux, avant que je ne me lève. Des chasseurs m'observèrent avec curiosité.

— Que fait-il là ?... se demandèrent-ils entre eux.

J'étais gêné. Je ne voulus pas leur parler. Je pris la décision de traîner toutes mes affaires dans la forêt sans attendre l'achèvement de la construction de la cabane.

Pendant de nombreux jours, je travaillai à cette cabane. Elle était petite, mais exigeait beaucoup d'efforts. Elle mesurait seulement trois mètres de long sur deux mètres de large, avec un toit légèrement en pente. Je fus contraint de couper quelques acacias et des ormes vivants afin que l'ensemble ne s'écroule pas. Entre les rondins enfoncés dans la terre, je comblai les vides avec des planches, des tôles, et je fis une fenêtre à l'aide de vitres récupérées sur des carcasses de voitures abandonnées dans les parages. Les planches me faisant défaut, je mis du carton et de fines planchettes de cageots pour combler les trous. A mon désespoir, le vent et le froid pénétraient quand même partout comme si je n'avais rien fait pour les en empêcher. Je renforçai peu à peu les parois avec tout ce que je parvins à découvrir, mais le résultat fut nul. L'hiver était trop rigoureux.

La porte ne possédait pas de charnière métallique. Elle tournait sans peine grâce à des morceaux de pneus et de chambres à air découpés en lanières solides qui enserraient un tronc de la cabane et un tronc de la porte. J'avais parcouru quelques kilomètres avant de trouver des pneus abandonnés. L'intérieur des pneus de voiture comportait des toiles et des armatures de fils métalliques très résistants.

Il n'était pas question de renoncer à améliorer la cabane. Je continuai à boucher les trous. Quand tout fut à peu près convenable pour survivre avec de la chance, je disposai des pierres plates dans le sol afin de créer le seuil de l'abri. C'était peut-être la seule chose jolie. En prévision des jours de pluie et de boue, un seuil était nécessaire pour garder propre la cabane. Son intérieur, débarrassé de l'herbe et des broussailles, n'apparaissait encore que de terre tassée avec mes pieds.

Quatre jours après l'incendie, je retrouvai le chat qui avait sauté du toit en criant. Des traces affreuses de brûlures sur le pelage du dos montraient qu'il avait souffert des flammes. Il paraissait anormal, paralysé et en état de choc. Il était maigre comme un clou. Je le pris et essayai de le nourrir. Il refusa de manger. Il gardait les yeux fixes en permanence. Peut-être avait-il été empoisonné. Je ne savais comment le soigner. Il mourut trois jours après. Ce fut alors que je me rendis compte que le désastre ressemblait à une guerre.

Le métayer et d'autres hommes, après avoir réveillonné et pris du repos, revinrent avec une grosse pelleteuse, un tracteur et des chaînes pour arracher des arbres, scier, brûler sur les cendres refroidies de ma cabane les souches, les arbustes, les branches et le bois mort dont ils ne voulaient pas.

Je ne fis pas attention à eux, construisant mon abri. Leurs voix et les bruits de leur travail me parvinrent, mais je ne voulus pas les entendre. Je ne les regardai pas. Quand je passais sur le chemin de terre et de cailloux, ils jetaient un regard dans ma direction, remarquant que je ne semblais pas content d'avoir été chassé, mais, comme je gardais mon calme, ils ne se préoccupaient pas de mon sort et ne l'aggravaient pas. Je ne désirais pas leur parler ou les provoquer.

Le feu qu'ils allumèrent dura huit jours de façon ininterrompue. Toute la portion de forêt y passa. Le brasier ne s'éteignait ni le jour ni la nuit car, au matin, les hommes remettaient du bois sur des braises encore rouges. La clarté, le soir, était perceptible à des kilomètres de distance du côté des champs labourés. Je sentais la fumée depuis la forêt où je m'étais installé. La terre fut tellement couverte de cendres qu'elle resta noire dans un rond de vingt mètres de diamètre. Le tracteur passa ensuite avec la charrue, mais la terre paraissait aussi calcinée que le bois brûlé. Elle était jaune et brune alentour, sur des hectares. D'année en année, les tracteurs sont passés, les plantes ont été moissonnées, du blé, du maïs, de l'orge, des tournesols, mais au terme de chaque récolte la terre noire est réapparue aux yeux de tous, comportant de gros fragments de bois brûlé sur une profondeur de cinquante centimètres.

Aujourd'hui, dix-sept années se sont écoulées, et la terre noire paraît rester en deuil à l'endroit où la solidarité et l'entraide ont été outragées en riant un jour de Noël. Elle semblera porter ce deuil dans cinquante ans encore, visible à l'œil nu depuis loin, jusqu'au sentier qui conduit à ma cabane.

CHAPITRE II

Mon Mai 68 à moi

TOUT commença trois ans plus tôt, au printemps 1968. La mairie m'avertit que la maison où j'habitais, à Nemours, en Seine-et-Marne, allait être démolie et que je devais la quitter sans délai. J'espérais obtenir un logement, mais la mairie m'expliqua que je n'y avais pas droit car j'étais trop pauvre.

On ne vient pas s'installer sans motifs dans une forêt. J'habitais une maison ancienne qui avait été quittée par des religieuses, face à la rivière traversant la ville, le Loing. Cette maison se trouvait près du pont construit en 1804 pour le passage de Napoléon Ier et du pape Pie VII, qui allait bientôt devenir son prisonnier. C'est aujourd'hui encore le seul pont de Nemours pour toute la circulation. Face à la fenêtre se dressaient une église et un château colossal du Moyen Age. Cette maison fut mon dernier domicile de citadin, un habitat en pierre, pourvu de chambres, de fenêtres, d'eau à portée de la main. Le chômage m'avait démuni de ressources, et la mairie m'avait permis d'occuper cette demeure parce qu'elle allait tôt ou tard être démolie dans un programme de rénovation de ce quartier de la ville.

Je m'y étais installé pendant l'été 1967. Il faisait très chaud. A mon arrivée, la poussière envahissait le logement. Je fis un ménage fantastique, échafaudant en même temps des projets. Je retrouverais bien du travail et une autre habitation. J'avais quarante ans. Je n'étais pas encore vieux. On n'allait pas me dire que je ne servais plus à rien. L'heure de la retraite n'avait pas sonné. Le chômage, c'est un passage difficile dans une vie, ce n'est pas la vie tout entière.

L'automne arriva, puis l'hiver, et l'amélioration ne se laissa pas percevoir. J'aurais fait n'importe quel travail dans mes capacités. Au printemps, toujours rien. Et le coup de tonnerre en mai 1968 : on m'annonça que j'étais mis à la rue. J'espérais encore quelque chose. Le maire, Etienne Dailly, était sénateur et conseiller général du département de Seine-et-Marne. Il avait le bras long. Il allait devenir premier vice-président du Sénat, poste qu'il occupe encore aujourd'hui, après être devenu président du conseil général. Sa carrière ne se limitait pas à la politique. Il faisait des affaires, de grosses affaires, brassait beaucoup d'argent, rencontrait quantité de gens. On a même écrit sur lui un livre. Les journaux n'ont pas cessé de relater ses activités depuis plus de trente ans, depuis qu'il a été élu en Seine-et-Marne en 1957. Je le voyais de temps en temps. Je ne possédais pas tellement d'opinion sur tout ce que l'on disait de bien et de mal à son sujet.

Il a fait venir un camion municipal devant ma porte pour que j'y monte avec mes bagages. Sur le moment, je n'ai pas compris. Alors, lit, matelas, vêtements, tout a été mis dans le camion, et moi au milieu. Le véhicule a démarré. J'ignorais où nous allions. Je ne pouvais refuser de partir et je ne savais où être hébergé. Je n'ai pas voulu de dispute. J'espérais un local, une toute petite demeure, il n'en manquait pas dans la commune, un toit quelconque. Le conducteur a paru hésiter, chercher sa route, et il s'est d'abord arrêté à cinq kilomètres, à Ormesson, petite commune rurale d'une centaine d'habitants où il a vadrouillé. Il disait :

— Je ne trouve pas, je ne trouve pas...

Je ne pouvais pas le guider puisque je ne savais pas la destination. Il avait reçu des ordres.

— Il n'y a rien du tout ici ! répétait-il en cherchant quelque chose.

Il regarda des ronces, des orties, une cabane en ruine, bougonna.

Assis parmi mes affaires à l'arrière du camion, je me demandais avec inquiétude la signification de ce manège. Le conducteur téléphona à la mairie de Nemours. Il repartit. Le périple se prolongea dans une autre direction. Il prit la route de Moret-sur-Loing, obliqua à droite avant le petit village de Moncourt, traversa des champs et parvint à une forêt. Il quitta la route communale pour suivre un chemin forestier, et s'arrêta brusquement devant une cabane en bois.

— Tout le monde descend, cria-t-il. On est arrivé.

Lorsque mes affaires furent étalées au sol, le conducteur disparut avec son camion, me laissant là. C'était le 21 juin 1968, le premier jour de l'été. La France faisait des grèves gigantesques, des manifestations d'étudiants et d'ouvriers, des barricades, des émeutes. Le gouvernement vacillait. De Gaulle et son Premier ministre Pompidou s'efforçaient de reprendre la situation en main. J'avais suivi les événements dans les journaux. Je me trouvais par la pensée dans toutes les manifestations où je n'allais pas, avec des slogans qui ne ressemblaient peut-être à aucun de ceux des travailleurs et des étudiants : « Une maison ! Du travail ! » Ce qui m'arrivait n'aurait vraiment intéressé personne. J'étais malheureux pour la France, et en même temps je me sentais heureux qu'elle ne s'endorme pas devant la bêtise et l'injustice qui sont en elle. Les gens descendaient dans la rue manifester avec des drapeaux. Je ne pouvais manifester tout seul dans un chemin de terre, au fond d'une campagne perdue, avec un chiffon noué à une branche d'arbre. Je me suis tu.

La forêt se situait sur le territoire de Darvault, une commune agricole de quelques centaines d'habitants, six cents aujourd'hui. Les deux municipalités, celle de Nemours et celle de Darvault, s'étaient concertées et entendues. La première ne pouvait pas m'expédier sur le territoire de la seconde sans son consentement.

J'examinai les lieux. La cabane se trouvait au bout d'un sentier de vingt mètres, un passage étroit constitué par des allées et venues répétées. On ne me l'offrait pas. On ne m'offrait rien du tout. J'aurais même préféré être conduit ailleurs, loin de tout, car cette cabane était habitée.

Elle abritait un chiffonnier. Il me regarda, stupéfait, gêné pour moi et pour lui. On l'avait déjà informé que le sénateur-maire m'envoyait à cet endroit. Il n'y pouvait rien. Il ne voulait pas non plus y perdre son abri et sa tranquillité. Entasser les pauvres ensemble, c'est facile. Le chiffonnier paraissait aimable, hormis ces circonstances pénibles, et plus riche que moi à ce moment. Il travaillait avec une société de récupération de métaux et de chiffons à laquelle il apportait le produit de ses recherches. Je l'avais déjà aperçu dans les rues de Nemours, surtout parce qu'il avait travaillé au ramassage des poubelles comme éboueur. Il avait perdu ce dernier emploi avant de s'installer dans la forêt.

Sa cabane tout en bois possédait un certain confort, des doubles parois afin de protéger du froid, une fenêtre, un plancher, un poêle. Ce n'était pas du luxe, mais ce n'était pas la misère. J'appris dans les jours suivants qu'il avait appartenu à la Légion étrangère et fait de la prison. Grand, assez mince, il avait pratiqué la boxe en amateur. Il ne me fournit jamais de précisions et je ne cherchai pas à en obtenir.

Un champ d'avoine bordait la forêt. Au-delà s'étendaient trois bosquets de deux cents mètres de longueur et dix mètres de largeur, séparés par des terrains cultivés, à l'écart de toute habitation. La cabane du chiffonnier était cachée dans l'un de ces bosquets, à l'ombre de chênes magnifiques et de pins très élevés. La vraie forêt, très vaste, commençait à trente mètres.

« Il y a de l'air ici, pensai-je. C'est bon pour la santé. Mais il n'y a rien de construit pour moi, pas même une ruine, une bicoque, un taudis. » J'étais embarrassé. Je ne voulais pas songer à l'humiliation de me trouver dans ce dénuement. Je me serais effondré, je n'aurais pas résisté. Je voulus prendre les choses du bon côté et y faire face. La journée était belle, le soleil chaud.

Je réunis des morceaux de bois et de fer pour construire l'armature d'une petite cabane provisoire en carton. Je ne pouvais pas faire davantage dans l'immédiat. Juste me protéger de la rosée du matin, du brouillard ou de la fraîcheur, et ne pas être vu des autres. Le carton d'emballage était facile à fixer et découper, mais il ne résisterait pas à la pluie ou au vent. Ma cabane ne possédait pour plancher que l'herbe et la terre. J'y glissai mon matelas. On ne pouvait s'y tenir debout. Je ne devais y entrer qu'à quatre pattes et m'y allonger. Je n'acceptais pas l'idée de devenir un être humain rampant. Pourtant, c'est ce que je devais accomplir maintenant pour rentrer « chez moi ».

La porte entrouverte de la cabane voisine me permit d'apercevoir une cuisinière avec un four, un lit, une table.

Mon voisin me déclara s'appeler Maurice, sans indiquer son nom de famille. En dépit des apparences, il avait faim. L'argent lui manquait. Il s'intéressa à mes victuailles. Je ne fus pas convié à entrer dans sa demeure, sauf pour y cuisiner.

« Tiens, voilà du monde », songeai-je un moment plus tard sous mes cartons en entendant approcher. Un ami de mon voisin venait lui rendre visite. Ce fut tout d'abord ce que je crus. Sa surprise fut considérable. La mienne aussi, bientôt, car ce nouveau venu habitait également cette cabane. Il ne prononça toutefois pas de commentaires désobligeants à mon égard en apprenant que cette situation était due à la volonté du sénateur. On l'appelait Mimile. Il me fit l'effet d'un brave garçon aussi peu installé dans la société que l'autre dans son bosquet. Les deux maires avaient procédé à un regroupement forestier des plus pauvres, à un parcage. Nous étions dans de beaux draps. Pour l'un et l'autre de mes deux voisins, la vie se déroulait au jour le jour, avec des appuis fragiles. Mimile, qui avait atteint la cinquantaine, nettoyait l'écurie et soignait les chevaux d'un petit centre hippique du village, « Au Débuché », pour gagner sa vie. Il y allait en vélo. Ces quelques heures d'activité par jour lui permettaient d'acheter de la nourriture et du vin, c'est tout. Ma cabane en carton ne risquait pas de lui donner des complexes par rapport à sa situation précaire. J'y dormis à moitié estourbi par les nouveautés de la journée.

Dès le lendemain matin, j'attaquai la construction d'un abri plus résistant. J'explorai d'abord l'endroit. Je choisis des ormes d'un diamètre gros comme le poing et amassai quelques troncs morts, mais non pourris. Une rangée de pieux enfoncés dans la terre tous les cinquante centimètres constitua une charpente rudimentaire. Des rondins servirent de poutres. Je bouchai les espaces vides avec tout ce que je pus découvrir de planches, de tôles, de plaques d'aggloméré, de feuilles de plastique et encore de carton. Toute une paroi fut en carton. Afin de consolider l'ensemble, j'avais élevé cette seconde cabane contre une paroi de la première. Ses occupants n'y voyaient pas d'inconvénient. La situation du terrain et des arbres ne présentait guère d'autres possibilités. « Je ne resterai pas longtemps ici », pensai-je.

Aucun point d'eau à moins de deux kilomètres, aucun puits, pas de source, ni de canalisation, ni de W.-C., rien ne nous était offert par les responsables municipaux. Il fallait tenir le coup. Patienter en attendant la fin de l'épreuve, qui ne tarderait probablement pas, car tout cela était fou, c'est ce à quoi je me résolus en concentrant ma volonté et mes espoirs.

Dans ces premiers jours, un homme se fit compréhensif.

— Tu peux couper là-dedans, déclara-t-il au sujet du bosquet.

C'était le métayer qui allait un jour incendier ma cabane. Des hectares de forêt ne rapportaient rien.

La cabane que j'élevais manquait de charme. Elle

ressemblait plutôt à un hangar qu'à un chalet, et je l'avais édifiée rapidement. Je ne m'y connaissais pas dans la construction des cabanes. Sa laideur, masquée par la beauté de la végétation, ne me gênait pas.

Quelque temps après, un vieux camion à moitié déglingué emprunta le chemin de terre et stoppa devant mon abri. C'était le premier adjoint du maire du village, avec son fils, qui venait examiner. Cet agriculteur, âgé de soixante-dix ans, parla peu. Moi aussi. Il fit quelques pas, tourna, observa. Je me demandais s'il voulait nous chasser ailleurs et comment tournerait cette histoire. Il dit :

— Puisqu'ils sont là, qu'ils y restent !...

Le camion continua son chemin.

Les maisons du village se trouvaient si éloignées que je renonçai à m'y rendre. Excepté deux bistrots et une épicerie, il n'y avait d'ailleurs pas de magasins ni de marchés.

Le maire était un entrepreneur. Il gagnait sa vie en dirigeant une petite usine de bijoux fantaisie en plein cœur de Nemours. J'avais souvent vu ce patron quitter son entreprise en voiture lorsque j'habitais la ville. Il me disait bonjour rapidement. Maintenant, nous habitions la même commune, Darvault, à cinq kilomètres. Et il ne me disait plus bonjour.

L'unique habitant du village qui approchait régulièrement de ma cabane demeurait le métayer. Sa ferme isolée, parmi trois cents hectares de champs qui s'étiraient à perte de vue, évoquait plutôt la richesse. Des chiens aboyaient comme des enragés dès qu'un passant approchait. Ils mordaient n'importe qui. Il y eut des accidents. Trois enfants blessés par les crocs échappèrent à la mort par chance, et le métayer ne s'inquiéta que de savoir s'il aurait des ennuis.

— Les sales gosses ! Au diable !... criait-il.

Son caractère irascible ne facilita pas mon arrivée. Je n'avais pas encore aperçu le propriétaire de la ferme. On disait qu'il était riche et influent. Tout le monde en parlait sans le voir. J'imaginais qu'il viendrait un jour discuter avec nous puisque nous étions installés sur son terrain, parmi ses arbres. Il ne vint pas. Je ne l'ai jamais rencontré. Nous ne pouvions pourtant être sur son terrain sans son accord. « Elles se sont concertées, pensais-je à nouveau au sujet de la mairie du sénateur et de celle du fabricant de bijoux en toc. Elles ont probablement discuté avec le propriétaire du terrain pour nous rassembler là. »

J'espérais qu'il y aurait un dialogue, sans supposer de machination ou d'entourloupette dans cette aventure, mais une façon expéditive de régler un problème social.

Depuis que j'habitais dans la forêt, le métayer tournait dans les champs avec son tracteur, sa moissonneuse, sa voiture et parfois un ou deux ouvriers qui l'aidaient. Il nous observait sans nous parler. Trois autres familles d'agriculteurs, utilisant des chevaux de labour, mettant aux prés des vaches, approchaient aussi de temps en temps. D'ordinaire, l'isolement était complet.

Maurice, le chiffonnier affamé, avait bâti avec Mimile, le palefrenier à mi-temps, une rallonge à sa cabane, une seconde pièce pour le plus âgé des deux hommes. L'ensemble formait un bloc de trois pièces. Je m'y sentais gêné et embarrassé, et j'essayais de m'habituer. Je n'avais qu'une idée, partir : je fus le seul à rester. Mes deux compagnons partirent avant la fin de l'année 1968, espérant trouver mieux ailleurs. Le second mourut peu après, et le premier fut acueilli chez un frère et une mère adoptifs.

Une fois, la nuit, je me mis à hurler tout seul dans la forêt. Je fis un si joli tapage que des fermiers m'entendirent. Une autre nuit, je recommençai à crier. J'avais envie de hurler. Des gens dirent : « Il est fou. » Aussi, pour ne pas sembler à la fois pauvre et dément, je pris la résolution de rester silencieux et de mener la vie la plus paisible qui soit. Je ne trouvais toujours pas de travail.

Avec une vieille boîte de peinture à l'eau qui avait dû servir à des écoliers, abandonnée dans une poubelle, je peignis des paysages. Puis, cette activité qui me faisait passer le temps m'ennuya. D'ailleurs, je ne trouvais pas de papier. Tout me manquait.

CHAPITRE III

Aujourd'hui, il ne s'est rien passé...

MÊME encore aujourd'hui, j'hésite. Qu'est-ce qui a été le plus difficile, au long de ces années qui s'étendaient alors devant moi ? La malveillance, comme en 1971, quand j'allais voir brûler ma cabane ? La solitude, l'absence d'argent ? La maladie ? Tout cela sans doute. Et l'indifférence. Les tracasseries.

Je ne trouvais pas d'emploi. Je ne touchais plus la petite pension d'invalidité qui me permettait auparavant d'échapper à la misère. J'avais faim. J'étais en mauvaise santé.

J'attendais un changement du conseil municipal. Ceux qui m'avaient chassé finiraient bien par être chassés aussi.

Le sénateur-maire de Nemours et son collègue de Darvault ne m'aidant pas, je plaçai mes espoirs dans de nouvelles élections. Les premières, en 1971, ne changèrent rien. Je vécus comme un crève-la-faim, mais le rejet s'aggrava encore lors des secondes. Ces élections municipales de 1977 écartèrent le sénateur Etienne Dailly pour le remplacer, à Nemours, par un socialiste de l'union de la gauche, J. Gratier. Il formait une équipe avec les communistes. La première mesure adoptée par ce nouveau maire fut de m'interdire de pénétrer dans sa ville pour y prendre de l'eau à la pompe sur un trottoir. J'allais chercher de l'eau à l'endroit le plus proche, qui se trouvait à la frontière de Nemours et du village de Moncourt. Le maire me fit signifier par des cantonniers que je ne devais pas revenir.

Cette forme de commandement n'était pas légale, mais je la pris au sérieux car elle traduisait des intentions. Ce n'était pas lui qui améliorerait ma condition. Il m'interdit aussi de ramasser de la nourriture encore bonne jetée par les commerçants. Je n'avais plus droit de cité.

On pouvait souvent rencontrer le nouveau maire, à pied, le soir, place de la République. Il achetait parfois des fleurs. Ce fut là qu'il me dit de ne pas revenir dans la commune. Il m'aborda sans ménagement, en personne, un bouquet de fleurs à la main, avec une impolitesse qui me surprit :

— Tu es encore là, toi ?... Tu n'as pas à faire ça ! Tu ne dois pas être là.

Je me trouvais encore là parce que je ne voulais pas mourir, non parce que cela m'amusait, et c'était peut-être extraordinaire que je sois encore là. Je regardai cet homme en face. Je n'imaginais pas faire du tort à quiconque en prenant de l'eau ou des vivres jetés, et si j'en avais fait en prenant dans les poubelles, ce n'était pas au maire à gérer la répartition des denrées des poubelles entre les pauvres, car d'autres gens fouillaient régulièrement les poubelles. Le rôle du maire consistait à aider les uns et les autres avec des moyens de maire, par des procédés que seuls le maire et la municipalité pouvaient utiliser, et non en surveillant ce que ma main prenait dans les poubelles pour nourrir mon ventre. Je voulus lui résister et lui expliquer que mon intention n'était pas de nuire aux autres mais de m'alimenter avec les seuls moyens qui me restaient au monde, puisque aucun secours ne m'était alloué, et que ma pension d'invalidité ne me parvenait pas. Je lui dis que j'étais dans mon droit car le droit de vivre est à chacun, et d'autres personnes ne remplissaient pas leurs fonctions en ne me donnant pas ce qui m'était dû par la loi.

— Je ne vous fais pas de tort, ni à vous, ni à personne, dis-je.

— Va-t'en, tu n'as pas à être ici.

— J'ai besoin de secours. J'ai besoin d'être secouru !

— Ne reviens plus chercher de l'eau, ne reviens jamais dans la ville.

C'était un inspecteur des impôts de profession. Il avait de quoi. Il pouvait compter ses sous, ceux des autres, et vérifier que je ne disposais pas du minimum pour acheter à manger dans les magasins.

Il partit avec son bouquet de fleurs à la main, monta dans sa voiture garée un peu plus loin, et je continuai à faire mes provisions ce soir-là.

Un autre soir, des immigrés portugais me prirent à partie en sortant d'un café.

— Idiot ! Va-t'en !... me dit l'un d'eux.

Je me retournai. Ils étaient jeunes. Ils me narguèrent. Pour les Portugais aussi, j'étais indésirable. Je m'en demandais bien le motif. Je ne dis rien. D'autres habitants au contraire me défendirent.

— Laissez-le tranquille !...

Les esprits s'échauffèrent.

Je ne voulais pas être un sujet de discorde, mais j'en devenais un. Je savais que les gendarmes me soutenaient depuis longtemps, à leur manière, en me laissant en paix. Ils venaient parfois me voir dans la forêt, échangeaient quelques mots, repartaient sans m'embarrasser, ne me demandaient pas mes papiers et me laissaient aller en ville comme je le voulais pour prendre de l'eau ou de la nourriture abandonnée. Mais il n'y avait pas de gendarmes, ce soir-là, sur le trottoir.

Je crus que les esprits se calmeraient. L'un des Portugais, qui avait une moto, se détacha à pied de son groupe d'amis et marcha dans ma direction d'une allure décidée.

Il me donna un coup de poing à la tempe, puis des coups de pied au tibia. Je tombai à terre. J'avais très mal. J'eus envie de me défendre au premier coup, de repousser le gars et de lui cogner la tête contre un mur, mais je ne le fis pas, ne croyant pas qu'il s'acharnerait. Je ne voulais pas commettre des gestes irréparables. Ce jeune Portugais m'agressait, et je ne désirais pas le blesser en échange.

J'espérais le raisonner. Je lui parlai en français mais il ne parut pas bien comprendre cette langue. Quand je fus au sol, je ne parvins plus à me relever à cause de la douleur au tibia, et il s'en alla. J'éprouvai une grande fatigue, due à l'insuffisance de nourriture. Je retournai dans la forêt lentement. Il y faisait noir, mais je connaissais tous les arbres, les buissons et les pierres. Je n'avais pas peur.

Dans le même quartier, quelque temps après, un bohémien sédentarisé vivant avec quelques autres personnes dans une petite maison en parpaing, qui avait bu pour fêter sa sortie de prison le matin, me lança un coup de poing sans motif apparent. Cette brute d'un mètre quatre-vingts manqua d'abord son but. J'étais excédé de ne plus pouvoir aller en ville sans être pris à partie par le maire, les Portugais ou les bohémiens, et je lui lançai un petit caillou, qui ne le blessa pas, mais le déchaîna.

Trois de ses amis m'entourèrent aussitôt. Deux d'entre eux me tinrent par les bras, m'obligeant à me courber, tandis que le plus fort me donna un coup de genou dans le front qui m'assomma. Sans connaissance sur le trottoir quelques instants, je revins à moi pour recevoir un coup de pied dans les côtes, et un nouveau coup sur la tête. Tous trois frappaient sans que je puisse bouger. Les femmes, en retrait, observaient immobiles. Quelqu'un sortit alors d'une maison et demanda ce qui se passait. Les hommes disparurent.

Je ne revins jamais dans cette ville. La violence et l'hostilité que j'y rencontrais m'en dégoûtèrent, mais plus encore l'attitude de la municipalité qui ne s'occupait pas d'un pauvre. Les prêtres me voyaient aussi sans agir. Je ne leur demandais rien, mais j'aurais pensé que des prêtres auraient eu plus de compréhension. Je préférais la forêt. Privé de source d'alimentation et de point d'eau, j'étais embarrassé, ne sachant comment j'allais vivre, mais je ne voulais pas retourner parmi des êtres grossiers ou indifférents. « Tu vas te débrouiller seul, sinon tu risques un sale coup », pensai-je.

Le maire ayant voulu me couper les vivres complètement, je n'avais plus rien. Je me mis à chercher les produits de la forêt. L'année abondait en champignons. Il y en avait des blancs, des jaunes, des violets, des rouges et de presque toutes les couleurs et de toutes les formes. Je commençai par manger des espèces qui me parurent comestibles, ne cuisinant guère, ne possédant ni beurre, ni huile. Je veillais au moins à détruire quelques microbes et saletés en les plongeant dans l'eau chaude d'une casserole posée sur un feu de bois. J'utilisais de l'eau de pluie récoltée par une gouttière dans un fût, puisque l'approvisionnement en eau était coupé aussi. Les voisins immédiats de la pompe sur le trottoir, près des maisons, refusaient à leur tour que je m'en approche, sans pouvoir me fournir de motif. Même l'eau, source de vie...

Les champignons bouillis n'avaient pas de goût, ou parfois une saveur désagréable. Ils me remplissaient l'estomac, sans me rendre malade mais sans me nourrir vraiment. J'ignorais leur nom. Au début, j'expérimentais un échantillon d'une espèce. Quand il n'y en avait plus de cette espèce-là, je choisissais une autre. Cette coupure radicale et définitive avec la ville me fit encore mieux connaître la forêt. J'y vécu par étapes de plus en plus poussées. Je maigrissais beaucoup. Mais je ne fus pas intoxiqué. Quand la forêt fut ratissée, je passai à des amanites rouges tachetées de blanc. Les amanites comportaient plusieurs espèces et je veillais, avec l'appui de la chance, à ne pas en absorber de mortelles.

C'est vrai, cette alimentation n'était pas dépourvue de risques. Mais le plus dangereux, c'était moins les champignons que l'attitude des représentants municipaux qui, en m'excluant, me condamnaient à une existence aussi dépourvue de protection. Des bolets abîmés, visqueux et pâteux, me rendirent patraque plusieurs jours.

Les châtaignes grillées ou cuites à l'eau, les noix, des pommes d'arbres sauvages, délaissées, suffirent à me nourrir pendant quelques semaines, avec d'autres fruits de la forêt.

J'avais repéré un lieu abondant en châtaignes, que personne n'allait chercher. Il se situait loin des sentiers. La forêt contenait beaucoup de nourriture, à certaines époques, qui était délaissée. A des signes de la sorte, je voyais que nous vivions dans un pays riche. Jamais des misérables n'auraient laissé pourrir sur place des tonnes de châtaignes.

Je n'eus jamais à recourir aux racines d'arbres ni à des plantes inconnues, ou à voler dans les vergers, les champs. Je laissais à chacun ce qui lui appartenait, et je prenais ce qui était à tous. D'ailleurs, le moindre vol, dans ma situation, m'aurait probablement attiré les pires ennuis, et je fus heureux de ne pas être accusé de vols que je n'avais pas commis. Chaque année, des pommes de terre, des poireaux, des choux étaient volés sur des terrains privés. Je ne touchais à rien. Je me disais : « Si je meurs, tant pis. » Je voyais de moins en moins une solution à mon problème. Avec le temps, je n'avais même plus envie de me battre, mais je faisais le nécessaire pour manger encore un peu. Les hommes politiques m'avaient prouvé cent fois, toujours avec plus d'insistance, qu'ils ne lèveraient pas le petit doigt pour m'aider, et ceux qui n'étaient pas des hommes politiques ni des élus agissaient à peu près de même. Je n'attendais pas de miracle de leur part.

Je ne donnais pas cher de mon existence. Je n'avais pas beaucoup d'avenir. Ma famille avait été éparpillée ou décimée. J'étais sans appuis. Il ne me restait qu'à accepter la dégringolade complète et la mort. Je me suis alors dit : « Tu vas te battre et tu gagneras. » Mais je ne savais pas par quoi commencer et que faire.

Sur la place principale de Nemours, devant l'église, le sénateur-maire et toute son équipe avaient fait une fête trois années avant mon arrivée dans la forêt. Le sénateur était monté sur l'estrade accueillir le général de Gaulle qui prononça quelques mots avant d'entonner *La Marseillaise.* De Gaulle était en campagne pour les élections présidentielles de décembre 1965. Il accomplissait un tour de France. Toute la population s'était massée pour regarder l'homme d'Etat âgé de soixante-quinze ans, paraissant fatigué, pressé, qui portait son âge et allait être élu. Le sénateur fit bien sa prestation. Je regardai l'un et l'autre de tout près. « Que de Gaulle soit élu ou un autre, ça ne changera rien pour moi. Je suis au-dessous du niveau où l'on s'occupe encore des gens », songeai-je dans les ennuis où je me débattais. Mais je voulais en même temps croire le contraire et j'espérais une aide de ceux qui avaient des moyens.

Je passais de longs moments à ne rien faire. Une caverne et un feu de bois comme au temps de la préhistoire m'auraient aussi bien convenu.

Dans ma cabane, je me sentais parfois heureux malgré mon infortune. Je m'en étonnais. Il s'écoulait des jours entiers où les hommes me laissaient en paix. J'étais tranquille et serein en dépit de tout. C'était peut-être cela le vrai miracle. Je ne me tourmentais pas devant l'aggravation du mal. Je faisais confiance à la vie, à la chance, à quelque chose qui me dépassait. Il n'y avait pas que des moments de famine, de froid, de solitude et de tristesse. J'éprouvais aussi des instants de vrai bonheur, de détachement complet, de repos presque absolu de la conscience et du cœur. Je me sentais bien, indifférent aux manifestations de la bêtise ou de la méchanceté, les oubliant même, n'en voulant à personne, n'ayant pas à me venger ni à prendre une revanche, ne me préoccupant pas de résoudre des problèmes matériels qu'il n'était pas tout à fait en mon pouvoir de résoudre. « Si je meurs, tant pis, je m'en fiche pas mal », me répétais-je au cours des journées les plus pénibles. Un sentiment de liberté existait même envers la mort. Je n'étais esclave de personne ni d'aucune force, d'aucune passion, d'aucune obsession de quoi que ce soit, ni dans l'attente anxieuse d'une quelconque réussite à venir. Je vivais la minute présente, sans plus. Dans ma cabane, entouré des arbres que je connaissais, je me sentais par moments tout à fait bien. Je n'avais peur ni de la vie ni de la mort, ni des hommes ni de moi, ni de la nuit ni du jour. Souvent, je me découvrais en paix et heureux avec les choses comme elles étaient. J'avais appris à me contenter de si peu que maintenant je me contentais de presque rien. Mais je n'avais pas d'enfants à charge. Si j'avais connu des responsabilités de la sorte, j'aurais sûrement réagi de façon différente.

Après ces moments de bonheur, je revenais toujours à la dureté de la vie quotidienne. Le temps, bien souvent, m'apparaissait long. Je m'ennuyais alors, je supportais mal l'excès de solitude. Je passais d'un sentiment à l'autre. L'espèce de bonheur, de délivrance que j'avais éprouvé au début finit par se muer en détresse et en cauchemar.

Un chasseur m'ayant remarqué me rendit un jour un service. Il s'approcha et me signala que de la nourriture se trouvait sur le dépotoir d'un village voisin, Grez-sur-Loing, à quatre kilomètres. Je ne marchais plus beaucoup, à cause de l'insuffisance de nourriture, mais je décidai d'y faire un tour. Je découvris des morceaux de pain, quelques pommes de terre plus ou moins abîmées, peu de choses, avec surtout des boîtes de conserve périmées mais encore comestibles. Ce que les gens jetaient était incroyable.

Je revins en ce lieu plusieurs fois sans rien découvrir. La précarité de l'existence se prolongeait. Le matin, comme petit déjeuner, je mangeais des pommes de terre cuites la veille ou les jours précédents, souvent froides, presque pourries parfois. J'espérais ne pas être malade. Je buvais de l'eau sans jamais pouvoir y ajouter du café, du thé, du lait ou du chocolat. Ces denrées ne se trouvaient pas au dépotoir. Les nuages m'apportaient souvent ma ration d'eau. Je regardais le ciel, dans l'attente qu'il pleuve et que je boive.

D'autres bohémiens que je ne connaissais pas s'amusèrent à casser les vitres de ma cabane, à y pénétrer et renverser un coffre que j'avais fabriqué, à tirer les couvertures, les matelas, et les étaler dans la boue. Ils persistaient eux aussi dans l'idée de me faire partir, bien qu'ils n'y aient eu aucun intérêt. Ce vandalisme traduisait un état d'esprit, une distraction.

— Tu nous emmerdes..., disaient-ils.

Je n'avais pas de contact avec eux. Rejetés des villes comme le sont souvent les bohémiens, ils s'en prenaient peut-être à quelqu'un d'encore plus rejeté et, surtout, d'isolé. Je ne sus jamais leurs vrais motifs.

J'avais vu écrit sur un mur de la ville : « A bas les Français ! » Des étrangers qui écrivent cela en France, c'est fort.

Je fis les réparations de ma cabane. Les bohémiens renouvelèrent alors leur descente destructrice, cassant les vitres, mettant dehors les objets. Il n'y eut pas de coups. Ils jouaient, c'était tout. Je redoutais cependant les bohémiens, non par racisme, car les Français de souche ne se montraient pas meilleurs dans d'autres domaines, mais pour leur agressivité, leur goût du chapardage.

L'un d'eux appartenait aux témoins de Jéhovah. Il me faisait le catéchisme. Je le laissais parler. Un jour, il m'offrit une montre.

— Tu la veux ?... demanda-t-il.

— Je n'en ai pas besoin.

— Je te la donne.

Il posa la montre-bracelet sur une souche d'arbre. Quand il comprit que je n'adhérerais jamais à ses idées religieuses, il me laissa tranquille.

Des maux de dents m'interdisaient presque toute activité certains jours. Je marchais en rond, en attendant que la douleur s'atténue. C'était une école de patience et de volonté. Il fallait beaucoup de patience, deux mois, trois mois constituant un délai ordinaire pour sentir la douleur disparaître. Je ne disposais d'aucun remède, pas même d'aspirine. La douleur violente se maintenait à son maximum pendant un quart d'heure, une heure, deux heures, puis diminuait, revenait, se calmait. J'évitais de manger des pommes ou tout ce qui ressemblait à du sucre et pouvait atteindre un nerf à vif. Ces rages de dents étaient terribles. Elles paraissaient emporter et déformer la mâchoire, le crâne. J'éprouvais le sentiment de ne pas pouvoir résister, de perdre la tête. Je marchais, je marchais beaucoup pour oublier, mais ces crises ne restaient jamais longtemps à leur paroxysme. Je luttais contre elles en essayant de ne pas y songer, de concentrer mon esprit sur autre chose, mais ces efforts ne se trouvaient pas fréquemment couronnés de succès. Le mal ne me quittait ni le jour ni la nuit pendant des semaines d'affilée. Il appartenait à la dureté générale de ma vie, de la vie, et disparaissait progressivement pour me laisser en paix jusqu'à une nouvelle attaque. J'eus souvent des abcès qui passèrent seuls. Dans la forêt, j'avais le temps de me battre et de patienter. Une amélioration se produisait tôt ou tard. Pendant toute la durée de mon existence forestière, je ne suis jamais allé chez un dentiste ni un médecin.

Pourtant, je n'étais pas toujours en bonne santé. Il m'arrivait de me coucher avec de la fièvre, la grippe ou autre chose, et de patienter comme un moribond jusqu'à ce que des forces me reviennent. J'avais souvent des migraines. Un matin, je m'éveillai avec une énorme enflure à l'œil gauche. Une araignée m'avait sans doute piqué. La trace du poison disparut cinq ou six jours après.

Le principal problème devint celui de l'eau potable. Un robinet à l'intérieur du petit cimetière de Moncourt, entourant l'église, me sauva de la soif. Je manquais d'eau pour me laver, ôter de mon visage la fumée et la cendre. Je ne parvenais pas à être toujours propre et manquais de savon. Parfois, j'en ramassais sur le dépotoir. Les gens qui déménageaient jetaient beaucoup de choses. Un jour, un commerçant me dit :

— Tiens, voilà une savonnette.

Je la pris. J'étais gêné.

Le garde-champêtre de Moncourt, qui était un homme âgé, et le cantonnier me laissèrent prendre de l'eau du cimetière sans protester. J'allai désormais m'y approvisionner avec deux bidons de plastique de vingt litres poussés sur une carriole bancale.

Les années les plus dures s'écoulèrent à ce moment. Je ne subsistais que grâce à la nourriture fournie par la forêt, par le dépotoir à quatre kilomètres, et l'eau du cimetière, la neige et la pluie. Plus de deux années passèrent ainsi, épouvantables, en 1978-1979, où je ne savais parfois si j'étais réellement vivant ou déjà mort. Je ne possédais strictement rien d'autre pour me nourrir. Ce furent deux années de dénuement complet, extrême, un dépouillement dans le dépouillement.

La nature devait m'avoir doté d'une bonne constitution car je n'eus jamais vraiment l'impression de devenir fou ou le désir de me suicider, mais je trouvais une aide incontestable dans ma foi chrétienne, qui ne me quitta pas. Elle joua un grand rôle pour me permettre de supporter ce que je ne pouvais accepter en y réfléchissant. Je vivais, je durais aussi longtemps que je le pouvais avec trois fois rien. Les champignons, le dépotoir du village voisin, l'eau, le feu de ma cabane résumaient ma vie.

Bien sûr, il se passa une multitude de petits faits qui remplirent mon aventure, d'heure en heure, mais rien de marquant au cours de ces deux années. Je ne tenais pas de journal. Si je l'avais fait, j'aurais pu écrire presque chaque jour : « Il ne s'est rien passé. Le vent souffle un peu moins fort qu'hier. Une branche de cinquante centimètres est tombée sur le chemin. Je voudrais manger de la viande. J'ai trouvé un clou qui me permettra de faire tenir une planche. Demain, il ne se passera rien non plus. C'était déjà comme ça hier. Je crois que nous sommes mercredi, mais je n'en suis pas sûr. J'ai l'impression que le mariage qui a eu lieu à l'église de Moncourt était il y a quatre jours, et comme les mariages sont célébrés souvent le samedi, ce doit être mercredi. J'ai aperçu à deux cents mètres les mariés qui sortaient de l'église. Il y avait une dizaine de voitures. Pourvu que mes lacets ne se cassent pas. Je n'en ai pas encore trouvés de rechange, et je n'aime pas mettre de la ficelle. Ça ne fait pas beau. »

Ce ne serait pas passionnant. Quelquefois, j'ignorais même le mois où nous nous trouvions. On ne s'occupait pas de moi et je ne m'occupais de personne. Le manche de ma hachette me donnait du souci et je le faisais tenir en bloquant contre le morceau de métal des bouts de bois. Quand je tapais des grands coups pour débiter des troncs morts, le bruit résonnait dans la forêt et faisait fuir les oiseaux. On devait l'entendre loin. Personne n'est jamais venu voir si j'y arrivais. Je me blessais parfois, mais ce n'était pas grave. Il valait mieux que ce ne soit pas grave.

Je n'espérais rien des autres et je n'en attendais rien, à part dans des moments de rêverie. Je pensais à Dieu de temps en temps. Je lui adressais des prières à ma façon, en songeant à Lui, c'était tout, mais je connaissais le *Notre Père* et le *Je vous salue Marie.* Je voyais que je les connaissais puisque je savais encore les réciter d'un trait en pensant à autre chose.

Il n'y avait pas d'organisation véritable. J'apportais une solution à chaque problème quotidien à mesure qu'il se présentait. Souvent, j'en avais marre. C'était la seule chose vraie. J'en avais marre. Un jour, j'appris que le propriétaire de la ferme de trois cents hectares, dont le métayer m'avait brûlé ma cabane, était mort. Je me dis : « C'est triste pour lui. Voilà comment on finit. On ne s'est même jamais rencontré. Mais enfin, mon existence ne dépend pas de la sienne et je ne lui dois pas beaucoup. »

Je partais remplir mes bidons d'eau. Pour me raser, j'utilisais des lames de rasoir trouvées. Certaines étaient neuves. Sans savon, avec de l'eau chaude, je coupais chaque jour ma barbe en prenant mon temps. Je me coupais aussi les cheveux. Je brossais mes habits, nettoyais mes chaussures. Il m'arrivait d'être impeccable au milieu des arbres.

Je ne touchais jamais aux brosses à dents jetées, mais je

n'hésitais pas à récupérer des tubes de dentifrice à demi pleins s'ils paraissaient propres. La disparition du sénateur-maire et celle du hobereau n'avaient pas amélioré ma situation. J'étais de plus en plus marginal. Certains jours, je ne levais pas les yeux sur les arbres. Je ne voulais pas les voir.

La différence entre ceux qui veulent vivre au cœur de la nature et moi, c'est que moi je ne voulais pas vivre au cœur de la nature. Je n'établis jamais de programme pour m'y installer. J'aurais pu partir dans le quart d'heure qui suivait, à tout moment, si j'avais eu une meilleure occasion. Je ne fis jamais de liste, sur un carnet, des problèmes matériels à résoudre. Il n'y avait pas de vie organisée dans la forêt. Je n'y menais qu'une vie désorganisée, une vie qui ne ressemblait pas à celle que j'aurais voulue.

J'aimais la forêt depuis la ville, pour m'y reposer de la ville, pas afin d'y vivre. « La forêt, c'est trop boisé », me disais-je. Cela résumait mon état d'esprit.

Pourtant, une ébauche d'organisation existait, qui suffisait à assurer l'existence. Elle consistait en une méthode de survie réduite au strict minimum. Je prenais les difficultés les unes après les autres pour m'en débarrasser.

On ne meurt pas de ces difficultés. Je n'en suis pas mort. Le plus dangereux, à part les accidents toujours possibles dans une vie solitaire, ne provenait pas du manque de commodités, mais du refus vaniteux de vivre sans ces commodités. Je me disais parfois : « Je ne veux pas vivre dans cette misère. » C'était dangereux de dire : « Je ne veux pas vivre. » Quand j'acceptais de me plier à tout ce qu'il fallait, les choses devenaient plus faciles.

Je ne possédais rien; j'étais croyant; la vie avançait avec les jours qui succédaient aux jours, et c'était tout. Le maire du village et le métayer me l'avaient dit : « La forêt est à toi. » Elle était à moi, et moi j'étais à un avenir inconnu.

Le bois mort abondait, souvent renversé par les tempêtes. Je le faisais sécher sous des sacs en plastique près de ma cabane, puis à l'intérieur de celle-ci lorsqu'il était coupé. Quatre ou cinq petits troncs par semaine suffisaient à me chauffer pendant les froids les plus vifs. Ils représentaient une quantité négligeable dans l'immensité de la forêt, que je nettoyais et débarrassais du même coup, n'abattant jamais un arbre vivant. Je remplissais au maximum, sans discontinuer, toute la journée, le petit poêle installé dans un coin de l'abri, contre les plaques de métal, en laissant le feu s'apaiser la nuit. Les issues et les trous étaient soigneusement bouchés pour conserver la chaleur. Lorsque la température extérieure remontait vers huit ou dix degrés, il me suffisait chaque semaine de deux troncs de cinq ou six mètres de long.

Je manquais d'allumettes, ou bien elles étaient humides. Avec une seule allumette, je pouvais faire un feu qui durait un mois, deux mois, l'entretenant sans arrêt. Le problème des allumettes trouvait ainsi sa solution. Risquer de geler ou de manger toujours froid à cause d'allumettes qui n'allumaient rien, d'un briquet qui me manquait, me paraissait une grave imprudence. Au matin, il restait constamment des braises pour ranimer le foyer. Il ne s'éteignait jamais, sauf quand je procédais à un nettoyage, profitant en général d'un réchauffement de la température. La perspective d'allumer un feu chaque matin dans le froid, en me demandant s'il prendrait, ne m'enchantait pas. Ainsi, en un hiver, je ne consommais pas plus d'une dizaine d'allumettes, en comptant celles que j'avais cassées ou gaspillées. Le nombre était incroyable, mais les économies se révélaient à peu près identiques dans tous les domaines. Le système consistait à prolonger l'utilisation de chaque chose, et à réduire au minimum le nombre ou la variété de ces choses. Autant dire que le gaspillage ou le luxe ne coïncidait pas avec une vie dans la forêt.

Sans les tuyaux de la cheminée, la combustion de bois humide répandait une fumée épaisse qui obligeait à sortir, piquant les yeux, faisant tousser et suffoquer, imprégnant la peau, les habits et les cheveux. J'avivais la combustion en mêlant au bois des sacs en plastique récupérés un peu partout. Ils offraient plus d'efficacité que des journaux humides. Un feu de bois au milieu de la cabane, loin des parois, aurait nécessité en l'absence de poêle que le bois fût plus sec, avec une ouverture aménagée dans le toit, et surtout plus d'espace. Je craignais le sapin qui a la propriété de faire de petites explosions, d'éclater dans le feu et répandre brusquement des braises à plusieurs dizaines de centimètres, capables d'incendier. Dans les maisons, le bois de sapin peut provoquer des feux de cheminée, ou sauter sur la moquette et y faire des trous. J'appris à utiliser correctement ce bois qui était très répandu.

En été, je n'allumais le feu que pour manger, faire la lessive ou chasser les moustiques. La fumée éloignait les moustiques. Ils arrivaient en troupe au crépuscule, m'importunant. Je devais choisir entre suffoquer dans une fumée épaisse ou être dévoré par ces insectes. Ils parvenaient toujours à me piquer. Je m'essuyais les yeux rougis et me grattais le jour et la nuit. Certains, infectés, provoquaient des cloques ou des gonflements impressionnants aux bras ou au visage. Je finis par être plus ou moins immunisé.

Les guêpes, les abeilles, les taons et d'autres insectes pouvant occasionner des accidents, contre lesquels je n'aurais guère pu me soigner, m'agaçaient. Avec mes bras ou des chiffons, je faisais des moulinets. Ils réussirent à me piquer de temps en temps, mais ce ne fut jamais grave. Les nuages de petits moucherons m'encerclant avec obstination, me suivant pas à pas, puis disparaissant tout à coup sans que je sache pourquoi, avant de revenir, étaient également pénibles au début, et je n'y fis plus attention. Ces bêtes appartenaient à la forêt au même titre que les arbres. Tant qu'elles demeuraient à l'extérieur de ma cabane, je m'en accommodais, mais le combat débutait quand elles voulaient l'envahir. Des frelons énormes et bruyants y pénétraient parfois, hébétés, se cognant contre les parois, cherchant la sortie. J'y trouvais aussi des coccinelles paisibles et des papillons de jour ou de nuit. A l'automne, les araignées se mettaient en quête de chaleur et d'abri, et tentaient de s'installer dans mon refuge dont je les sortais. La cabane aurait pullulé d'animaux si je n'y avais mis de l'ordre. Elle serait devenue tout entière un nid pour les oiseaux. Je ne réservais aux oiseaux qu'un coin avec le bois séchant derrière une cloison. Il y en avait toujours un ou deux à s'y installer. Je les laissais tranquilles, leur offrant des miettes de nourriture en hiver, peu de choses car je comptais les miettes pour moi aussi. Leurs allées et venues, le spectacle délicat de leur existence étaient souvent l'unique lien qui m'attachait à d'autres êtres. Je les regardais pendant des heures. Je ne me sentais pas tellement plus fort qu'eux.

Mes tentatives pour percevoir à nouveau ma pension n'aboutissaient toujours pas. L'administration me répondait d'attendre, et fréquemment elle ne me répondait plus. Je n'expliquai pas à un seul fonctionnaire que je vivais dans la forêt. J'avais constaté que cela n'apitoyait personne et me faisait classer dans une catégorie encore plus marginale. Indiquer mon adresse constituait tout un problème. Personne ne vérifia jamais rien. Il m'avait fallu des mois avant de connaître le nom de la forêt où l'on m'avait oublié.

CHAPITRE IV

Adresse : forêt de Darvault

Au bord de l'immense forêt de Fontainebleau, le chemin vicinal tracé entre deux villages distants de quatre kilomètres, Moncourt et Darvault, est l'une des plus belles routes qui se puisse imaginer. J'ai eu le temps de la découvrir largement. Je m'y promène souvent. Les deux cents hectares de la Grande-Croix sont mon domaine. Il respire le même air que moi, connaît la même douceur au printemps, le même froid en hiver.

Mais les arbres, eux, se tiennent chaud. Au cœur, sous l'écorce. Ils sont serrés comme s'ils se soutenaient. Moi, ma seule compagne est la solitude.

La petite route déserte, qu'une biche franchit en deux bonds, était autrefois un chemin de terre et de pierres. Il a été recouvert de macadam. Mais les arbres n'ont pas changé. Leurs branches s'entrecroisent au-dessus de la route. Ils forment une voûte de feuilles et de rameaux, des découpages de lumière et de dentelles d'ombres. Je n'éprouve pas de monotonie à les admirer depuis si longtemps, en dépit de tous les désastres rencontrés, depuis qu'ils constituent, avec les étoiles, le toit de ma vraie maison, une cabane solitaire.

Les branches séparées par la route ne se frôlent pas avec timidité, elles se joignent comme des arbres qui s'embrassent. On dirait que les arbres se donnent la main dans une solidarité par-dessus la tête des hommes. Mais les hommes devraient avoir la même solidarité. Ils n'ont pas su donner un nom qui convienne à ce lieu merveilleux. Ils l'ont appelé le chemin de la mort.

Les vieux paysans le nomment aussi l'allée des morts. A croire que des choses terrifiantes s'y produisent. C'est en souvenir de tous les corps qui y ont été transportés et des larmes qui ont baigné cette route comme une pluie de cœurs meurtris. Autrefois, le hameau de Darvault ne possédait ni église ni cimetière. Les gens qui y mouraient, et ils étaient nombreux avec les siècles, les guerres, les famines, les épidémies, étaient portés dans des charrettes ou des corbillards jusqu'au cimetière de Moncourt. C'est tout droit. On croirait que les bâtisseurs d'églises l'ont fait exprès. Depuis le douzième siècle, l'église de Moncourt se dresse, puissante et belle, à l'extrémité de la petite route. Quand on sort de la forêt, on ne voit rien autour d'elle, aussi loin qu'on regarde. L'église semble flotter entre le ciel et les champs qui l'entourent. Elle est leur cathédrale, la première vision frappante pour les gens qui, autrefois, venaient de traverser l'épaisse forêt en accompagnant un défunt avec le prêtre et les enfants de chœur.

Cette église forme un ensemble avec le chemin des morts, avec le cimetière, avec la forêt de la Grande-Croix.

Un jour, un cimetière et une église, remplaçant une grange, ont été construits à Darvault, qui s'écrivait parfois aussi Darveau. Le hameau s'agrandissait. Les nouveau-nés qui ont étrenné l'église par le baptême sont aujourd'hui des adultes. La route couverte d'une toiture de branches et de lumière n'a plus vu les morts passer. Ils allaient non seulement à la maison du bon Dieu mais au pays du blé, car, en ce temps-là, Moncourt ne s'appelait pas non plus Moncourt, mais Fromonville, la ville du froment, le pays où l'on produit beaucoup de farine et de pain. Ainsi les habitants de Darvault finissaient leurs jours dans l'abondance des nourritures spirituelles et terrestres. Je ne sais pas s'ils étaient heureux, mais c'était stable dans un petit monde où, il y a cent cinquante ans, les trois lieux très dispersés de Moncourt, Fromonville (la grande cité avec un château) et Darvault totalisaient à peine sept cents habitants.

L'allée de la mort bordée d'une forêt touffue et de champs sur quatre kilomètres a gardé son nom effrayant sans que les nouveaux venus sachent pourquoi. Ils croient que l'explication se situe dans un virage dangereux de la forêt où il y a eu des accidents de voiture. Le monde n'est pas né avec les automobiles. Je sais tout cela sans l'avoir cherché parce que, à force de vivre au même endroit, on finit par tout savoir, la vie des gens, la vie des bêtes, la vie des arbres, de la terre et de ses légendes. J'habite en bordure de cette allée des morts, à l'extrémité d'un sentier entouré d'acacias, de bouleaux, de mûriers, d'églantiers, de châtaigniers. C'est un sentier pour le passage d'une seule personne à la fois. Il n'existait, quand je suis arrivé, qu'un layon à peine perceptible pour les chasseurs. Je l'ai élargi en y marchant. Il prend naissance parmi des chênes, des sapins et des pins de vingt mètres de haut et se termine devant ma cabane.

On m'appelle parfois le monsieur-dans-la-forêt. Cela veut presque tout dire. Enfin, on le croit. Beaucoup de gens, avec les années, ont fini par entendre parler de moi et de mon abri. Ils ne savent pas toujours mon nom. Ils ne savent pas toujours non plus que j'ai un nom. Ils savent qu'il y a quelqu'un, là-bas, au milieu des arbres, une énigme, un sujet d'étonnement. Pour me désigner, ils emploient de façon courante le mot forêt en l'ajoutant à d'autres mots. On ne dit cependant pas le monsieur-de-la-forêt. On préfère le mot « dans » comme si je ne pouvais plus être déraciné de la forêt où j'habite depuis bientôt une génération. J'ai vu des enfants grandir et se marier et, à leur tour, avoir des enfants. Je ne crois pas qu'on ait voulu cette expression à mon sujet. C'est venu tout seul, comme le nom de l'allée. Les hommes ne savent pas toujours donner le vrai nom des choses et des gens. Ils me confondent tellement avec la nature que, si je mourais, ce ne serait pas vraiment mourir. Ils me trouveraient renversé un jour comme les arbres qui tombent sur la route des morts par une tempête trop forte de vent ou de neige. Leurs branches ne s'entremêlent plus alors avec celles de leurs semblables au-dessus de la route, et il n'y a plus de solidarité, sauf avec l'humus, avec d'autres arbres morts.

Pendant les premières années, et maintenant encore, il m'est arrivé de me demander si une seule personne savait réellement sur terre que j'habitais dans cette forêt. En comprenant ce que cela signifie de vivre ainsi, sans argent, sans aide de personne. J'étais sûr que non. Mon nom même, mon vrai nom de famille, est celui d'un arbre. Il contribue, par cette fantaisie, à me fondre plus complètement aux yeux de certains dans mon environnement. Les végétaux et les bêtes sont ma famille. Mais c'est vite dit.

Un jour, il fallut écrire mon adresse sur un document officiel. Je n'en avais pas. L'officier public nota simplement : « Forêt de Darvault. » La forêt de la Grande-Croix se trouve en partie sur cette commune, en partie sur Moncourt. L'homme releva la tête en considérant ces mots, et commenta :

— Peut-on imaginer une plus belle adresse ?... On croirait un châtelain.

J'étais à moitié dépenaillé, ou peu s'en faut, quoique je considère comme essentielles la propreté et une bonne présentation, mais c'est vrai que mon mode de vie faisait parfois rêver. Chacun y voyait ce qu'il voulait y voir, depuis le retour le plus noble et intransigeant à la nature jusqu'au mépris presque criminel et anarchique de la civilisation. Ce n'était pour moi ni l'un ni l'autre. Je me trouvais là parce que je n'avais pas pu faire autrement. On espère toujours mieux. On espère que le lendemain sera plus beau.

Pendant que certains rêvaient de ma vie dans les bois, je continuais de redouter les hivers, le froid et la faim, la maladie. Je me disais :

— On me trouvera un matin mort dans ma cabane,

c'est sûr, ça va arriver. Il y aura cinq lignes dans un journal local, et la vie continuera sans que nul ne comprenne.

On ajoutera :

— Qu'est-ce que ce type faisait là-bas ?...

Les animaux, peut-être, mangeront mon cadavre en hiver, et on retrouvera au printemps les habits lacérés d'un homme qui vivait à l'écart du monde.

On n'est pas méchant pour autant. C'est ce qu'on croit. Chacun a ses préoccupations, et elles ont du mal à se rejoindre pour donner quelque chose de bon. On ne s'arrête pas au cas d'un chômeur de plus ou de moins.

Ainsi, sans y prendre garde, parce que chacun avait autre chose à faire, m'a-t-on laissé au bord de la route des Morts et du pays du blé, puis on a fait un bûcher de ma cabane.

Lorsque l'isolement et le silence de la forêt devenaient trop écrasants, je marchais, j'allais droit devant moi pour rencontrer d'autres visages, d'autres humains à qui, le plus souvent, je ne parlais pas. Ils me rappelaient que nous étions sur une terre habitée. Les plus petits hameaux me semblaient des univers vivants emplis de gens, d'enfants, de vieillards. Ces hameaux clairsemés étaient nombreux dans la région. Sur la petite route, et ses alentours, qui va de Nemours à Beaumont-du-Gâtinais, village de huit cents habitants, je rencontrais en vingt-deux kilomètres huit petits villages dont chacun dépassait à peine les cent habitants, avec une exception pour deux villages qui n'en comptaient que soixante-dix, et un autre qui en possédait trois cents. La nature déserte s'étendait autour de ces communes. Je marchais vers les fermes isolées et les lieux-dits, les hameaux et les bourgs, avant de revenir à mon coin de forêt, à mes affaires dans ce coin de France qui n'est pas tout à fait la France que l'on connaît, qui n'est pas tout à fait celle que l'on voudrait connaître, mais qui existe et qui est la vraie France où j'ai appris à survivre et m'orienter. On n'imagine pas combien, pour survivre dans la forêt, il faut consacrer de temps aux tâches quotidiennes. Je ne l'imaginais pas jadis, quand je vivais comme tout le monde.

En sortant de ma forêt, on ne tarde pas à apercevoir sur la gauche les toits de Fromonville. Cette commune a perdu son hameau lointain de Darvault, étendu au pied d'une longue colline boisée que les anciens appellent « la montagne » car les chevaux avaient du mal à y grimper avec les charrettes, mais elle s'est attachée son autre hameau de Moncourt, et les cartes géographiques la désignent maintenant du nom de Moncourt-Fromonville. Elle regroupe deux mille habitants entre Nemours et Moret. C'est beau. C'est grand et empli de lumière. Mais si l'on m'avait dit que je vivrais ici pendant vingt ans, dans ces conditions, je ne l'aurais pas cru ou bien je serais tombé malade. Après l'émotion des premières semaines, je pensais rester quelques mois au maximum, peut-être une année, le temps de trouver un logement et du travail, de tout remettre en ordre. Je désirais surtout vivre en famille et travailler. Pour une année déjà, c'était long et difficile. Il me fallait réunir toutes mes forces. Davantage, cela apparaissait impossible.

Il y a des voleurs de vie. Je ne sais pas s'ils s'en rendent bien compte. Les voleurs de vie sont comme les autres voleurs. Il y en a de petits, qui volent de petits morceaux de vie, et de grands voleurs, qui volent de grands morceaux. Il y a ceux qui ne savent pas le mal qu'ils commettent, et il y a ceux qui le font en sachant. Ce sont les plus durs, et on les rencontre sur toute la planète. Les détroussés eux-mêmes ne parviennent pas toujours à identifier les voleurs de vie dans le flot des événements. Voler la vie, c'est ce qu'il y a de plus banal. Les voleurs de vie sont partout et depuis toujours, et ils constituent une race qui n'est pas près de s'éteindre. J'ai essayé de leur résister. La chance et la ruse m'ont parfois aidé. Il m'est arrivé, contre les voleurs de vie, de tenter de me défendre jusqu'au bout, mais ce n'est pas sans danger.

C'est comme l'histoire du bûcheron qui cherchait son voleur de bois. On s'en souvient depuis trente ans dans la région. Le voleur demeurait invisible, insaisissable, et ne pouvait être ni entravé ni sanctionné. Le bûcheron avait beau guetter, veiller, il ne trouvait pas d'indices, et les stères continuaient de disparaître.

— On va bien rigoler ! Je te promets une rigolade générale. Viens avec moi demain, déclara le bûcheron à un paysan.

Alors, un matin, il perça des trous avec une chignole dans son bois coupé et prêt à être enlevé, tandis que son compagnon introduisait minutieusement une cuillerée de poudre dans chaque trou. Après une heure de travail, les deux hommes avaient piégé toute la coupe. Ils rentrèrent chez eux en se réjouissant.

Huit jours passèrent, sans résultat. Le bûcheron ne comprenait plus.

Il retourna examiner la place :

— Ah ! Ils sont revenus, s'exclama-t-il. Ils m'ont emporté encore un stère. Je saurai bien un jour qui c'est...

Quand il n'abattait pas du bois pour quelques petits propriétaires, qui lui cédaient en échange une partie de la coupe, le bûcheron travaillait dans une usine de lessives et de savons, parfois de nuit, parfois de jour. Il soupçonnait ses collègues, bien renseignés sur ses horaires variables.

Un midi, à l'heure de la pause, il entend un brave collègue s'exclamer :

— J'ai acheté du bois. Mais quel bois, grand dieu ! Il m'est arrivé un drôle de tour dans la maison. J'avais une cuisinière toute neuve et elle est partie en poussière...

Le bûcheron tenait son voleur. Il s'empêcha de rire devant la désolation de l'autre.

— C'était du bois fort, ça, pour faire sauter une cuisinière, lui dit-il. Où l'as-tu acheté ?

Le voleur bafouilla. Ce n'était certainement pas un grand esprit et l'autre n'était pas méchant. Les copains rigolaient. Le bûcheron continua :

— Mon vieil Albert, ton bois ne doit pas t'avoir coûté cher. Tu ne serais pas allé dans la forêt d'Elie où je coupe en ce moment ?

Faisant l'étonné, Albert demanda où elle se situait. On

lui expliqua, sous la risée générale, que ce coin était dangereux. Le bois y possédait des propriétés particulières et l'on prétendait même qu'il était si fort parce qu'il contenait de l'alcool. Albert voyait qu'on se moquait de lui mais il n'osait pas avouer ni faire attention aux railleries. Plus il résistait, plus l'autre jouait, et plus les collègues s'amusaient.

— On sait que tu es franc, finit par déclarer le bûcheron. Si tu es franc, dis-le. Tu as pris mon bois ! Et moi, je t'ai pris.

Le lendemain, le voleur et la victime allèrent comme de bons amis examiner le bois aux propriétés explosives. Albert ne vit pas les trous emplis de poudre, et le bûcheron se garda bien de lui en parler.

— C'est du bois normal, tout à fait normal, déclara Albert, mais ma cuisinière ne l'est plus ! Et elle était neuve !

Ils partirent constater l'état où elle se trouvait. D'abord, le voleur paya un verre à son collègue d'usine. Le dessus de la cuisinière était absent. Les ronds d'acier avaient volé, la porte et le four étaient un peu abîmés, le tuyau ne présentait pas autant de dégâts que la plaque du fond. Le malheureux se lamentait.

— C'est bien fait pour ta gueule ! s'exclama soudain le bûcheron. Encore heureux que je ne te fasse pas avoir une amende au tribunal. Je n'aurais jamais cru que c'était toi. Si je coupe du bois, ce n'est pas pour que tu viennes me le voler. On pourrait même m'accuser d'être le voleur…

En effet, le propriétaire de la parcelle de forêt risquait d'accuser le bûcheron de frauder. A l'usine, les collègues ne cessèrent pendant les jours suivants d'expliquer à Albert que le bois contenait de l'alcool.

— Du bois alcoolisé, c'est dangereux Albert, ne va plus par là… Ça tourne la tête !

Mais les bûches piégées ne rendirent pas facilement la poudre, et quelques-unes, vendues à des fermiers, explosèrent dans les poêles du village. On entendait par-ci par-là :

« Boum !... Boum !... », et les gens habitués disaient : « C'est encore un coup à Albert. »

Le tour de celui qui avait voulu connaître le malfaiteur risquait d'être dangereux. Dans ma forêt, j'ai parfois eu envie de mettre le feu aux poudres, pas le feu à la forêt, je ne suis pas un pyromane, mais le feu aux poudres. J'ai souvent vu que lorsqu'on proteste contre l'injustice, il faut faire attention à ne pas l'aviver au lieu de l'éteindre, ni provoquer des réactions en chaîne qui se retournent contre soi. Si j'avais mis des explosifs dans toutes les choses qui n'allaient pas, j'aurais fini par sauter avec elles. Je n'ai jamais voulu risquer de déchiqueter par des explosions dans tous les sens ce qui méritait peut-être encore d'être sauvé. Il arrive pourtant un moment d'injustice où la vie elle-même n'est plus possible, non pas où l'on est importuné et affligé, mais où la vie n'est réellement plus possible. Eh bien, je suis parvenu, il y a vingt ans, à ce moment, et plusieurs fois depuis; j'ai continué malgré tout, et je vais raconter comment. Je pense à ceux qui vivent des événements analogues mais n'auront jamais l'occasion de parler, parce qu'ils seront morts avant, ou parce que leur histoire n'intéresse personne.

L'erreur qui fausse tout est de croire que l'on peut choisir une telle vie, une vie comme celle que je mène. Il y a un doute. « Puisqu'il est dans la forêt, c'est que ça lui plaît », pense-t-on quand même. Je n'ai rien choisi, on veut bien me croire, mais il y a un doute. J'ai essayé de m'adapter à ce qui est presque insupportable, c'est tout. Pour ne pas mourir. C'est différent. J'aime la forêt, mais de là à y habiter vingt ans !... « S'il est là, c'est que ça lui plaît, insiste-t-on. S'il ne meurt pas, c'est qu'il peut vivre ainsi. S'il ne réclame rien, c'est qu'il n'a besoin de rien. S'il ne vole pas dans les récoltes ou les magasins, c'est qu'il a tout ce qui lui faut, peut-être même un magot. C'est que tout va bien. »

J'ai entendu ces paroles plusieurs fois, et plus souvent encore j'ai lu et deviné ces raisonnements dans le regard de ceux qui croisaient ma route, ou dans leur indifférence embarrassée lorsque, les yeux baissés, ils m'ignoraient, s'écartant, se méfiant.

Je me retrouve seul le soir auprès de mon feu de bois. J'ai été chassé dans cette forêt comme un navire échoue sur une plage. Un naufrage, ce n'est pas une fête. J'ai été porté par une lame de fond contre laquelle personne ne peut résister.

CHAPITRE V

Estomac vide, poubelles pleines

PENDANT le premier hiver, j'allai à la Croix-Rouge demander des vêtements. Je n'avais jamais rien accompli de tel. J'hésitai beaucoup avant de m'y présenter. Je passai sous un porche, frappai à une porte, mal à l'aise. Une femme m'ouvrit. J'aperçus aussitôt dans des placards une vingtaine de caleçons longs et blancs. « Voilà qui sera mieux que rien, songeai-je. Un ou deux m'ira bien pour les grands froids. » La présidente de la Croix-Rouge de Nemours, qui était la femme du notaire de la ville, m'interdit d'en emporter un seul. Elle me connaissait, son mari aussi. Elle m'expliqua que ces caleçons étaient destinés à l'Afrique noire. J'en fus étonné. Les Africains en caleçons longs me parurent une image curieuse et peu convaincante.

L'allure hautaine de cette présidente donnait envie de partir. Elle avait conscience d'être l'épouse d'un notable et de représenter un organisme important.

Je n'insistai pas, après lui avoir toutefois signalé que j'étais malade, possesseur d'une carte d'invalidité, et que j'avais tout simplement froid. La présidente songeait aux pauvres d'ailleurs. Elle me parla de la famine et des inondations dans d'autres pays. Je compatissais beaucoup, j'en étais malheureux, mais j'aurais pris avec joie un de ces sous-vêtements chauds, et aussi d'autres habits, si elle me les avait donnés. Une petite ville provinciale de onze mille habitants comme Nemours n'allait pas enrayer toute la misère du tiers monde, surtout avec des caleçons. Pour ma première tentative auprès d'un organisme d'entraide, je fus plongé dans un débat mondial sur les caleçons. Des pantalons de velours étaient également visibles. La présidente n'ouvrit pas les autres placards.

— Une couverture, je vais vous procurer une couverture ! me lança-t-elle soudain.

Ce ne fut pas une mince affaire. Son stock ne contenait pas de couverture. Elle prit de l'argent dans la caisse, remplit une fiche pour justifier son geste.

— Je peux m'en passer, il n'y a pas d'obligation, lui répondis-je en voyant tout le mal qu'elle se donnait.

Je repartis sans rien.

Huit jours après, elle m'offrit une couverture minuscule, très mince, qu'elle avait achetée dans un magasin. Je l'acceptai avec des remerciements pour ne pas offusquer la présidente. La situation était ridicule pour nous deux. On ne me revit plus à la Croix-Rouge pendant vingt ans. Cette femme est morte aujourd'hui, son mari n'est plus notaire.

La mairie de Nemours ne m'accorda pas de secours, ni en argent, ni en nature. Elle ne pouvait à la fois me repousser dans les bois et m'aider. La mairie de Darvault refusait de me connaître. La mairie de Moncourt ne me connaissait pas encore. Je vis que c'était un grand malheur et la source de multiples difficultés de ne pas avoir un logement à soi.

A l'époque de mon installation dans la forêt, l'administration cessa de m'envoyer ma pension qui était pourtant à vie. Les ennuis, on le sait, ne sont pas souvent isolés. J'expliquai sans cesse l'urgence de recevoir mon argent. Le dossier circulait entre des mains anonymes de fonctionnaires.

— Dans les bureaux, c'est long, me disait-on.

Je ne comprenais pas la cause du retard. Le jour où le sénateur-maire me fit conduire en camion-taxi municipal dans la forêt, je n'avais pas encore réussi à obtenir satisfaction.

Je n'imaginais pas que je resterais des années sans parler à personne et sans entendre personne me parler. Ou ce n'était pas ce qui s'appelle parler. Je n'eus pas non plus l'occasion d'être un assisté. Je n'eus aucun mérite de cette indépendance, de cette autonomie complète. Au contraire, je demandai au cours des premières années de l'aide en nourriture, en soins médicaux, en vêtements.

Je la demandai avec gêne, parfois avec honte, toujours avec urgence. Ni l'Etat ni personne, aucun organisme d'entraide publique ou privée, ni la Croix-Rouge, ni le Secours catholique, ni le Secours populaire, ni l'ATD — Quart Monde, ni les « chiffonniers d'Emmaüs », ni l'Armée du Salut, ni les Eglises, ni les partis politiques, nul ne m'aida ni ne s'en préoccupa. Il n'y a pas eu de main tendue. Ils n'étaient pas tous informés au même degré. Beaucoup savaient, personne ne bougeait.

Je retournais, désolé, dans la forêt qui était la seule à ne pas me chasser. Elle ne m'appartenait pas, mais elle me protégeait à sa manière. Il m'a fallu dix fois, cinquante fois, je ne sais combien de fois, affronter le problème de mourir ou survivre par mes propres moyens. Au pied de mes arbres, je n'avais plus qu'à me débrouiller ou me pendre à une corde, à me laisser agoniser ou réagir. Je ne pouvais compter que sur moi. Il existait encore la rivière et des lacs pour m'y jeter. La forêt, ce fut comme le désert, une immense solitude et un combat.

Un jour, dans le coin, un agriculteur que j'apercevais souvent voulut se battre avec un arbre. C'était une drôle d'idée. Accompagné d'un ami qui avait apporté une tronçonneuse à moteur, il choisit un arbre splendide. Le lutteur releva ses manches, cracha dans ses mains, saisit une hache en cherchant l'endroit où décocher le premier coup. Il savait que couper un arbre aussi grand à la hache est toujours un exploit, un combat qui peut tuer l'homme et l'arbre dans le même craquement d'os et de branches.

La place de la première entaille fut choisie sur le tronc. « J'aurai sa peau », pensait l'homme. La hache s'enfonça dans le bois avec un bruit de tonnerre. Elle revint, mordit, fit voler des éclats, creusa. Le tronc ne vibra pas. La sueur coulait sur le front de l'attaquant. Il ne s'arrêta que pour se quereller avec son compagnon à propos de la seconde entaille à pratiquer de l'autre côté du tronc, destinée à faire basculer l'arbre vers la forêt et non la route proche.

— Elle est trop haute, déclara le compagnon.

— Elle est bien.

— Elle n'est pas assez basse.

— Elle est bien.

Soudain, le colosse trembla, craqua et tomba de toute sa longueur dans un bruit effroyable en plein milieu de la route, la coupant en deux. Il n'y eux pas d'accidentés, mais quinze voitures furent bloquées d'un côté, vingt de l'autre. Les deux hommes regardèrent avec étonnement leur joli travail.

— De nos jours, à la hache, et voilà ce qui arrive ! dit l'un d'eux. Un exploit insensé !...

Il fallut dégager le passage. Le deuxième bûcheron attaqua l'arbre avec sa tronçonneuse à moteur. Il découpa le tronc en rondelles comme un dératé, tandis que l'autre ôtait les branches dare-dare, sous les klaxons des automobilistes. Ils déménagèrent dans la forêt les traces de leur maladresse. Ils se remirent de leurs émotions, burent un coup.

— A mon tour, dit le second en empoignant sa tronçonneuse. En deux secondes ce sera terminé.

Effectivement, un coup de vent soudain transforma l'arbre en toupie. L'adepte de la cognée n'eut que le temps de courir sur la route, les bras en croix, pour arrêter les voitures. Le grand arbre vacilla, tomba comme le premier sur la chaussée, la coupant presque au même emplacement.

— Quand on ne sait pas utiliser une tronçonneuse, voilà ce qui arrive !... Témérité inconcevable !... protesta l'autre bûcheron.

Une heure plus tard, la route dégagée, ils attaquèrent le troisième arbre. Un autre agriculteur vint en renfort. Une corde attachée au tronc et glissée derrière un chêne servant de pilier leur évita de faire un triple carton. L'annonce de leurs exploits les précéda le soir au village.

— Alors voilà nos fiers-à-bras ! leur dit-on. Vous avez tué trois arbres, vous avez failli tuer une dizaine d'automobilistes. Vous n'êtes pas morts ?...

— On n'est pas morts puisque nous voilà vivants !

— La belle gloire !

Le combat d'un homme avec un arbre de grande taille est toujours dangereux; il y a constamment des accidents, mais le combat d'un homme avec une forêt est encore plus insolite et dangereux.

Je ne connaissais pas la façon d'affronter ce problème. Jour après jour, je découvris comment m'y prendre pour ne pas être écrasé ni tout à fait humilié.

Lorsque mes compagnons du bosquet qui devait être incendié étaient encore présents, un poissonnier venait de Nemours jusqu'à nos cabanes, non pas pour nous vendre du poisson, mais afin de jeter sur un dépotoir proche des cageots avec de la glace, et de grandes caisses en bois. Il donnait chaque fois trois ou quatre poissons au chiffonnier, qui récupérait les caisses. Je n'avais pas droit à cette offrande et ne l'espérais pas. Les planches renforçaient les parois de la cabane, mais elles sentaient le poisson. Maurice les lavait avec énergie. Il les transportait parfois en ville pour les nettoyer à une pompe, ou les laissait sous la pluie. Le marchand désirait vendre son fonds de commerce, la retraite approchant. Il parlait le plus sérieusement du monde de la transaction à des déshérités n'ayant pas de quoi satisfaire leur faim. Sa venue faisait toujours plaisir à mes voisins.

La moindre somme d'argent me permettant d'habiter ailleurs m'aurait comblé de joie. La forêt pendant le jour et la nuit, la forêt comme cadre permanent de vie, je n'imaginais pas que ce puisse être aussi dépaysant. Je ne voulais pas m'avouer que j'en étais prisonnier. Cette détention au grand air ne ressemblait pas à des vacances et je me persuadais de plus en plus qu'elle ne durerait pas. En fait, je subissais un apprentissage; les circonstances m'initiaient à une vie dans la forêt beaucoup plus longue et éprouvante.

La faim m'obligeait à aller en ville. Je rôdais autour des magasins. A cette époque, je ne pensais pas vraiment à manger des produits de la forêt ou y cultiver un jardin potager. Je voulais ma pension. Elle n'arrivait toujours pas. Je désirais faire respecter mes droits. Ce retard me tracassait, m'empêchait de dormir, m'obnubilait. Je rageais, et je ne voulais pas laisser la rage me dominer. Je me sentais attiré par les lieux où se concentrait la nourriture, les vitrines, les restaurants, le marché public au bord de la rivière. Je guettais partout, j'observais surtout à l'heure du démontage des étals, ce qui demeurait d'aliments sur la place du marché. J'avais honte. Mais aussi j'avais faim. Je n'osais pas faire un geste.

Je me dis finalement : « Pourquoi ne prendrais-tu pas ce qui est abandonné par terre, puisque tu en as besoin ? » Je ne désirais pas qu'on me voie. Sur un marché, c'est presque impossible. J'ai enfin ramassé un fruit. Je l'ai tenu dans ma main. Les gens ont continué leurs affaires. J'ai aussi ramassé des tomates abîmées. Puis, avec les jours, je me suis risqué à prendre tout ce qui était au sol.

On m'en a empêché rapidement. Cela s'effectua à cause de Jeanne. C'était une vedette, qui entra alors en scène. Elle était redoutable. Ce n'était pas une mendiante. Retraitée, elle touchait une petite pension qui lui servait à se loger et à nourrir ses dix chats, tandis qu'elle fouillait la place du marché pour elle-même. Les commerçants la connaissaient, lui faisaient des faveurs. La charcutière laissait tomber dans un seau, dont l'intérieur était recouvert d'un papier d'aluminium, les morceaux qui n'étaient plus à vendre. Jeanne apparaissait à ce moment. Elle raflait avec une vitesse et une énergie prodigieuses les fruits, les bouts de saucisses et de fromage. Je surveillais les croûtes de gruyère, les tomates jetées, les légumes, les déchets de charcuterie, les restes de tout ce qui pouvait se manger. D'autres misérables de Nemours venaient récupérer aussi la nourriture encore comestible, mais Jeanne se montrait la championne, la magicienne. Elle me mettait le moral au plus bas. Elle décourageait dans le découragement. Sa préférence allait aux déchets de volailles, à leur graisse, et au fromage. Avec la graisse fondue de volailles, on peut faire de bonnes soupes nourrissantes. La graisse extraite de l'animal était lavée, propre. Le marchand la jetait dans un seau. Plusieurs yeux l'observaient, mais les mains de Jeanne se montraient les plus agressives. Le poissonnier abandonnait également quantité de résidus. J'arrivais même à découvrir quatre ou cinq poissons par semaine. Quelques-uns ne semblaient pas très frais, mais je m'en contentais sans courir de grands risques d'intoxication. Des crevettes, des moules amélioraient parfois ma ration.

J'accomplissais chaque fois un effort pour me rendre au marché. Pourquoi ma pension n'arrivait-elle pas ?

Le pire, après la honte que je voulais étouffer, provenait de la concurrence des affamés, des habitués, de la vivacité de Jeanne. Elle y allait à fond. Elle ne craignait pas de se faire remarquer. Plus âgée que les autres, elle bénéficiait d'une priorité tacite, se trouvait mieux acceptée. Sa domination allait si loin qu'elle s'offrait parfois le luxe de me laisser des déchets de volailles. Le reste du temps, je me rabattais sur les pommes et les légumes. Ces choses-là s'effectuaient dans un pays riche. Nous étions riches, sinon il n'y aurait pas eu de restes, et Jeanne aurait été bousculée et piétinée.

Cette première période de ramassage ne dura que quelques mois. Je ne me sentais aucune affinité avec ceux qui m'entouraient. Un jour, j'ai cessé d'aller au marché. Les autres ne m'acceptaient pas. Je ne leur ressemblais peut-être pas assez, et je n'y tenais pas. J'avais découvert un monde inhumain, où l'on se battait pour des épluchures et des croûtes de fromage, des os et de la peau de saucisson, comme des chiens efflanqués guettant les miettes de la table des maîtres, mais ce monde possédait ses lois et sa hiérarchie. Pour y pénétrer avec des chances de vivre et de se faire respecter, il fallait établir des contacts et des relations. Je n'en avais pas. Je ne parlais pas. Je ne jouais pas des coudes et j'osais à peine penser à tout cela.

Un couple de personnes d'une cinquantaine d'années, installé vers le canal du Loing dans une petite bicoque, talonnait Jeanne dans la suprématie. Invalide du travail, l'homme essaya de me chasser parce que je lui faisais concurrence. Les commerçants me disaient d'ailleurs :

— C'est à eux de ramasser, pas à vous !

Le pistonnage existait même là. Je demeurais alors sur les lieux, un peu à l'écart, à attendre que ce couple, Jeanne et les autres aient fini leurs provisions. Ce n'était pas réjouissant. Il restait parfois les restes des restes. Je n'éprouvais pas l'envie de me battre avec tout le monde pour des trognons et des quignons.

Mon éducation m'avait appris à travailler, à ne pas plier ni s'effaroucher devant les épreuves. J'attendais de meilleurs jours. Je n'étais pas un clochard ni un marginal par vocation. Le monde des clochards et des mendiants n'était pas mon monde. Je ne m'y serais pas habitué, j'en aurais été incapable. Je n'éprouvais pas non plus une vocation d'ermite au sens religieux, le souhait de m'isoler du monde pour vivre dans la prière et la contemplation, un don d'ascète ou de reclus.

« Un exclu, voilà ce que tu es », me disais-je pourtant.

Je ne pouvais pas me dire autre chose.

Un homme qui m'observait depuis plusieurs jours sur le marché me dit :

— Tu trouveras beaucoup plus de nourriture dans les poubelles.

Son conseil ressemblait à une farce.

S'il était bien une idée qui me répugnait, c'était de faire les poubelles. Cette action représentait à mes yeux l'une des formes de la déchéance la plus totale, presque le comble de la chute sociale et morale. Sur un marché, il y a de la vie, du mouvement, des visages, des plaisanteries, un nettoyage à grande eau pour finir. Les poubelles, c'est l'univers du déchet et du rejet, de la décomposition et de la saleté.

Le conseil me trotta en tête en même temps que la faim me torturait. Les poubelles des commerçants étaient les plus intéressantes. Sur les trottoirs, devant les magasins, il y avait à manger. C'était vrai. Je n'approchais jamais une poubelle directement. Je tournais vingt fois autour, feignant de me préoccuper d'autre chose. J'avais encore plus honte que sur le marché. L'embarras d'être remarqué me paralysait. J'étais malheureux. A proximité d'un petit supermarché, les poubelles contenaient des pommes, des bananes, des mandarines. Je choisissais les heures où il y avait le moins de gens. Je découvrais plus de morceaux de fromage et de volaille qu'au marché. Les aliments étaient frais et souvent propres. Ils constituaient les détritus de la journée. Quelques-uns devaient être rejetés, indigestes, nécessitant un tri, mais les poubelles renfermaient des repas entiers et suffisants pour vivre. J'y allais tous les deux jours. A certaines périodes de malchance, j'avais faim et je ne trouvais pas assez. Je patientais avant une nouvelle exploration. Les jours de fête s'avéraient les pires. Les magasins fermaient. Et des denrées ne se rencontraient jamais, comme le café ou le sel. L'alimentation ne présentait guère l'équilibre.

Ce système dura jusqu'en 1977, où le nouveau maire m'interdit de pénétrer à Nemours. Je dus alors trouver une autre solution pour manger, en vivant davantage dans la forêt. Avant cette date, la recherche de l'eau à la pompe sur le trottoir me réclamait des heures de marche. Quand mes compagnons des cabanes se trouvaient encore présents, un grand bidon de lait en métal, avec deux poignées et un couvercle attaché à une chaîne, servait à nous approvisionner en eau. On y ajoutait un jerrycan en métal trouvé je ne sais où. Ils étaient transportés sur un petit tombereau à bras, tout en bois, avec deux hautes roues cerclées de fer, qui appartenait à Maurice. La pompe à eau en bordure des champs, à deux kilomètres, et autant pour le retour, avait été installée près de Nemours pour trois ou quatre maisons isolées formant un hameau. Un vieil homme habitant seul l'une d'elles, parmi des lilas et une douzaine de pommiers, venait à la pompe. J'y allais tous les jours. Cette activité exigeait du temps et des efforts. Maurice m'accompagna au début, puis je m'y rendis seul. Les récipients d'acier étaient trop lourds pour lui, le tombereau épuisant dans le chemin avec des ornières, des pierres, des excavations de roues de tracteurs et des empreintes de sabots de chevaux. Cet ancien sportif ne bénéficiait pas d'une nourriture suffisante et équilibrée. Il soufflait et se sentait mal. Je prenais mon temps. Le chariot cahotait mais avançait. La scène appartenait à un autre siècle ou à un autre continent.

La découverte de bidons en plastique, plus légers, facilita la corvée. Ils avaient renfermé des produits toxiques, mais leur nettoyage régulier pendant plusieurs semaines les rendit utilisables, d'abord pour la lessive, puis la consommation.

Les cantonniers nous invectivaient parfois. Comme s'ils défendaient un point d'eau privé, ils n'aimaient pas que nous prenions de l'eau d'une autre commune, mais cela ne les regardait pas. La municipalité ne nous l'interdisait pas encore. Nous faisions semblant de ne pas les entendre. Les accrochages et les reproches n'étaient jamais directs. Les cantonniers râlaient en nous regardant de biais. Une fois, l'un d'eux continua de protester tout en cassant la glace qui s'était formée autour de la pompe, en hiver, afin que l'eau puisse continuer de couler et que j'en emporte. Ils n'étaient pas méchants, quand on les connaissait. J'ai rarement vu des gens méchants. Mais l'ignorance et la peur imaginaire, les faux raisonnements faisaient commettre le plus grand mal et les pires injustices.

CHAPITRE VI

Des histoires qui tiennent chaud

Le soleil rythmait mon existence. Il se levait tard et se couchait tôt. Je savais l'heure, à quelques minutes près, en observant sa position d'après les branches qui me servaient d'aiguilles. A la nuit tombée, je ne pouvais plus rien faire. Le face-à-face entre moi et la nature, la nuit, la solitude, revenait sans cesse.

J'avais passé quatre longs mois seul, n'apercevant le dimanche que des chasseurs, après l'incendie de ma première cabane à Noël 1971 et la construction de la seconde cabane dans un nouveau coin de forêt, sans électricité ni lampe de poche, sans autre éclairage que le feu de bois pour les activités quotidiennes.

Ma cabane s'améliorait et devenait plus résistante, plus habitable. Pour finir un abri dans ces conditions, il m'avait fallu deux ans la première fois. Je savais qu'il en faudrait autant la seconde. Ce jeu de patience, cette lenteur ne pouvaient être évités. Dans la forêt, où tout apparaissait lent et contraire au rythme de vie pressée de la civilisation, j'éprouvais en plus un grand mal à trouver les matériaux.

La neige était tombée quinze jours après le début de la construction, une couche de quelques centimètres qui transforma le paysage, lui communiqua une impressionnante beauté, une apparence de silence plus profond, de recueillement, qui ne gêna pas mes déplacements. La forêt resplendissait de paix. J'avais dégagé de l'endroit tous les troncs renversés par les tempêtes et ôté les broussailles. Mais je savais le fléau que pouvait représenter la neige si elle tombait en abondance.

Les chasseurs m'observaient avec surprise et curiosité, de loin. Je ne m'en occupais pas. Durant la semaine, j'étais seul. On n'apercevait pas facilement mon abri, même entouré d'arbres privés de feuilles. J'avais acquis l'habitude de ne plus craindre les mauvaises rencontres, les voleurs, les détraqués. Qu'aurait-on pu me voler? Mais c'était dangereux quand même. A part les nomades, je ne redoutais presque personne. Eux-mêmes ne s'intéressaient qu'à mes biens, et je n'en avais pas. Ma relative sécurité dépendait de la connaissance qu'avaient les autres de mon dénuement. On ne m'avait jamais agressé dans les bois et je n'y songeais pas.

Je revoyais fréquemment le métayer qui avait incendié ma cabane. Il parcourait les champs. Il me disait bonjour, je lui répondais. Chacun allait son chemin. Je ne lui en voulais pas de manière spéciale, mais quelque chose se retournait néanmoins dans mes entrailles à sa vue. Cette impression désagréable, douloureuse disparut avec le temps. La rancune ne servait à rien. Elle m'aurait nui.

Un vieil agriculteur qui comptait parmi les tout derniers de la région à travailler trente hectares avec des chevaux de labour s'arrêtait, jadis, près de ma cabane avant l'incendie. Il m'adressait quelques mots et continuait son ouvrage, avec lenteur, en encourageant les animaux de sa parole. L'un de ses fils, de mon âge, l'accompagnait presque toujours. Comme les autres, ils examinèrent la modification du paysage après le remembrement. Le vieil homme et sa famille avaient toujours vécu là, leurs ancêtres également, aussi loin qu'on pouvait remonter. Ils savaient tout ce qui s'y était produit depuis des générations. Le remembrement les avait touchés, et ils avaient reçu des terres qui ne présentaient pas toujours autant de qualités que celles perdues. A l'écart du monde, sans radio ni télévision, j'avais le temps, en regardant la nuit tomber par la porte entrebâillée, de me souvenir. Je faisais passer le temps comme je pouvais. Je remettais une bûche dans le feu. Je m'asseyais sur une vieille chaise. J'observais les arbres, les mouvements de leurs branches dépouillées, le ciel, la terre, l'apparition de la première étoile, les cratères sombres de la lune. Le temps passait, poussé par l'univers qui emportait tout, poussé par je ne sais quel mystère. Je ressentais la nature plus que je n'y réfléchissais. Elle m'imprégnait de tout ce qu'elle avait de mystérieux.

La forêt était un milieu inhumain à certaines heures, et bon à d'autres. Tous les moyens psychologiques et matériels pour y survivre me semblaient indispensables. La fascination que j'éprouvais pour la nature avait pour limites la répulsion qu'elle m'inspirait quand les besoins humains fondamentaux ne pouvaient plus y être satisfaits. Ma vie tenait parfois à un fil si mince qu'il m'apparaissait un miracle qu'il ne soit pas brisé. Je n'avais pas l'expérience, ni une santé suffisante, ni même l'ardeur folle de m'accrocher à l'existence pour tenir, et pourtant je tenais, et je tenais bon et fort. Les jours passaient, et j'étais toujours là. Au découragement succédait alors l'espoir de parvenir enfin à une vie meilleure. Je devais résister et durer, durer le plus longtemps possible pour reprendre une vie normale. Je n'étais pas et je ne pouvais pas être l'homme de la forêt que l'on prétendait, mais je m'arrangeais pour souffrir le moins qu'il soit imaginable, pour établir une sorte d'entente avec mon milieu. J'attendais avec patience, au fond de mon être et peut-être de mon inconscient, dans le silence, ce silence de la forêt qui n'est presque jamais réel mais empli de sons de toutes sortes, le moment propice pour sortir des bois. Je n'abandonnais pas mon idée de partir à la première occasion. Néanmoins, je me voyais chassé un peu plus loin à chaque reprise. La « réinsertion sociale » dont on disait qu'elle constituait une bonne chose, mais dont personne ne s'occupait, restait une idée abstraite.

Il me restait ma dignité. La dignité, c'est une affaire de

conscience propre. C'est peut-être encore plus, mais je ne saurais le définir, et ce n'est peut-être pas définissable.

Les semaines s'écoulaient. J'avais devant moi toujours le même paysage, les mêmes arbres dont je connaissais maintenant les moindres branches comme les traits d'un visage familier. Je devenais un familier de la forêt, de son odeur, de sa respiration, de ses mouvements. C'était un organisme qui vivait.

Je me levais tôt. Par les nuits fraîches, plusieurs couvertures et vêtements sur le dos, je dormais mal et mon feu de bois, ravivé au matin, me tenait une joyeuse compagnie autant qu'il me permettait de cuire de la nourriture. Les petits déjeuners n'existaient pas. Je mangeais dès le matin ce que j'avais trouvé de plus consistant la veille, des légumes, du pain, parfois un morceau de viande. Il n'y avait toujours pas de café, de thé, de lait. J'en perdis l'habitude et presque le souvenir.

La journée était ensuite occupée, comme toutes les journées, par le ramassage du bois mort, la lessive, le raccommodage des habits, des chaussures, le rafistolage de la cabane si un coup de vent ou une pluie violente avait abîmé le toit ou une paroi, la recherche à nouveau de la nourriture et de l'eau, la mise au point de projets toujours inutiles pour quitter la forêt, habiter un vrai logement, gagner de l'argent. Je lisais chaque article et chaque ligne des journaux trouvés. Pendant de longs moments aussi, je ne faisais rien. Le crépuscule venait alors. Je préparais le bois sec pour le feu du lendemain, et j'allais me coucher.

Le monde des hommes paraissait très loin. Mais chaque arbre avait un propriétaire, chaque mètre carré de champ un exploitant. Chaque lieu possédait une histoire. La terre labourée près du bosquet d'où j'avais été chassé possédait même un passé extraordinaire. Il s'y était produit une histoire stupéfiante, au sens littéral du terme, puisqu'il s'agissait de vaches droguées à l'opium. Les gens de Darvault qui l'avaient vécue n'étaient pas près de l'oublier, en dépit des années, et se la racontaient encore.

Tout avait commencé avec le vieil agriculteur qui venait me voir en conduisant ses chevaux. Lorsque l'affaire eut lieu, qui mit le village en ébullition, il n'était pas âgé. Les champs où ma cabane avait brûlé lui appartenaient. Par malchance, le remembrement les lui avait ôtés. Sûrement ne m'aurait-il pas chassé. Dans ces champs, il cultivait des œillettes. Ce sont les pavots qui donnent de l'opium. Il en existe plusieurs variétés, toutes regroupées sous le nom commun d'œillettes. Leur culture est régie par la loi. A cette époque, on en faisait beaucoup. Elles étaient demeurées inconnues dans le coin jusqu'à ce que cet homme en aperçoive près du hameau de Boiroux, à douze kilomètres. Il vit de jolies fleurs atteignant près d'un mètre cinquante de haut. Il se renseigna, réfléchit, flairant la bonne affaire.

Il partit un matin, avant le lever du jour, avec un cheval attelé à une tapissière, sorte de voiture légère couverte d'un toit, mais ouverte sur les côtés, sans portes. Il mit pour l'éclairage des bougies dans des lanternes, une de chaque côté et la troisième bougie à l'arrière pour former un feu rouge.

— On va planter quelque chose de nouveau, annonça-t-il, le soir, de retour à la maison.

— Est-ce que ça rapporte plus que les betteraves ?

— Oh, oui, beaucoup plus !

A cette époque, le commerce de la drogue n'existait pas comme aujourd'hui. Il n'aurait même pas pu être imaginé par ces paysans. L'œillette utilisée en pharmacie pouvait donner, avec l'opium, de la morphine et des substances narcotiques. L'héroïne aussi est tirée des pavots. Les paysans ne savaient pas combien il existait de variétés d'œillettes. Ils ne savaient même pas au juste le nom de celle qu'ils allaient cultiver.

Habitués aux cultures traditionnelles, les villageois lancé dans l'aventure adoptèrent d'autres techniques, qui les firent observer avec curiosité par les familles voisines. Au lieu d'utiliser un semoir pour semer, ils utilisaient un semoir pour ne rien semer. Cela étonnait forcément. Le semoir tiré par le cheval dans le champ gardait ses récipients vides à l'arrivée comme au départ.

— Vous travaillez pour le plaisir de ne rien faire ? leur demandait-on.

Ils labouraient pourtant le champ, le hersaient, passaient le lourd rouleau d'acier qui écrasait la terre et l'aplanissaient. Puis, l'opération délicate du semoir qui ne semait pas se produisait. Sur des hectares, le cheval suait et soufflait sans qu'une graine ne fût mise en terre. C'était une drôle d'histoire.

— Vous êtes sûrs qu'il va pousser quelque chose ? plaisantait-on. Ça coûte combien vos graines ?

L'appareil, utilisé pour d'autres plantes, ne servait qu'à tracer de fins sillons. Un homme à la suite vérifiait que le travail était bien fait.

— Il vous en faut du monde pour ne rien semer, faisait-on remarquer.

Cela commençait dans la joie.

Ensuite, on entendait « tac, tac, tac ». Les gens connaissaient tous les bruits de la campagne, mais pas ce son nouveau, monotone, interminable. Ils étaient deux à y consacrer leur temps, le père et la mère, suivis de leurs enfants. La passion du « tac, tac, tac » avait saisi le couple d'agriculteurs qui marchaient du matin au soir dans leur champ immense en frappant deux bâtons l'un contre l'autre, le premier équipé d'une boîte à son extrémité, le second servant à secouer l'autre en lui tapant dessus. Ils semaient. C'était en mars. Les petites graines d'œillettes tombaient par quatre trous dans les sillons fins, à quelques centimètres les unes des autres. Les deux bâtons leur évitaient de se courber ou de répandre des graines à côté des rayons. Les enfants les enterraient ensuite de deux ou trois centimètres en balayant à l'aide d'une branche d'arbre légère. Quand ils étaient fatigués, le cheval tirait un appareil à une roue, entre les rangées, pour recouvrir de terre les rainures.

Après huit ou dix jours, les graines d'œillettes germèrent. On répandit de l'engrais sur le champ.

— Vous vous en donnez du mal pour des fleurs, commentait-on. Personne ne les achètera. Des tulipes fatigueraient moins...

Bientôt les fleurs splendides, sur des tiges élevées, donnèrent une coloration inhabituelle à la campagne. Pendant tout l'été les œillettes poussèrent, mûrirent, séchèrent au soleil. La récolte débuta en septembre.

Les enfants découvrirent les premiers les avantages indiscutables de cette culture sur celle du chou ou de la pomme de terre. Ils avaient goûté les graines. Elles possédaient un goût indéfinissable de noix, d'amande et de noisette qui leur plaisait. On tirait de certaines variétés de l'huile d'œillette à l'aide d'un pressoir installé dans un autre village.

Les têtes d'œillettes, les « coquilles », pétales et graines, furent coupées à la main, puis mises dans un seau, et les seaux vidés dans un sac. Quand les sacs se trouvèrent pleins, on les emporta dans un tombereau à la ferme. La cueillette nécessita deux semaines de travail, du matin au soir. Les bâtiments furent remplis de grands sacs, avant qu'on ne les emporte à la coopérative. Le revenu s'avéra important.

Beaucoup de paysans, émerveillés, vinrent à la ferme réclamer des graines pour l'année suivante :

— Gardez-nous-en, nous allons en planter aussi !

A l'école, les élèves disaient aux petits paysans :

— Puisque ton père fait des œillettes, tu nous donneras des galettes ?

Les graines étaient mélangées à la pâte. Dans un grenier, les galettes de vingt à trente centimètres de diamètre, comme des galettes des rois, refroidissaient pendant un jour ou deux. Les enfants les apportaient encore chaudes à l'école, faisant le régal de tous. Le « pain d'œillette » cuit dans le four de la ferme remportait un grand succès. Il y eut bien des malaises, des intoxications ici et là, mais on n'y prêta guère attention.

Un jour, un paysan émigré de Pologne, qui habitait

depuis quelque temps le village, eut envie de pratiquer cette culture. Il vint à la ferme des pionniers.

— Vous, bien récolter, baragouina-t-il, de bonnes graines ! Moi acheter graines, moi vous payer, pour faire moi aussi œillettes !...

Sa fille, mariée à un garçon du village, sema les graines. Elle sema si bien que la récolte fut excellente.

Son père, qui aimait bien la bouteille, et ne s'y connaissait guère en œillettes, s'avisa un jour qu'il serait avantageux de ne pas jeter les tas de fleurs fanées, de pétales, de « coquilles » amassés dans un coin. Cela ressemblait à du fourrage.

— Cela doit être bon pour mes bêtes, pensa-t-il. Je vais leur en donner un peu.

Il part aussitôt donner les œillettes à son troupeau de douze vaches à l'étable, le cœur léger. Les vaches mangent. Elles s'aperçoivent que ce n'est pas leur repas habituel, mais elles y prennent goût et se remplissent la panse. Un peu plus tard, leur comportement devient bizarre. Elles semblent étourdies et ensommeillées. Le paysan polonais les regarde avec stupéfaction. Il donne l'alerte. Sa femme, accourue, sort son mouchoir en voyant ce désastre.

Les douze vaches sont à la fois au septième ciel et à l'agonie. Droguées à mort, *shootées* jusqu'à l'overdose, elles ont de petites ailes et la tête plus lourde que jamais, en délire, et aux anges, les boyaux tordus par le poison, mais personne ne le sait. Elles ne ruminent plus, elles chantent presque, font des rêves debout, vacillent, tombent, débordées par un bonheur qu'elles ne racontent pas, mais qui met des larmes aux yeux des braves paysans, dépassés par ce spectacle.

La drogue que des humains achètent à prix d'or, les bêtes l'ont eue gratuitement à l'étable ! Les premiers secours arrivent en la personne d'une voisine.

— Vous avez tiré vos vaches, au moins ? questionne-t-elle.

— Ben non, on n'a pas pu les traire.

Elles remplissaient chaque jour trois ou quatre bidons de vingt litres. Là, elles s'étirent au sol comme des bienheureuses.

— Mais qu'est-ce qu'elles ont, grand Dieu ? se lamentent les villageois, qui accourent des fermes voisines.

Les bêtes sont de plus en plus paralysées, l'écume aux lèvres, devenant bientôt comme mortes.

Le vétérinaire arrive. Les vaches sont pleines de lait. Il ordonne :

— Il faut leur donner du lait à boire, ça les remettra.

On se précipite chercher des pots de lait chez sept ou huit voisins.

— Pour quoi faire ? s'étonnent-ils.

— Pour nos vaches !...

Tous les paysans sont étonnés par cette histoire de lait pour les vaches. Certains refusent.

— C'est une question de vie ou de mort !...

Le lait récolté est présenté aux malheureuses, qui le reniflent, encouragées par l'assistance. Il faut leur tenir les cornes et la tête pour qu'elles soient en face des récipients, tant elles dorment, affalées. Un paysan leur écarte les mâchoires, les fait bâiller, pendant qu'un autre verse le remède de force. Elles ne sont pas coopérantes. Elles boivent un verre à grand-peine.

— Mon Dieu, ce malheur qui nous arrive ! gémissent de plus belle les propriétaires.

On essaie de les réveiller en les secouant, en les appelant par leur nom, en leur donnant de l'air avec un chiffon. On les détache du mur qui les retient par un anneau et une corde.

— Elles ne risquent pas de se sauver loin dans leur état ! fait remarquer quelqu'un.

Le grand-père qui a donné les œillettes s'interroge. Un fourrage innocent, ça ne peut pourtant pas faire de mal.

Il meurt bientôt quatre vaches. Le lendemain, un équarrisseur vient les chercher les pattes en l'air. L'hécatombe dégoûte des œillettes le grand-père, mais leur production se multiplie au cours de ces années, les enfants ne cessent de manger les graines, et l'argent d'arriver, jusqu'à ce que les autorisations de cultiver cette plante se raréfient. On en voit encore de temps en temps aujourd'hui, sur des surfaces très limitées. Le pain d'œillette et l'huile d'œillette sont évoqués avec nostalgie par les anciens, comme le rituel de la production, mais le coup des vaches est entré dans la légende de ce pays. Ceux qui en ont été témoins vieillissent et meurent les uns après les autres.

Avec les histoires de vaches, on pourrait faire un florilège. Il en existe d'autres. Elles expriment toutes la dureté de vie des temps passés, une dureté qui n'a pas changé pour un grand nombre de gens.

Dans ma cabane, je me disais souvent que je n'étais pas le seul au monde à avoir une vie dure. Je passais beaucoup de temps à me raconter toutes sortes d'histoires entendues, comme celle de la vache transformée en ballon. Il existait une vacherie en terre battue, à côté d'une cuisine et des chambres, dans une ferme où vivaient cinq adultes, deux enfants et trois chevaux de trait, au voisinage de ma forêt. Les vaches menaient leur vie tranquille. Quelques moutons les entouraient le soir dans la paille, avec des veaux, des chats et des chiens. En hiver, il faisait chaud pour tout le monde.

Une vache qui attendait un petit mangeait de bon appétit. Le veau serait superbe. On l'attendait dans un mois. Chaque jour, elle prenait de l'embonpoint. Elle grossissait. Elle gonflait même, elle se ballonnait. Un jour arriva où l'on aurait pu se servir de son ventre comme d'un tambour. La vache devenait une boule énorme. Son veau n'expliquait pas une telle ampleur. Elle mangeait, elle mangeait, et puis cessa de manger.

La vache commença à se plaindre. On la regarda avec étonnement. Elle semblait souffrir. La nuit, elle demeurait la seule à ne pas trouver le sommeil et à s'agiter. Le vétérinaire ne fut pas appelé parce qu'il coûtait cher, mais les paysans cherchèrent un remède. Ils tâtèrent les côtés, le dessous, le dessus de la bête.

— C'est les gaz, conclurent-ils. Elle est bouchée.

Les betteraves et l'herbe se trouvaient coincées. Elle allait mourir. Elle pleurait presque. L'estomac ou les intestins ne fonctionnaient plus normalement. La vache poussa des cris à faire trembler enfants et parents. Les moutons bêlaient, les chats disparaissaient. Sa dernière heure arrivait.

La grand-mère, soudain, demanda qu'on aille lui chercher un couteau de cuisine.

— Un grand, ajouta-t-elle, bien effilé.

Elle le prit, s'approcha de la vache, la scruta avec attention, et d'un geste vif lui enfonça la pointe du couteau dans un côté jusqu'à deux centimètres de profondeur. Aussitôt, une sorte de sifflement se fit entendre comme un ballon qui se dégonfle, et un jet de gaz fusa dans l'étable. Des litres de gaz. La vache ne saigna pas, ne parut rien sentir. Elle se dégonfla, simplement. La santé lui revint. Le lendemain, elle alla se désaltérer à l'abreuvoir.

Cette thérapeutique incroyable, avec un couteau de cuisine qui n'était même pas désinfecté, lui permit, trois semaines après, de mettre au monde un beau petit veau.

Il n'existe plus beaucoup dans la région de paysans qui oseraient percer une vache comme la grand-mère d'autrefois, en sachant à quel emplacement entailler d'une main sûre.

Ce remède de bonne femme était la seule chose dont disposaient ces fermiers. L'astuce et la nécessité créaient des comportements originaux de défense et de survie.

Dans ma forêt, je n'ai pas eu de grand-mère-miracle pour m'enseigner des trucs et recettes. J'ai été contraint de me mettre à leur recherche et de les inventer. S'ils n'avaient pas été efficaces, en dépit d'échecs, je ne serais plus vivant pour en parler et j'aurais attendu la fin de l'agonie jour après jour.

Quand mon moral faiblissait, je me racontais parfois

l'histoire de la vache indomptable. Cela m'apportait un peu de cœur au ventre. Cette vache était impossible à maîtriser. Son caractère exécrable tourmentait les paysans. Toute jeune, elle s'employait à faire des escapades. Un jour, un paysan du voisinage se jura de la conduire au taureau. Il arriva, monté sur un percheron nommé Pharaon. Elle réussit à s'échapper, fila à travers champs et forêts en direction du village de Moncourt, à cinq kilomètres.

— On ne va pas la retrouver, s'écrièrent les hommes.

Avec Pharaon, le paysan furieux fit tous les chemins, examina les cachettes et les recoins, traversa des terres marécageuses où le cheval s'enfonça. Pas trace de vache. L'après-midi, il recommença, avec une équipe d'hommes à pied.

La nouvelle de la disparition s'était répandue. Un paysan qui étendait du fumier dans les champs songea qu'elle pouvait s'être cachée dans les bois. Il marcha loin, très loin. Il traversa Moncourt, atteignit Grez-sur-Loing. Soudain, il vit la vache. Elle broutait tranquillement. Il l'approcha. Elle se laissa saisir autour du cou par la corde qu'elle avait tirée pour s'enfuir. Il l'attacha à un sapin et, heureux de l'avoir capturée, revint à Darvault sans courir le risque de la perdre en route.

— Elle est à un sapin, votre bestiole, annonça-t-il, goguenard. Ce n'est pas moi qui la ramènerai.

La nuit était tombée. On attela un cheval à une charrette équipée de lanternes à bougies. Plusieurs hommes se déplacèrent en escorte. La vache se laissa conduire, fatiguée par sa journée, grisée par l'espace et la nourriture. On dut même l'aiguillonner pour qu'elle accélère. Elle fit alors une ruade fantastique qui allongea au sol un paysan. La charrette s'arrêta. On y installa le blessé.

— Es-tu mort ?

— Oh ! qu'elle m'a fait mal !

Et tout au long du chemin l'on entendit les plaintes du blessé. Enfin, la troupe parvint à la ferme où, brusquement, la vache voulut à nouveau se sauver dans la nature en pleine nuit. Le blessé, mécontent, vexé, tenta de la maîtriser. A la stupéfaction de tous, la vache fit une rotation et lui monta sur le dos. L'homme aplati par terre, étourdi, cria d'effroi et de douleur. Ce fut par un prodige qu'elle ne lui cassa pas les reins. Les autres assenèrent à l'animal des coups de bâton. L'homme se releva.

— Il faut vendre à la boucherie cette bourrique, hurla-t-il en saisissant un bâton.

La vache lui décocha un nouveau coup de pied à la jambe. Son compte était réglé. Les femmes le soignèrent à la cuisine.

C'était sa façon ordinaire de vivre, à cette vache. Quand la décision fut prise de la conduire chez le boucher, on l'attacha à l'arrière d'une grosse charrette. Le conducteur tenait un fusil à la main. Dès le départ de la ferme, la vache faillit renverser la charrette et le cheval qui, pris dans les limons, bascula sous le poids du véhicule avant de se rétablir, hennissant, martelant le sol de ses fers.

La vache lui réserva un autre tour. Elle se laissa traîner de tout son poids, les quatre pattes tendues en arrière, rigides, pendant des kilomètres. A l'arrivée, le cheval était blanc de sueur et d'écume. Quatre hommes essayaient de détacher la vache pour la faire entrer à l'abattoir lorsqu'elle renversa brutalement le cheval et la charrette.

Le boucher sortit et l'abattit sur place. Il me semble parfois, lorsque j'évoque cette fantasque créature, qu'elle m'apporte un peu de sa fureur de vivre. Mais je n'ai pas sa nervosité...

Il y en a eu de loufoques. Une vache sauta dans le lavoir et s'y coinça. Apeurée par un bruit, tandis qu'elle était conduite avec trois autres vaches sur la place du village, elle rompit sa corde, se précipita vers le lavoir proche où elle tomba dans une fosse en pierre, peu large, mais profonde.

La vache coincée par le ventre se met à courir dans le vide, sur place, incapable de se relever. Elle a été bloquée net dans sa course. Un cantonnier passant avec deux chevaux interroge le paysan qui déploie toute son énergie afin de libérer l'animal.

— C'est une vache à laver ? demande-t-il devant le spectacle insolite.

— C'est une vache qui attend un petit et il va mourir si elle reste là, la gourde.

Les rênes et courroies des chevaux, un pieu d'acacia servent à la fabrication d'une machine à soulever la bête, qui continue à pédaler dans le vide en beuglant. Elle attend qu'on la sorte de là. Une heure après, elle y est toujours.

— On va l'avoir, on va y arriver, répète le cantonnier.

On y arrive. Le veau qui naît est magnifique. Aujourd'hui encore, quand le cantonnier rencontre le fermier, il lui dit :

— Pas de vache à décoincer aujourd'hui ? Evitez le lavoir !

Tant de surprises sont fournies par les animaux domestiques et une vie de village banale qu'il ne me fallait pas en attendre moins d'une vie dans la forêt. L'atmosphère était à la fois calme et toujours porteuse de nouveautés. Mais les plus grandes surprises vinrent toujours de l'intervention des humains, non pas de la nature, de ces humains arrivés des villages voisins. Dans les bois, on reste beaucoup plus proche des hommes qu'on ne l'imaginerait.

CHAPITRE VII

Le feu aux trousses

Le printemps 1972 s'installait avec ses fleurs et ses journées plus longues lorsque je rencontrai le premier accident. La forêt renaissait. A l'écart parmi des arbres, je cherchais du bois mort pour mon feu sans me méfier de rien, à quelques centaines de mètres de ma cabane. En revenant avec ma provision, j'entendis des craquements insolites. Le feu ! Je courus vers ma cabane. Les flammes s'élevaient déjà à un mètre de hauteur. Ma réserve d'eau était insuffisante pour stopper l'incendie. Je la jetai toutefois sur le feu en sachant l'inutilité de ce geste.

Aucune trace du passage d'un être humain. Par la porte de ma cabane, je vis ce qui s'était produit. Des braises tombées du petit poêle avaient mis le feu à des cageots qui séchaient. C'était ma faute.

Les cageots, ayant séjourné sous la pluie, se trouvaient trop près du vieux poêle troué sur les quatre côtés. Ils devaient servir à allumer le feu du lendemain. Je m'en voulais. J'avais fait preuve d'imprudence en dépit de toutes mes précautions. Afin de ne pas tout perdre en cas d'incendie, j'avais pris l'habitude de mettre dehors quelques affaires lorsque je m'éloignais en laissant le feu allumé. Je traînais depuis le début de l'aventure deux matelas. L'un d'eux séjournait à l'extérieur en permanence avec l'arrivée des beaux jours. L'autre se trouvait maintenant calciné, avec des vêtements, des couvertures qui finissaient de brûler sous mes yeux. La chaleur empêchait d'approcher. Un gros tronc d'arbre était léché par les flammes, et je craignis que toute la forêt ne fût incendiée. Mais l'humidité et une pluie récente diminuaient le danger. Le feu s'apaisa enfin.

Je m'assis un moment pour reprendre mes esprits, me disposant à dormir une nuit supplémentaire à la belle étoile. Je n'éprouvai pas, cette fois, de découragement ni de choc à me découvrir sans abri. Je rassemblai mes affaires, mangeai et dormis. Je savais me tirer d'embarras en n'étant pas exigeant. Je m'endurcissais. Une vie dans la forêt n'aurait pas été concevable sans cela.

A l'aube, je remuai la cendre tiède et détachai les tôles pour bâtir sans tarder ma troisième cabane, presque au même endroit et sur le même modèle, le plus simple, en renforçant le système de protection métallique. Je ne disposais toujours pas de l'autorisation de couper des arbres afin d'édifier un véritable chalet, ni de l'argent pour acheter des planches. Il me semblait que, moins je prenais de place dans la forêt, mieux je pouvais y être accepté, en attendant une vraie maison.

Cette idée ne fut pas entièrement confirmée. En effet, un homme m'interpella peu de temps après à proximité de ma troisième cabane. Jeune et grand, il semblait en colère. Je le reconnus. C'était le gendre de l'homme d'affaires invisible, l'espèce de hobereau qui avait fait incendier à Noël mon abri en présence du maire. Il me dit soudain de partir. Je fus surpris. Je ne m'y attendais pas. En changeant de forêt, je croyais n'avoir plus rien à faire avec cette famille.

— Il faut partir de là, va-t'en ! ordonna-t-il.

Ce garçon furieux, qui me rudoyait, ne s'était pas déplacé dans le seul but de me parler. Il accomplissait des travaux dans le coin avec un bulldozer pour aplanir un terrain. Au passage, ce matin-là, il m'adressait ses ordres. Les problèmes revenaient après une période de calme.

Le propriétaire intraitable, que je supposais désormais

hors de la question, resurgissait par l'intermédiaire de son gendre déchaîné. Je fus interloqué. Depuis plusieurs mois, j'habitais ce lieu sans me cacher. Que me voulait-on soudain ? Je n'avais pas imaginé devoir en découdre avec ce gendre autoritaire, formé à bonne école. L'affaire me parut plus grave encore que lorsque le métayer, jadis, me prévenait qu'il avait reçu des ordres pour incendier mon abri.

Il réitéra deux fois son commandement de disparaître immédiatement. Puis d'autres hommes l'entourèrent, ceux avec lesquels il travaillait en employant le bulldozer. Ils se firent menaçants. Leur appareil ne pouvait pas atteindre ma cabane, par bonheur. Je ne répondis pas.

— Va ailleurs, change de forêt !

En me chassant, le maire ne m'avait pas indiqué une forêt plutôt qu'une autre, ni personne. J'avais dû me débrouiller. On désirait maintenant me faire changer d'endroit.

— Déplace-toi de quelques dizaines de mètres ! me cria-t-on.

Cela n'avait aucun sens. Mon abri presque invisible ne dégradait pas la qualité de l'environnement en se trouvant un peu plus d'un côté que d'un autre. Un déplacement d'aussi faible ampleur était chose aberrante. On se moquait de moi. Je refusai de parlementer, en songeant : « Ils sont vraiment tous contre moi, il n'y a rien à espérer. Après ces gars-là, d'autres viendront, et la comédie recommencera. Ils me traitent comme un brigand ou un imbécile. »

Le gendre approcha. Ses propos étaient de plus en plus appuyés.

— Pourquoi attends-tu ? Retire-toi, sinon tu vas le payer cher...

La menace semblait réelle. Je n'ignorais pas ce dont cette famille était capable envers un homme seul et sans appuis. Ils mettraient à nouveau le feu à ma cabane, j'en étais sûr. Il n'y aurait cette fois pas de témoins, et pas plus de secours.

Tout à coup, le gendre fit demi-tour, suivi des autres. Je restai seul dans le silence et la désolation. La contrariété me rendit malade. C'en était trop. Je me sentis rejeté, brisé, humilié, sans avenir aucun, sans espoir d'améliorer mon sort. Et pourtant, je voulais me battre encore avec les événements et la malchance, ne pas céder, ne pas m'effondrer, résister et tenir jusqu'au bout de mes forces. J'essayais d'y voir clair, et je ne percevais que des ténèbres en moi et des ténèbres qui allaient bientôt tomber autour de moi, la nuit épaisse de la forêt.

L'agacement me saisit. Je me surpris à être énervé comme je ne l'avais jamais été depuis des années. Plus encore que lorsque le sénateur-maire m'avait fait conduire et abandonner dans la forêt, j'éprouvai une colère et un dégoût immenses. Que valaient donc les hommes sur terre ? Que valais-je ? Au nom de quoi me traitaient-ils ainsi ? Ma colère ne pouvait plus s'arrêter. Je me sentis révolté et scandalisé par tout ce que j'avais vu et entendu depuis si longtemps. Existait-il quelque chose qui puisse justifier tant d'inepties et d'aveuglement ? On voulait me faire mourir, ou quoi ? Le dégoût m'envahissait à déborder. J'étais trop seul, à garder toujours pour moi dans le silence tout ce qui m'arrivait, à essuyer des affronts, à être expulsé de l'univers des courants d'air, de la neige et du froid, pour être dirigé vers un autre univers de courants d'air, de pluie et de solitude. Le printemps et l'été venaient, et je m'y trouvais encore plus transi qu'au cœur de l'hiver, plus désenchanté. J'étais à bout.

Je regardai ma pauvre cabane. Cette fois, ils n'y mettraient pas le feu ! Ma décision fut prise en un instant. Nul n'y toucherait. Je sortis tout ce qu'elle contenait et craquai une allumette. Ces hommes, je les avais déjà vus à l'œuvre. Ce n'était pas beau. Je ne désirais pas assister au même spectacle, assorti de plaisanteries et de rires. Ils m'était insupportable qu'ils reviennent, avec des apparences de justice et de légalité, pour exercer leur dictature au fond des bois. L'épreuve me dépassait. Je mis le feu à ma propre cabane.

Les flammes s'élevèrent à nouveau.

Ma cabane brûla d'un trait. Elle brûla si bien que, dans mon énervement et mon accablement, je ne vis pas qu'un énorme pin de vingt-cinq mètres de haut risquait d'être atteint et de propager le feu à toute la forêt. Quand je m'en aperçus, il était trop tard pour réagir. Je fus effrayé. Les flammes de mon abri s'élevèrent au-dessus de la limite que j'avais supposée. Elles attrapèrent une grosse branche de cet arbre, et coururent tout le long de celle-ci avant de grimper plus haut. En quelques minutes, l'arbre entier fut en feu, semblable à un colosse devenu une torche. D'autres arbres risquaient d'être embrasés. Ce spectacle effrayant me fit m'exclamer :

— Quelle stupidité ! Et c'est moi qui ai fait cela. Quelle idiotie !

Je ne pouvais plus rien faire. J'attendais. Des accusations me parvenaient déjà aux oreilles : « Il a mis le feu à la forêt. Il doit être condamné. On avait raison de se méfier et de l'exclure. »

Je voyais dans ce brasier terrifiant se consumer mes ultimes espoirs d'entente avec les autres.

Les menaces du gendre n'étaient pas les seules. Un homme était de retour, dont les intentions n'avaient pas changé. Le maire du village de Darvault venait dans sa voiture bleue m'épier, me surveiller entre les arbres. Une silhouette tournait autour de moi, à distance, se cachant, se déplaçant, en silence. Cette attitude bizarre n'augurait rien de bon. Peut-être la mairie avait-elle adopté de nouvelles décisions à mon sujet, mais je n'en étais pas informé. L'atmosphère était encore plus pénible qu'au temps des cabanes dans le bosquet détruit.

Par bonheur, les flammes de ma cabane ne s'étendirent pas à d'autres arbres importants ni à des broussailles. L'incendie se limita à une surface de sept ou huit mètres de côté. Il déclina et cessa seul, je ne saurais expliquer comment. Plus tard, le grand arbre brûlé, qui restait vertical, noir, desséché, s'effondra d'un bloc lors d'une tempête, à côté de moi, en brisant d'autres arbres dans un bruit formidable. J'en récupérai des morceaux.

Je me reprochai d'avoir agi de façon insensée. Je n'avais même pas démonté ma cabane pour la transporter plus loin. Je m'étais laissé aller au découragement et à l'irréflexion. C'est peut-être ce qu'ils voulaient. J'étais entré dans leur jeu. Je me dis que ces hommes attendaient peut-être que je commette quelque chose de regrettable pour mieux se débarrasser de moi. Mais, au fond, je n'en savais rien. Leurs pensées et leurs manœuvres étaient compliquées. Le maire m'avait parlé une seule fois afin de me laisser entendre que je ne pourrais pas vivre de manière éternelle dans la forêt. Je l'espérais bien. Il m'y tolérait. A cette occasion, le maire ne me proposa pas de secours social, ni de travail, ni de logement. Le gendre du hobereau invisible fut plus direct et brutal.

Le sort m'avait fait revenir sur une des parcelles de forêt de l'homme d'affaires. Rien ne l'indiquait. Pourtant, je le savais maintenant, la situation n'avait pas évolué. Nous étions revenus au point de départ. J'étais pris depuis le premier jour dans un piège sans le savoir.

Ma troisième cabane incendiée n'avait pas servi longtemps. Pour me consoler, je me dis qu'elle n'était pas très réussie et ne me plaïsait pas. Cette guerre des nerfs, qui s'était prolongée plusieurs semaines, s'achevait par une nuit supplémentaire passée en plein air. Il fit froid jusqu'au matin. Je grelottai. Je dormis mal tant j'avais eu peur de l'incendie de l'arbre. Mes précautions envers le feu se renforcèrent.

Au matin, je m'aperçus qu'une piste à peine visible, un sentier emprunté par quelques chasseurs, marquait la frontière entre deux parcelles de forêt. Je croyais que ce passage ne servait qu'aux chasseurs. Il constituait aussi une limite. J'avais construit ma cabane à un mètre de cette piste !... Mais du mauvais côté. Pour un mètre, j'avais des ennuis. De l'autre côté, j'étais libre. Je ne devais plus rien au hobereau ni à son gendre. Je fis un pas et y bâtis aussitôt ma quatrième cabane, celle que j'habite encore aujourd'hui.

Elle est au bord de cette piste presque indécelable. Pour un si faible écart dans l'immensité de la nature, je ne fus plus jamais importuné par le maire ni par les riches propriétaires. Un mur invisible se dressait, qu'eux seuls connaissaient jusqu'alors. Le métayer m'en apprit la signification :

— Ce n'est plus chez mon patron là-bas. Tu y seras tranquille.

Pourquoi ne me l'avait-il pas dit avant ?

Toutefois, j'habitais encore dans la même commune, chez un autre propriétaire. Je ne savais pas son nom. J'ignorais même que, pendant cinq années, je n'allais avoir aucun contact avec lui. Il ne vint pas. Je craignis tant de rencontrer des embarras, où que j'aille, et d'être chassé, que je ne pris aucune initiative pour me manifester ou connaître son identité. J'espérais qu'il ne viendrait pas, mais, si j'avais connu son adresse, je l'aurais informé. Je me préparais à le rencontrer à l'improviste.

Les années qui s'écoulèrent sans que je l'aperçoive ne furent pas paisibles pour autant. D'autres hommes voulurent me chasser. Ils étaient peut-être les plus redoutables de tous. Je n'y avais pas songé. Je ne les avais pas prévus. Ils ne représentaient pas la loi, ni la municipalité, ni l'argent. Ils incarnaient une mentalité et une façon de voir. Contre les mentalités, la lutte peut devenir encore plus terrible que contre le reste. Ceux-là, vraiment, voulaient que je parte ou que je meure. Ils représentaient des intérêts privés auxquels je n'avais pas pensé, imprécis et contestés dans l'opinion publique, mais suffisamment forts à leurs yeux pour mener un combat assidu et permanent. Ma présence les mettait hors d'eux. Ce n'était pas une question de localisation de ma cabane. Tous les endroits où j'aurais pu m'installer les dérangeaient. Je ne m'en doutais pas à cette époque. Ils préparaient leur assaut tandis que je construisais en paix ma cabane en essayant de me montrer pacifique avec tous, les bêtes, les hommes et les plantes.

La chance ne tournait pas en ma faveur une nouvelle fois. J'étais endurci même contre la malchance, ce qui est l'un des plus grands atouts. Je possédais beaucoup d'entraînement pour relever un nouveau défi afin de survivre. Aussi loin que je me souvenais, il n'y avait jamais eu de trêve.

CHAPITRE VIII

Tu vivras sans famille

Les soirs d'automne, quand le vent faisait battre la porte de planches de ma cabane, je songeais souvent à une autre porte, beaucoup plus imposante celle-là, qui s'était un jour refermée sur moi. Avec un bruit terrible pour ma petite tête d'enfant. La porte de l'orphelinat.

J'avais sept ans. Le banc se couvrait par endroits d'une mousse jaune et grise. Assise sur le banc, ma mère me regardait. Je ne devais jamais plus la revoir. Elle savait que c'était l'instant d'une séparation définitive. Moi aussi. Je préférais jouer avec des petits graviers devant le banc plutôt que de penser à la minute suivante, à toutes les heures et aux années qui allaient venir.

Elle se retenait de pleurer. Je le voyais. Je faisais semblant aussi de croire que tout allait bien. Ce jour-là, elle portait un tailleur beige, à la mode de l'époque. L'automne 1933 commençait. Ses longs cheveux châtains aux reflets roux descendaient sur ses épaules. J'aimais beaucoup ses cheveux. Elle devait avoir vingt-huit ans. Je n'ai jamais su son âge exact. J'aurais bien voulu qu'elle reste avec moi. Je l'aimais. C'était la seule personne au monde que j'aimais réellement. Je ne comprenais pas bien pourquoi on devait se séparer. Mais puisque le destin était comme ça, je jouais avec mes cailloux.

On ne m'a jamais donné de photo d'elle. J'ai conservé

l'image d'une femme douce à la silhouette mince venue s'asseoir sur ce banc pourri parce que c'était l'ultime endroit au monde où nous pouvions encore nous voir. Je ne cherchais pas à comprendre les problèmes des grandes personnes. Ils représentaient un gouffre noir et impénétrable.

— Tu vois, mon enfant, il faut que tu saches...

Quand ma mère essayait de me donner une explication ou faire une confidence, je regardais à nouveau mes cailloux. Je me sentais gêné. Je détournais les yeux. Je savais que ce qu'elle allait dire serait trop pénible. Elle s'interrompait. Elle n'avait pas beaucoup de confidents dans la vie. Plus tard, j'ai compris que j'étais peut-être le seul.

Quand la fin du monde surgit à sept ans, il faut des jeux pour résister et penser à autre chose. Nous n'avons pas parlé de la fin du monde ni de notre séparation.

La porte de la cour s'ouvrit. C'était une lourde porte grise à l'intérieur et peinte en doré du côté de la rue. On aurait dit que cet or marquait l'entrée d'un château de contes de fées. Mais les fées ne s'étaient pas penchées sur le berceau des enfants qui vivaient là. C'était un orphelinat. Un orphelinat, on n'en franchit jamais vraiment les portes pour en sortir parce qu'on le garde toujours en soi.

Ce n'était pas ma mère qui m'y avait conduit mais elle venait m'y dire au revoir pour la dernière fois.

— Maman !... Maman !...

Que peut-on dire d'autre à sept ans ?

Je me suis levé. Ma mère aussi. C'était l'heure. Ni les graviers ni personne ne m'intéressaient plus. Je n'étais pas malheureux, je ne sentais plus la douleur, j'étais insensible. Je n'ai pas pleuré. Je n'ai rien dit. Elle non plus. Ou bien des mots sans importance. Je les ai oubliés. La séparation ressemblait à de la routine pour les autres. On sentait qu'ils étaient habitués.

Une personne a accompagné ma mère à la porte qui était dorée à l'envers, et grise à l'endroit, et une autre personne m'a saisi fermement par la main. J'ai regardé de mes yeux écarquillés la porte se refermer sur ma mère. Julienne Pin a disparu pour toujours. Elle a marché seule dans la rue. Vers où et avec quelles forces ? Je ne l'ai jamais su. C'était une femme sans argent. Dévorée par une maladie incurable il y a plus de cinquante ans. La tuberculose. Je l'ignorais alors. Ce n'était plus qu'une ombre, qui s'apprêtait à entrer à l'hôpital pour ne plus le quitter.

La tuberculose constituait une maladie épouvantable, non seulement par les souffrances du malade, mais par les répercussions pour son entourage. Des nouveau-nés étaient séparés de leur mère à la naissance, des hospitalisations d'adultes représentaient d'authentiques internements comme dans les asiles psychiatriques : on ne discutait ni avec le mal, ni avec les médecins, ni avec l'administration. On craignait que la maladie ne se propage. Sans elle, je suis convaincu que je n'aurais jamais été séparé de ma mère. Elle dut se soumettre à l'épreuve de ne me voir qu'une heure par semaine pendant longtemps. Ma mère ne réussit jamais à prendre cette habitude, et la dernière rencontre fut certainement plus terrible pour elle que pour moi.

La cour de l'orphelinat portait un nom prestigieux : la cour d'honneur. C'était là que se faisaient les séparations et de rares visites. Elle constituait le théâtre d'héroïsmes qui s'ignoraient et que l'on ne nommait pas. Il était interdit d'y jouer. La cour d'honneur ne devait pas être confondue avec la cour de récréation qui se trouvait de l'autre côté du bâtiment. D'ailleurs, cette interdiction ne posait pas de problème, car presque tous les enfants étaient promis à ne recevoir aucune visite. J'allais maintenant appartenir à leur groupe. La cour d'honneur me serait fermée.

Je la traversai une dernière fois en compagnie de sœur Cyrille, une religieuse franciscaine. Au cours des dimanches précédents, ma mère était venue m'y voir l'après-midi. On me préparait pour que je cesse un jour d'espérer ces rencontres que j'attendais avec impatience tout au long de la semaine. La mise en condition fut à peu près réussie, la manipulation efficace pour endormir la douleur. Elle ne comblait pas le vide immense au fond du cœur. Mais l'on n'avait rien de mieux à m'offrir. Ce geste d'humanité, malgré tout, me fit du bien car je n'étais pas dupe. Chaque dimanche qui s'écoulait me laissait l'impression qu'il y aurait tôt ou tard un dernier dimanche. C'est même ce que l'on voulait me faire savoir sans le dire.

Ma mère ne m'apparaissait pas spécialement malade; elle ne se plaignait pas, mais la tuberculose devait la miner et l'affaiblir tout doucement. Elle m'apportait la lumière et le bonheur. Elle était à mes yeux indestructible et éternelle. Elle m'apportait parfois aussi des bonbons ou des gâteaux. Elle m'offrit un jour une grosse orange sanguine que je regardai dans mes mains toutes petites. J'aimais les oranges. Elles étaient rares. Je les aime encore aujourd'hui. Elles sont presque aussi rares.

Ma mère avait dû espérer me reprendre lorsqu'elle serait guérie, lorsque sa situation financière s'améliorerait. Avec les mois, elle adoptait une attitude de séparation sans remède, sans projet. A l'approche du terme, son visage changeait, s'attristait en prenant pourtant un curieux masque de gaieté et d'insouciance.

Je me souvenais du temps tout proche où, en me tenant par la main, elle marchait avec moi dans la campagne en riant.

Et puis il y eut le dernier dimanche.

Le destin avait rendu son jugement : « Toi, Raymond Pin, tu vivras sans famille. »

Tandis que, tournant le dos à la porte grise, je marchais comme un automate avec sœur Cyrille vers l'orphelinat, mon but immédiat consistait à tâcher d'oublier ma peine. La religieuse me fit retrouver mes camarades. La fin du monde était terminée. Un autre monde commençait.

Le premier avait débuté à Lyon où je suis né et où j'ai passé mes deux premières années. Je n'en ai que de très vagues souvenirs. Je n'ai jamais rien su de mon père. Il n'a jamais eu de visage. Il a disparu après m'avoir fait. Il a abandonné ma mère, ou bien l'inverse. Ma mère ne m'en a jamais parlé. Cela ne me regardait pas. Mon père a-t-il même jamais su que j'existais ?

Tout cela, c'était l'affaire de mes parents, pas la mienne. On ne m'a pas demandé mon avis.

Me le demanderait-on jamais sur quelque chose ?

Ma mère quitta Lyon pour vivre près de Chambéry, dans un village nommé Cognin, chez ses parents. Dans cette ancienne ferme savoyarde, on connaissait la pauvreté, mais ce fut la seule fois où des liens familiaux se resserrèrent, la seule fois où je connus une vie de famille, pendant trois ans. Mon grand-père, un charron dont les affaires ne marchaient plus, était ruiné, désespéré. Je n'ai aucun souvenir véritable de lui. Il vivait dans sa peine sans se montrer. L'enclume qu'il avait fait retentir restait silencieuse dans son atelier. Ma grand-mère s'habillait à l'ancienne, style 1900, avec des robes jusqu'aux chevilles et, certains jours, portait une voilette.

La maison se trouvait au pied de la montagne. J'y étais attaché. Autrefois c'était une belle ferme, et elle ressemblait maintenant à la demeure d'un maréchal-ferrant. On y voyait des outils qui ne servaient plus à rien, des gouges, des bédanes, des châsses, des planes à deux poignées, et des restes de bois de charronnage, du chêne, de l'orme, du hêtre, que mon grand-père avait utilisés pour fabriquer des chariots et leurs roues.

Le tour de notre famille au grand complet se faisait aussi vite que de compter les doigts d'une main. Il y avait cinq personnes, réparties sur trois générations : ma mère, ma grand-mère, ma tante Florence, mon cousin François, mon demi-frère Louis, et c'était tout comme famille, avec moi. Je ne savais pas bien s'il fallait y mettre mon grand-père invisible.

L'absence la plus troublante, à part celle de mon père, était celle du père de mon demi-frère Louis. Il avait eu un enfant avec ma mère cinq ans avant ma naissance. Je ne vis presque jamais mon demi-frère, et encore moins son père, qui était marié et l'avait emmené avec lui. Il habitait dans sa famille, je n'ai jamais su où. Ces séparations m'étonnaient un peu, malgré tout. Les adultes ne s'entendaient pas souvent entre eux. Mais si mon demi-frère avait vécu avec moi près de notre mère, il aurait fini à l'orphelinat également. Son père avait obtenu la garde, et c'était peut-être mieux de cette façon.

Ainsi, en dehors de ma mère, je n'avais personne dans la vie. Elle travaillait dans une usine de filature comme ouvrière, et, après l'usine, harassée par sa journée, elle devenait femme de ménage, pour gagner un peu plus d'argent. Il n'existait pas d'école maternelle ni de garderie ou de crèche. Ma grand-mère me gardait toute la journée. Elle devait avoir soixante-cinq ans. Elle me mettait dans un coin afin que je joue et, parfois, nous sortions au village pour aller à l'épicerie. C'était une femme fatiguée par l'âge et par la vie. Mais je l'aimais bien. Elle était gentille.

Ma grand-mère n'était pas seule à se fatiguer. Ma mère éprouvait des malaises et des faiblesses répétés. Son travail l'épuisait, et la tuberculose l'attaquait déjà peut-être. C'est pourquoi il y eut un conseil de famille afin de décider de mon sort. On ne vit pas de meilleure solution.

Ma mère s'opposa au conseil de famille. Je l'appris plus tard. Elle voulait me garder mais n'habitait pas chez elle et ne possédait pas véritablement le droit à la parole. Elle n'avait rien à elle dans cette ferme et n'y était pas libre. La grand-mère se sentait trop vieille pour s'occuper d'un petit enfant, et peut-être pas assez intéressée. On a dit à ma mère qu'il fallait que ça change. Ma tante Florence, la sœur aînée de ma mère, qui était aide-cuisinière à l'hôpital de Chambéry, m'expliqua onze ans après, à demi-mots, ce conseil de famille. Je voulais savoir pourquoi l'on m'avait rejeté. Il fut décrété que ma mère ne gagnait pas assez d'argent et que l'on ne pouvait plus me nourrir ni m'entretenir. C'était sans appel.

Je ne sais pas ce qui s'est passé dans la tête de ma mère à ce moment. On lui a même conseillé de partir travailler ailleurs sans qu'un enfant la retienne. Elle a peut-être rêvé de refaire sa vie, de ne pas croire à la gravité de sa tuberculose.

Ces drames entremêlés m'étaient incompréhensibles, mais je sentais que quelque chose n'allait pas. Ma mère a continué à aller à l'usine et à faire des ménages, et on a cherché une place pour moi.

Je fis connaissance à cette date avec le *Berceau savoyard,* une association privée à Chambéry pour l'enfance malheureuse. Ma tante Florence me conduisit avec fermeté dans un salon inconnu. J'avais quatre ans et demi, et c'était en août 1931.

J'ouvrais des yeux étonnés. Ma vie se jouait là, une grande partie de ma vie, mais je ne le savais pas.

Une dame nous reçut. Je la vis ensuite à chaque étape importante de ma vie jusqu'à ma majorité, à vingt et un ans, toujours au même endroit, dans son salon, un beau salon. Elle était déjà ma tutrice, car l'on m'avait mis sous tutelle, avec une facilité et une rapidité extraordinaires, sans enquête sur la nécessité véritable de le faire. Les papiers administratifs avaient été établis. Pour cette première rencontre, la dame aisée ne me laissa pas de souvenirs marquants. Aimable, de taille moyenne, elle m'intimida un peu, et je ne savais toujours pas ce que je faisais là.

Elle s'était mise sans tarder en relation avec un orphelinat. Elle ne travaillait pas, se consacrant à de bonnes œuvres. C'était la femme d'un juge de la cour d'appel de Chambéry, M. Picot. Ils présidaient ensemble le *Berceau savoyard.* Les bonnes mœurs catholiques n'étaient pas enfreintes. L'Eglise n'a jamais condamné les abandons d'enfants. Elle demande seulement qu'on ne les tue pas. J'aurais peut-être pu être gardé un peu plus longtemps auprès de ma mère, mais on s'y opposa. Tout compte fait, ce n'était peut-être pas une vraie vie de famille dans notre ferme de Savoie.

Le juge, au contraire de sa femme, me frappa vivement.

J'ignorais qui était ce monsieur, légèrement chauve, très distingué, dont l'expression devenait sévère de temps en temps quand il parlait. Bien que n'ayant pas encore cinq ans, je remarquai quelque chose d'indéfinissable dans ses sourcils et son regard qui me surprenait. Tout son être est resté gravé dans ma mémoire. Le jour où j'appris son métier, je me dis : « C'était donc ça ! Il avait un truc de juge dans les yeux et la tête. »

Nous ne restâmes pas longtemps avec ces étrangers et je fus content de les quitter. Ma tante m'expliqua que j'allais bientôt entrer dans une grande école pour y être instruit. Le mot orphelinat ne fut jamais prononcé en ma présence. A peine celui de pensionnat. J'avais envie d'être instruit, cela me plaisait, mais pas de quitter ma mère.

Pour la rentrée, en septembre, quelques jours plus tard, je fus conduit au lieu choisi. Je ne voulais pas partir. Je criais, je pleurais. La famille essaya d'adoucir la séparation en la niant. On ne me quittait pas. On resterait ensemble par la pensée. Ce serait un beau voyage pour ne pas être un âne. Il fallait que je sois un homme et pas un bébé.

Ma mère travaillait ou était malade ce jour-là. Ce fut ma tante Florence qui me fit monter dans le train pour me conduire à l'orphelinat. Elle s'occupait de tout. Elle nous fit accompagner de son deuxième mari que je ne connaissais pas. Cet étranger n'était pas fait pour me rassurer.

L'orphelinat m'attendait près du lac de Genève, à Ferney-Voltaire. Pour m'y rendre, je fis le plus long voyage de mon enfance, une centaine de kilomètres. L'autre bout du monde.

La locomotive à vapeur sifflait et faisait beaucoup de fumée. J'avais emporté un ours en peluche et une trompette bleue en fer. On m'interdisait d'en jouer. Je la tenais d'une main, et l'ours de l'autre, comme pour m'accrocher à quelque chose. Des souliers neufs me faisaient mal. J'avais envie de me plaindre et de pleurer. Mais je gardais confiance en ma tante. Elle savait ce qui était bien. Elle ne pouvait pas me faire de mal.

Le lieu d'arrivée possédait tant de séductions que Voltaire l'avait acheté près de deux siècles auparavant. Il y devint le « patriarche de Ferney », dans l'Ain. Je ne sais pas ce qu'il y a trouvé de séduisant car, pendant huit ans, j'allais être enfermé entre quelques murs sans presque en sortir.

Quand la lourde porte du « pensionnat Saint-Pierre » — un euphémisme pour qualifier l'orphelinat — se referma, du côté doré sur ma tante et mon oncle, du côté gris sur moi, je me mis à hurler.

J'étais perdu, comme le très jeune enfant que j'étais encore, comme le petit Poucet dans la forêt. Je ne me sentais pas abandonné à la façon dont un homme peut se sentir abandonné. J'étais trop jeune pour être pleinement conscient, mais je me sentais bel et bien égaré.

Mes journées se passèrent à réclamer ma mère. Je voulais rentrer à la maison. Les religieuses répondaient gentiment de penser à autre chose. Dès le début, on me prépara à oublier ma famille.

Dans la France entière, en ce mois de septembre 1931, s'effectuait la rentrée des classes. A l'orphelinat, il n'y avait pas de rentrée. Les pensionnaires y vivaient pendant toute l'année, les grandes vacances aussi, et, à part quelques nouveaux, reprenaient les cours dans le même cadre, hors du monde. Les plus âgés ne savaient même plus ce qui se passait dans le monde, comme de vieux détenus.

Le premier dimanche où ma mère vint enfin me voir, quinze jours après mon arrivée, je fus très content et crus que c'était la fin du cauchemar. L'attente avait été affreuse. Je l'embrassai, au comble du bonheur. Nous allions partir ensemble. Nous nous aimions trop pour nous séparer. Quand je voulus la suivre, elle me dit :

— Non, il faut rester avec la sœur.

Je ne comprenais plus. Elle parut très émue, essuya des larmes. Quand elle disparut, ce fut comme si les murs de l'orphelinat s'étaient écroulés sur moi.

Nous étions une quarantaine à l'orphelinat, âgés de

quatre à treize ans, vêtus de noir. Nos tabliers noirs se trouvaient protégés par des manchons en toile noire qui allaient des poignets aux coudes. Pour l'extérieur, nous portions des bérets noirs. L'instituteur était en gris. Il m'apprit assez facilement à lire et à compter. Selon l'usage de l'époque, il nous donnait des coups de règle frappés sur le bout des doigts mis en pointe. A partir de neuf ou dix ans, il était interdit de pleurer. Aucun membre du personnel laïc n'était extérieur à la maison. Nous vivions en milieu fermé. Les religieuses s'occupaient de tout le reste. Elles formaient une équipe d'une dizaine, mais deux ou trois ne faisaient rien parce qu'elles étaient trop âgées. Quelques sœurs se montraient très sévères. Leurs gifles constituaient la seule arme dont elles disposaient, parfois, envers des énergumènes rebelles. Nous les aimions bien, cependant. De gré ou de force, elles devenaient notre unique famille. Sœur Céleste, la bien nommée, était la plus gentille.

Nous ne pensions pas vraiment à notre état. Nous demeurions presque tout le temps dans cette sorte d'inconscience qui nous empêchait de souffrir ou de nous attrister. Chaque occasion de jeu était saisie avec vitalité. La discipline sévère n'empêchait pas l'ambiance générale d'être plutôt gaie. Le don naturel des enfants pour la joie et l'amusement ne pouvait pas être étouffé complètement.

Je jouais sans oublier la ferme où je voulais revenir. Je criais, je tempêtais pour y retourner. Je me battais contre les murs et les religieuses autant que j'en avais la force. Pourquoi ne venait-on pas me chercher ? Les enfants parlaient entre eux de leur famille, dont l'absence les démoralisait de temps en temps. Je me contraignis à ne plus songer à ma mère car ce souvenir me faisait trop de peine. Au début, la directrice, sœur Sainte-Augustine, qui avait souvent des larmes aux yeux lors des séparations, me répétait qu'il ne fallait pas que j'empêche ma mère de repartir après ses visites d'une heure, car elle devait aller travailler. Elle reviendrait. Puis, peu à peu, on cessa de me dire qu'elle reviendrait. On voulait que je m'habitue à l'idée de ne plus la revoir un jour. Il fallait que je le comprenne. Et je le compris.

Une fois par semaine, nous sortions. Nous allions de l'orphelinat jusqu'à l'hôpital de la ville tenu par des religieuses d'un autre ordre. C'était tout. On quittait des murs tristes pour s'enfermer entre d'autres murs tristes.

Nous partions en groupe et en rangs, le jeudi, qui était alors le jour sans école. Quand des nuages couvraient le ciel, nous mettions chacun une pèlerine bleu marine foncé, avec un capuchon, et des galoches en bois, la célèbre tenue des orphelins en promenade. Si le temps se montrait plus clément, nous portions un béret et un costume avec une culotte courte.

L'hôpital se trouvait au nord de la ville. Nous marchions ainsi de l'orphelinat à l'hôpital, et de l'hôpital à l'orphelinat, sans fantaisie ni surprise, en y éprouvant un bonheur extraordinaire. Nous étions heureux de contempler la grande rue avec ses magasins. Elle avait des odeurs et des couleurs particulières. On y sentait la liberté et le bonheur. Les bruits paraissaient joyeux. Ils nous rendaient joyeux.

Certains passants nous adressaient pourtant un regard hostile, qui englobait dans une même condamnation les enfants, les instituteurs et les religieuses. Nous percevions que les gens ne partageaient pas la même opinion au sujet de l'Eglise catholique. Ce débat d'idées nous passait au-dessus de la tête, mais c'était nous qui étions humiliés dans la rue.

Comme les quarante orphelins sortaient ensemble, avec leurs galoches qui claquaient, nous ne passions pas inaperçus. On nous examinait. On se retournait. Ces gens-là savaient depuis des années que l'on ne nous avait pas demandé notre avis pour nous abandonner, mais ils nous jugeaient. Leur attitude humiliante nous faisait de la peine à tous. On sentait qu'on n'était aimé de personne dans le monde, pas même des passants qui nous rencontraient dans la rue par hasard, et qui nous le faisaient savoir.

— Curés ! Calotins !...

Nous dire cela, à nous enfants, qui n'avions jamais eu droit à la parole ! Je me formais une idée des adultes peu flatteuse pour eux.

On se tenait par la main. Les automobiles circulaient en nombre élevé. Dès l'arrivée à l'hôpital, les autres religieuses, qui appartenaient à l'ordre de Saint-Vincent-de-Paul, nous accueillaient bien. Elles portaient de grandes cornettes blanches et des robes bleues. On goûtait. Ce qu'elles offraient à manger, du pain et du café au lait, nous faisait plaisir. Elles étaient gentilles et riaient beaucoup. Les religieuses de l'hôpital apparaissaient plus vivantes que celles de l'orphelinat. L'ambiance y était complètement différente. On comprenait pourtant que l'hôpital représentait un lieu de souffrance. On ne s'y trompait pas, même les très jeunes. La souffrance constituait une chose familière. On décelait, invisibles derrière les murs, des gens comme nous dans la peine et la douleur. Lorsque nous faisions trop de bruit en mangeant, une infirmière venait au réfectoire nous dire d'être plus silencieux à cause des malades à côté. On comprenait. On ne sortait pas du réfectoire, c'était interdit.

Des malades savaient que nous venions chaque semaine. Ils ne manifestaient rien, ni leurs familles. Seuls des aliénés nous montraient de l'intérêt, peut-être de l'affection, à travers leurs gestes ou leurs paroles étranges. Ils n'étaient pas malades à devoir s'aliter, ils pouvaient bouger et parler; ils séjournaient là à cause de leur tête un peu folle mais pas méchante. Souvent, ils se montraient même gentils.

Les années et les sorties se multipliant, nous finissions par juger bizarre que la direction nous emmène dans un hôpital comme seul but de promenade de la semaine. Je n'ai jamais eu de réponse à cette question.

Deux années après mon arrivée, j'assistai à la première évasion, au moment où ma mère cessa de venir. Ce fut un branle-bas général. L'immeuble face à l'orphelinat, comportant une épicerie, constituait un obstacle initial. Les épiciers entretenaient de bonnes relations avec la direction.

Au moindre geste suspect d'un enfant, ils alertaient les religieuses, qui prévenaient les gendarmes. Ils avaient l'œil et l'oreille à tout. L'épicière était une blonde imposante. Je n'ai jamais pénétré dans son épicerie, mais il y avait une vitrine où l'on voyait de bonnes choses qui faisaient envie. Des oranges, des bonbons, du chocolat aux noisettes. A l'orphelinat, nous recevions deux bonbons par mois. Deux. Chez l'épicière, il y en avait des bocaux entiers, de toutes les couleurs.

C'était toujours les plus âgés qui tentaient de fuguer, ceux qui étaient capables de franchir le mur d'enceinte en grimpant à un arbre ou sur des chaises empilées. Ils dégringolaient de l'autre côté, avec l'idée de longer la frontière suisse ou de la franchir. S'ils avaient la chance de quitter la première rue, ils se faisaient remarquer très vite, dans cette petite ville. Les gendarmes intervenaient. Une enquête était déclenchée aussitôt. Les gens répondaient :

— Oui, on a vu passer deux gars dans cette direction...

En quelques heures, les fugitifs étaient repris. Les sanctions étaient légères afin de ne pas susciter en eux plus de révolte ou de désespoir. En général, d'ailleurs, les punitions à l'orphelinat n'étaient pas très sévères. La vie y était suffisamment rude pour remplacer toutes les punitions. Les évadés se trouvaient seulement privés de desserts, de récréations pendant quelques semaines.

Au pire, il y avait la menace de la maison de correction. Cette perspective apeurait. Nous ignorions les différences entre l'orphelinat et la maison de redressement, mais nous devinions qu'il valait mieux ne pas risquer de les examiner de près. Certains pensionnaires parlaient alors de se révolter contre l'injustice lorsqu'ils seraient grands et libres, de tout casser dehors, de se venger par les pires brutalités. Je ne me sentais pas porté aux mêmes réactions, ni habité par l'idée fixe de la vengeance, et je gardais mon espérance en une vie heureuse dans l'avenir.

Au début, je rêvais d'évasion, espérant retrouver ma mère, mais les murs étaient trop hauts. Je ne tentai rien, non à cause des punitions, mais parce que je ne nourrissais pas d'idées de révolte. J'espérais que la vie changerait.

Mais je voyais bien que l'avenir, pour la plupart d'entre nous, était de travailler à treize ans. Il fallait partir à l'adresse indiquée par la direction. On continuait, en même temps, à être surveillé par l'association du *Berceau savoyard* jusqu'à vingt et un ans. Au berceau à vingt et un ans ! Quelques-uns réussissaient à effectuer des études, les autres étaient expédiés à droite et à gauche pour travailler, très jeunes, aux plus basses tâches, sans avenir, sans qualification, presque sans rémunération, et sans espoir d'en sortir, d'après le seul critère de l'argent et non de l'intelligence, de la volonté ou des aptitudes.

Je m'obstinais toutefois à demeurer empli d'espoirs pour ma vie professionnelle et sociale. Je n'étais pas défaitiste. Je croyais apprendre bientôt un métier, puis gagner de l'argent. Je rêvais de devenir pilote de ligne en observant les avions qui venaient de décoller ou s'apprêtaient à atterrir sur le terrain proche de Genève. Menuisier, dessinateur, mécanicien, docteur, les professions dont j'avais connaissance étaient passées en revue, mais la direction n'évoquait jamais le sujet. C'était interdit. Les religieuses savaient que de tels rêves étaient futiles. Les quatre cinquièmes des orphelins devenaient par la force des choses de pauvres commis agricoles ou l'équivalent. Il s'agissait d'une solution de facilité pour la direction et la société. Afin d'échapper à ce chemin tracé, il était obligatoire de recevoir un secours extérieur, un appui financier d'une marraine ou d'un oncle. Le pistonnage se révélait essentiel dans ce milieu catholique qui nous avait empêchés de crever de faim et donné des rudiments d'instruction, mais ne comptait pas faire plus, car la tâche l'aurait écrasé. L'Etat ou le gouvernement ne faisait rien. Nous n'avions pas d'existence à ses yeux.

Le catéchisme revêtait beaucoup plus d'importance. On nous en dispensait de copieuses leçons. La confession à partir de sept ans était obligatoire, une fois par semaine.

Les prêtres accomplissaient leur travail rituel, d'un ton amical mais distant toutefois, mettant en confiance sans développer la confiance trop loin, c'est-à-dire au point où nous aurions vraiment pu parler. Et nous en avions des choses sur le cœur, et pas seulement des péchés ! Les prêtres infligeaient en pénitence, comme tous les prêtres, des prières à réciter. Nous revenions la semaine suivante, et cinquante-deux fois par an, pendant six ou sept ans. Plus de trois cents confessions sans jamais vider son cœur de tout ce qu'il contenait, sans aucun dialogue avec un homme représentant le Christ !

Vers dix ans, il me fut demandé si je désirais être prêtre. Les avantages de cette orientation s'avéraient nombreux. Une réponse positive pouvait changer mon destin. Des études au séminaire auraient été payées par l'Eglise, grâce aux quêtes réalisées pour les « vocations ». J'aurais d'une certaine manière été tiré d'affaire. Mais je n'avais pas la vocation. Je refusai.

Quatre ou cinq de mes compagnons prirent ce chemin. La proportion était énorme, le dixième des pensionnaires orienté vers le sacerdoce. Ainsi étions-nous séparés en deux catégories, les curés et les commis agricoles, ceux qui entraient dans les ordres et ceux qui entraient de force dans un autre ordre social bien établi.

Pourtant, je voulais m'instruire et comprendre. L'histoire de Jésus-Christ me touchait. Je voulais croire qu'elle n'était pas une légende, et j'y trouvais un réconfort. J'avais refusé la perspective d'être prêtre, mais pas celle de la vie et du bonheur, de la justice.

La cloche de l'orphelinat rythmait les heures, pour la soupe, pour la messe. Nous assistions à la messe chaque matin. Dans cet univers sans distractions, nous étions toujours à la recherche d'une curiosité. Un mur, avec un portail, séparait du reste de l'établissement un grand jardin à la fois décoratif et potager, avec des lys, des pivoines, et beaucoup de légumes. Dans une dépendance vivaient aussi des animaux. Nous accédions rarement à ces lieux extraordinaires. Une étable abritait une vache, parfois deux, qui fournissaient du lait. Je n'ai pu visiter l'étable qu'à douze ans passés, plus de sept ans après mon arrivée. Une religieuse s'occupait d'une vache noir et blanc, attachée au mur. Je les ai regardées aussi longtemps que j'ai pu, me croyant dans un autre monde, loin de l'orphelinat.

Chaque année, des nouveaux arrivaient. Les plus jeunes criaient et pleuraient à tout rompre, les plus grands pleurnichaient, ou demeuraient muets et malheureux. Un système identique appliqué à chacun les faisait rentrer dans le rang. A l'orphelinat, la douleur restait intérieure. On ne devait pas l'extérioriser. Cela faisait mauvais effet.

Parfois, j'éprouvais le désir brutal de revoir ma mère. On m'avait ordonné de l'oublier, mais je désobéissais.

En 1938, à onze ans et demi, j'obtins mon certificat d'études. J'étais heureux, mais je ne pus annoncer à personne la bonne nouvelle, puisque je n'avais plus de contact avec ma famille. J'étais déçu. Ce diplôme, en ce temps et plus encore dans ce milieu, signifiait l'instruction. Je le voyais bien, j'étais seul. Tous se trouvaient perdus dans l'oubli.

La vie changea pour moi, à partir de cette date, à l'orphelinat. Finies les études, on m'y fit travailler. Je balayais les couloirs et le carrelage de la cuisine, sortais les seaux de cendres et de mâchefer. Je manquais encore de force, à douze ans, pour de gros travaux, et l'on attendait que je grandisse. J'aidais les religieuses à nettoyer le réfectoire et à faire la vaisselle. Et le soir, j'épluchais des pommes de terre. C'était la récompense de l'instruction.

C'est alors que la guerre fut déclarée. On ne nous parlait jamais de politique, de la société hors de l'orphelinat, ni des réalités de la vie, mais j'entendis la déclaration de guerre par Edouard Daladier à la radio en septembre 1939. La directrice avait voulu que nous entendions tous. Sœur Céleste, qui avait eu une main coupée dans un accident de train, pleurait car elle avait un frère qui devait partir soldat. Les autres religieuses arboraient des visages inquiets. A nous les gosses, cela ne faisait pas grand-chose car nous n'avions pas de famille et ne craignions pas qu'un parent puisse souffrir ou être mobilisé. On ne mesurait pas non plus la gravité d'un conflit. Les récits de la guerre de 14-18, que nous lisions en classe, ne suffisaient pas à nous enseigner ce qu'était la guerre.

La direction nous demanda de rester calmes. Ce n'était pas difficile. On ne voyait pas pourquoi on se serait agité.

L'un de nos enseignants fut mobilisé dans la cavalerie, à Ferney-Voltaire. Il devint maréchal des logis et, comme il se trouvait à deux pas, revint nous voir de temps en temps, en apportant des nouvelles. Nous vîmes un jour un régiment de cavalerie, une cinquantaine de chevaux, passer devant nous, qui continuions à pratiquer nos sorties hebdomadaires de l'orphelinat à l'hôpital, et de l'hôpital à l'orphelinat. Les soldats portaient des sabres. L'atmosphère dans la rue changeait plus que celle de l'orphelinat.

Je poursuivais mon travail, voyant les plus grands de mes camarades partir un à un travailler à l'extérieur. Une émotion nous saisissait à l'idée d'être projetés vers un nouvel inconnu. Ce n'était l'enthousiasme ni pour partir, ni pour rester. Nous n'avions pas le choix.

J'étais employé comme « aide à tout » depuis un an et demi, lorsque, en avril 1940, on me dit soudain :

— C'est ton tour... Dans quinze jours, tu pars.

J'ignorais où j'allais. Avec de l'argent, j'aurais choisi d'étudier. J'y pensais encore. Jusqu'à ce moment, j'en entretenais le faible espoir. Je voulais y croire. J'étais tenace. Je refusais de songer à l'injustice qu'il y avait dans tout cela. Mes idées manquaient de clarté sur les professions possibles, mais il en existait bien une pouvant me convenir. On ne nous laissait aucune chance. Je n'en voulais pas aux religieuses. Elles m'avaient hébergé et instruit pendant quelque temps.

Une adresse me fut indiquée. Celle d'une ferme. On ne me fournit aucune précision ni explication. Les religieuses me dirent :

— Tu y seras bien.

Je voulus le croire. En cas de désobéissance, les gendarmes, les juges pour enfants et les maisons de redressement nous attendaient. Etre orphelin, c'était avoir en permanence les autorités judiciaires à côté de soi, les sanctions et les humiliations. Il fallait obéir chaque jour, à chaque heure.

J'avais treize ans. On me donna du papier d'emballage pour faire mes paquets. Il n'y avait pas de sacs ni de valises. J'y enveloppai mes vêtements et attachai le baluchon avec une ficelle. J'emportai aussi deux livres, les seuls qui m'appartenaient, *Robinson Crusoé,* histoire triste d'un homme trop seul à qui je n'aurais pas voulu ressembler, et *le Dernier des Mohicans.* Ils m'avaient été offerts pour le certificat d'études. Je les avais lus tous les deux. Le second m'avait plu davantage.

La trompette bleue en fer apportée à l'orphelinat à quatre ans y resta, avec l'ours en peluche. Ils avaient vite rejoint les jouets apportés par les autres enfants. Ils formaient un tas de vieux jouets oubliés, cassés. Chacun racontait une histoire.

La guerre détruisait des familles. Je voulais savoir ce qu'était devenue la mienne. Au moment de la déclaration de guerre, quand tant de familles allaient être dispersées, la mienne l'était déjà complètement et je songeais à en retrouver les morceaux. Pour moi, la guerre avait déjà eu lieu. L'autre, celle des nations, me paraissait un peu lointaine sous les décombres de mon propre désarroi. Elle allait s'approcher. L'orphelinat m'en avait protégé. A son tour, il m'envoyait à l'aventure. Tout tremblait dans ses fondements.

Certains hommes étaient envoyés comme soldats. Moi, on m'envoyait comme ouvrier agricole à Rochefort, en Savoie.

CHAPITRE IX

« *Ta place est à l'écurie* »

A TREIZE ans, je devins « ouvrier agricole », conduit à la ferme entre un gendarme et une religieuse. En montant dans le train, la religieuse m'avertit que l'homme en uniforme me surveillerait pendant le voyage. J'en fus très surpris. J'avais toujours été obéissant et discipliné. Je n'avais pas l'idée de m'échapper. La présence de ce gendarme dans le compartiment me contraria, me fit honte, mais j'essayai de ne pas y songer en regardant par la fenêtre.

La sœur entreprit une conversation avec le gendarme. Je les écoutai parler de la guerre et des événements. La « drôle de guerre » de l'hiver 1939-1940 ne s'arrangeait pas. Les armées se faisaient face. Daladier n'était plus président du Conseil. On ne voyait pas comment les choses tourneraient.

A Culoz, au nord du lac du Bourget, nous changeâmes de train. Destination Chambéry. Le destin me ramenait vers la ferme savoyarde de mon enfance, mais on ne me laissa pas y faire une halte.

A la gare nous attendait Jean Girère, mon patron. Ses cheveux blancs comme sa moustache, et son costume noir du dimanche le faisaient ressembler à un grand-père. Il avait une bonne tête. Son fils, qui se prénommait Jean comme lui, nous fit monter dans une voiture noire pour nous emmener à Rochefort, un petit village, presque un hameau, situé à trente-cinq kilomètres. J'étais content de circuler en automobile pour la première fois. Le gendarme ne nous accompagnait pas.

Avant d'arriver à la ferme, on fit un détour pour se rendre chez ma tutrice, la femme du juge Picot, qui habitait à Chambéry. Je ne songeais plus à elle depuis longtemps. Notre dernière rencontre avait eu lieu neuf ans auparavant. Elle surveillait mon existence de très loin, comme celle des autres enfants dont elle était tutrice dans le cadre du *Berceau savoyard.* Elle ne m'avait jamais écrit ni rendu visite pendant toutes ces années. Ses contacts s'effectuaient avec la direction pour savoir si je me conduisais normalement.

Je pénétrai à nouveau dans son salon bourgeois, qui me fit le même effet de monde étranger, où se trouvait son mari. Tout le monde s'assit autour d'une table.

— C'est ta tutrice, me dit la religieuse.

Cette présentation froide et juridique contribua à me mettre encore plus mal à l'aise. Le juge m'observait. Je tenais mon béret à la main et avais posé mes affaires, dans le papier d'emballage ficelé, à mes pieds. La fonction de juge au tribunal de Chambéry fut ostensiblement précisée afin que mon patron, cultivateur, ne se méprenne pas sur l'importance des gens qui s'occupaient de mon sort. Cela faisait bien. Mon patron aussi voulait faire bonne impression.

Ils parlaient tous de moi, qui me taisais. Le juge m'offrit un livre de Jules Verne, *Vingt mille lieues sous les mers.*

— Il n'aura pas beaucoup de temps pour lire ! déclara le paysan.

Je sus ce qui m'attendait. Le magistrat insista et j'acceptai l'ouvrage après avoir refusé un moment. Ils discutèrent d'une petite somme d'argent que je pourrais toucher à ma majorité, à vingt et un ans.

L'affaire fut réglée en une heure, et nous partîmes. La religieuse disparut très vite car le temps lui manquait.

— Je le laisse entre vos mains, dit-elle.

Je changeai complètement de milieu de vie. Je ne connaissais rien à l'agriculture et me sentais impressionné avec ces étrangers. Si je ne donnais pas satisfaction, j'allais au-devant d'ennuis. Je n'étais réellement pas sûr de donner satisfaction. Mon patron avait six enfants, dont cinq mariés. L'aîné, Jean, dirigeait une petite entreprise de maçonnerie. Pour commencer, il nous conduisit chez lui à Saint-Béron, un nom que je trouvai amusant, je ne sais pourquoi. La bonne humeur régnait car le père et le fils ne se voyaient pas souvent. Ils s'occupèrent à peine de moi, discutant entre eux, buvant un coup. J'attendais, à moitié embarrassé, à moitié grisé de cette liberté nouvelle. La femme et la belle-mère de l'entrepreneur préparaient le dîner des deux fils de mon âge qui n'avaient pas encore quitté leur école à cette heure de l'après-midi. J'eus tout à coup une pensée triste en m'apercevant que ces deux enfants inconnus allaient à l'école et moi au labeur chez leur grand-père. J'étais un domestique, j'en pris brutalement conscience. Tous mes rêves pour accomplir des études s'écroulaient.

— C'est pas tout ça, il faut y aller ! dit mon patron.

Nous arrivâmes à une ferme à l'écart du village. J'allais y vivre quatre années. Elle était grande et bien tenue. La femme du patron habitait seule avec lui.

Au cours du dîner, je fus sidéré. Ils parlaient le patois savoyard. Je ne comprenais pas un mot. Je ne compris rien de leur patois pendant tout mon séjour à la ferme. C'était consternant et comique. La racine des mots m'échappait et ils ne me l'expliquaient pas, ne possédaient pas de dictionnaire. Je finis par saisir des mots isolés mais pas à pénétrer la signification de leurs phrases. L'*aigue,* le *pan,* le *sa,* le *van,* c'était l'eau, le pain, le sel, le vin. A table, je me débrouillais après la surprise du début, mais les conversations de la journée gardaient un caractère hermétique qui me mettait en pays étranger. Je me sentais davantage à l'écart. Quand je perdais pied ou me sentais trop seul, ils prononçaient quelques mots de français, qu'ils parlaient couramment. En dépit de mes efforts, je ne réussis jamais à me familiariser avec leur langage. Presque tous les habitants des environs l'employaient. En France, ma patrie, je ressemblais à un domestique immigré d'un pays lointain.

Je recevais des ordres que je ne saisissais pas. Jules Verne ne pouvait pas m'aider.

Dès le premier matin, je commençai à nettoyer l'écurie avec mon maître. Je fis connaissance avec les vaches, une jument de trait noire, un taureau, les bœufs de travail, un veau blanc, une chèvre, le petit chien berger, une chatte. L'odeur de l'écurie me saisit à la gorge et m'étonna, tandis que la taille des animaux m'impressionna. Aucun tracteur ni appareil motorisé n'existait dans la région. Derrière les vaches attachées, j'ôtai le fumier en l'entassant sur une brouette à l'aide d'une fourche. Ma maladresse m'attira aussitôt des remarques. Je portais encore les galoches de l'orphelinat. Une fois la brouette déversée à l'extérieur sur un gros tas de fumier, elle devait être rapportée pour un nouveau chargement. Mon patron voulait que le tas de fumier soit bien carré et en hauteur. Ensuite, il était transporté pour fumer les terres.

Je devais accompagner le paysan dans tous ses travaux et le seconder. Il me fit connaître ses champs de maïs, de blé, de betteraves, son vignoble et sa culture de tabac de mille pieds. A mon arrivée, il me fit faucher avec lui du trèfle incarnat et de l'herbe pour ses cinq vaches laitières qui dévorèrent cette nourriture, mais je n'avais pas le coup de main pour trancher à la bonne hauteur et à un rythme régulier. Je finis par m'exercer, en cachette, pour ne pas être grondé.

On me demanda d'apprendre à traire les vaches. Ce ne fut pas simple.

J'y arrivai quand même.

Les bœufs m'effrayaient. A l'étable, cela allait, ils étaient plutôt gentils, mais les conduire dans un champ représentait une opération hasardeuse. Leur force énorme les faisait remplacer la jument de trait pour les plus gros travaux. Ils étaient deux, gigantesques, âgés de dix ans, avec des cornes puissantes et des pieds capables de tout écraser. Le patron me les avait présentés avec fierté. Ils s'appelaient Gaillard et Lombard. Je ne voyais pas comment je pourrais diriger de telles masses. Leur cou était déjà presque plus gros que moi. Pourtant, le propriétaire avait prévu de me les faire atteler seul un jour. Les approcher constituait pour moi tout un travail. Ils m'auraient envoyé au sol d'une simple bousculade sans s'en apercevoir. Je fus mis à l'œuvre, observant peu à peu que des gestes sûrs et l'absence de crainte favorisaient de bons résultats. Je manquais encore de muscles et de poids. Le patron y suppléait, m'enseignant comment mettre le joug sur leur nuque et, entre eux, le timon relié aux appareils agricoles, la herse, la charrue, le brabant, la faucheuse, la sarcleuse, la buteuse. On attachait ces appareils grâce à des chaînes, des courroies de cuir, des boucles et des chevilles d'acier. La moissonneuse s'attelait comme le reste, mais la batteuse installée dans la cour, grosse machine pour séparer les grains des épis et des tiges, était apportée par un entrepreneur de batterie qui allait de ferme en ferme. Un grand joug et un petit s'employaient simultanément pour les bœufs. Il me faudrait deux années avant de parvenir à les équiper. En attendant, je les guidais sous la surveillance de mon patron. Ils reconnaissaient sa voix et obéissaient.

La jument fut plus difficile à s'habituer à ma présence. Son caractère ne présentait pas la douceur de celui des bœufs. Elle refusait le mors dans la bouche, le lourd collier que je ne parvenais pas à porter seul ni à hisser à sa hauteur. Ses oreilles se rabattaient en arrière, ce qui n'était pas bon signe, et elle s'agitait, martelant le sol. Je la craignais. Elle le sentait et en profitait. L'un et l'autre, nous finîmes par nous apprivoiser.

La guerre avait fait partir les hommes au régiment. Mon patron, qui n'était pas tout jeune et se fatiguait vite, se plaignait de la dureté et du nombre des tâches. Il allait me fournir ma part. Je reçus une chambre indépendante, avec un bon lit, qui achevèrent de me séparer de l'ambiance de l'orphelinat, de son dortoir et de la surveillance nocturne des religieuses. Je trouvai chez ces étrangers au langage impénétrable une atmosphère de famille qui me manquait. A sept heures du matin, ils m'appelaient à travers la porte et le travail durait jusqu'à sept ou huit heures du soir. Ils se levaient à cinq heures en été. Je n'eus jamais faim en leur compagnie. La nourriture y était moins variée qu'à l'orphelinat, plus paysanne, avec beaucoup de cochon et de fromage. Le matin, nous mangions de la soupe, parfois grasse, à l'oignon ou aux légumes, à la place du lait ou du café.

Surtout, le fermier me parlait. C'était le principal. Pour la première fois, un homme me parlait comme à un homme.

En décembre et janvier, après la cueillette et le séchage du tabac, le patron emportait les feuilles avec le cheval et une charrette à la manufacture, près de la frontière de l'Isère, à une quinzaine de kilomètres. J'aurais aimé l'accompagner lors de ces sorties, mais l'ouvrage m'attendait. L'Etat contrôlait la récolte de mille pieds et la cataloguait d'avance. Je vis un contrôleur des tabacs dans le champ compter les feuilles des plants, examiner les distances réglementaires entre les pieds, observer si des plants n'étaient pas morts. Je vérifiais une fois par semaine, pendant le séchage, si l'humidité et la chaleur convenaient, et si des voleurs n'avaient rien emporté. Mon patron ne gardait aucune feuille. Il ne fumait pas.

Il buvait peu aussi, mais le vin rouge ordinaire et le vin blanc qu'il produisait lui donnaient beaucoup de travail. Un de ses fils faillit mourir un jour à cause de ce raisin, et je lui sauvai la vie. La culture s'était effectuée normalement pour la vente à des négociants auxquels on livrait sept ou huit tonneaux de trois cents litres. Je savourais le jus de fruit des premiers jours, tandis que mes patrons gardaient un peu de raisin pour fabriquer leur piquette à la ferme. A mon arrivée, ils m'en avaient donné mélangée à de l'eau.

Elle était forte et acide. L'entretien des ceps, le piochage, nécessitaient beaucoup de soins. A la fin de la journée, je m'écroulais d'épuisement dans mon lit. Pour les vendanges, personne n'était engagé, mais quelques membres de la famille venaient parfois donner un coup de main. Les grappes étaient foulées dans deux immenses cuves de trois mètres de hauteur ressemblant à des silos. Une échelle permettait d'en atteindre le sommet et d'y vider les paniers et les cuveaux en bois équipés de trous pour y glisser une perche facilitant le transport à deux.

Les tonnes de raisin se tassaient d'abord seules pendant huit jours, diminuant de moitié leur volume, puis le foulage commençait, avec une longue perche, et un homme entrait enfin dans la cuve afin d'extraire le maximum de jus. Il se déshabillait complètement pour piétiner et tasser la récolte. J'avais éprouvé le danger du gaz émanant de ces réservoirs en utilisant la perche sur le bord extérieur. Je sentis l'odeur forte du vin, mais ma tête fut bientôt prise de vertige et je me reculai pour ne pas perdre conscience. Le malaise ne fut pas grave car je restai peu de temps à fouler avec la perche. La présence du gaz dangereux se détectait grâce à une bougie allumée qui était approchée au-dessus de la cuve. Si elle s'éteignait, on n'approchait pas. La densité trop importante de gaz obligeait à patienter un jour ou deux. Lorsque la bougie ne s'éteignait plus, le patron se mettait nu pour fouler avec ses pieds, ses jambes, s'enfonçant, s'enlisant, remontant sur d'autres grappes. Je ne voyais que sa tête et ses épaules, et j'avais l'interdiction d'approcher. Il restait une heure ou deux sans interruption. Le broyage devait être parfait. Il sortait coloré comme s'il avait fait une chute dans un pot de peinture. Il se lavait aussitôt dans un coin.

Un jour, j'entendis gémir et appeler tandis que je traversais la cour déserte. Une voix faible provenait d'une cuve. Je courus vers elle et découvris l'un des fils du patron, Amédée, un solide gaillard en pleine santé, à demi asphyxié, incapable de sortir et de se mouvoir. Ma venue dans la cour l'avait un peu réveillé et il avait articulé, à moitié en patois, à moitié en français :

— Va voir l'*par*.

Le *par,* le père, possédait plus de forces que moi pour le tirer. Je donnai l'alerte en me précipitant. Ses parents foncèrent hors de la maison en m'entendant et allèrent le délivrer, le repêcher de la bouillie vineuse où il mourait.

Il fut sauvé de justesse. A cinq minutes près, je n'aurais rien pu faire.

Le travail remplissait toutes mes journées. Je n'arrêtais pas. C'était dur, mais je le faisais de bon cœur sans trop penser à l'avenir.

Je n'étais pas arrivé depuis deux mois à la ferme que le bruit courut soudain que les Allemands approchaient. Le patron m'envoya en éclaireur sur la route. J'étais inconscient du danger. Un chemin sortait d'un bois. Je tournais les yeux dans cette direction et vis, à quinze mètres, une trentaine de soldats allemands marcher en silence vers moi, casqués, armés de fusils, en uniformes vert-de-gris. Ils me regardèrent. Je fis demi-tour tranquillement pour prévenir mon patron de leur arrivée. La veille, on avait vu des soldats français passer en courant dans les prairies et sauter des clôtures pour ne pas être faits prisonniers. Je n'avais rien à dire aux soldats ennemis. Je me retournai. Ils me suivaient d'un pas décidé. Je me trouvais pour ainsi dire à la tête de leur colonne. C'était inattendu et stupéfiant. Nous fîmes une arrivée remarquée à la ferme. « Pourquoi est-ce que tu me ramènes tout ça ? » aurait pu m'interroger le patron qui pâlit.

La section allemande s'installa en douceur, sans cris ni coups de feu, avec un ton agressif et méprisant toutefois. Jean Girère, en maître des lieux, voulut résister par la parole et montrer qu'il n'avait pas peur. Il ne désirait rien leur céder de sa propriété.

— Je ne me laisserai pas impressionner, répétait-il en français, ajoutant d'autres choses en patois.

Les envahisseurs ne comprenaient pas le français ni le

patois et avaient l'air fatigué. Ils voulaient des œufs et du beurre. Un sous-officier, grand et gros, installa sa troupe dans les dépendances, une grange, et décréta le couvre-feu à la tombée de la nuit, avec interdiction de sortir. Un fusil-mitrailleur fut braqué en direction de la route et des sentinelles postées pour la nuit.

Le deuxième jour, je devins sans m'en douter un témoin de l'Histoire.

J'entrai seul dans la salle à manger pour avaler ma soupe. Il était dix-neuf heures ou vingt heures. Il s'y trouvait deux Allemands, dont un caporal, qui avaient allumé notre poste de T.S.F. Ils écoutaient de la musique allemande captée depuis leur pays. Quand ils m'ont vu, ils ont cherché, je ne sais pour quels motifs, d'autres ondes. Brusquement, ils trouvèrent la B.B.C. Et soudain on entendit la voix du général de Gaulle. C'était le 18 juin 1940. Il lançait son appel à la résistance depuis l'Angleterre. Je ne connaissais rien de cet homme. Mais j'étais le seul à la ferme à l'écouter en direct.

L'appel du 18 juin frappa aussi les deux occupants allemands qui ne pouvaient en saisir la signification exacte. Ils me regardèrent. Je venais d'écouter, en présence de l'ennemi, un appel à la Résistance contre cet ennemi, et celui-ci l'ignorait ! Je n'en mesurais pas la portée, mais je me sentais touché et concerné en dépit de mes treize ans et demi et de mon manque d'information sur les événements mondiaux. Les Allemands étaient là, à la même table que moi, et cela me suffisait pour comprendre. Je voulais qu'ils partent. Une voix lointaine disait son désaccord avec l'occupation, et je l'approuvais en continuant de manger ma soupe, muet, mais heureux. Ce fut d'ailleurs la seule fois où j'écoutai la radio dans cette ferme. Les patrons la gardaient pour eux.

Deux jours plus tard arriva un jeune officier de la Wehrmacht parlant très bien le français. Il visita sa troupe, qui le salua le bras levé, et procéda à un interrogatoire de Jean Girère dans sa cuisine. Cet interrogatoire était un supplice inutile pour ce paysan chenu. J'aperçus son visage tout rouge d'émotion à cause des questions de l'Allemand. Il était assis et l'officier debout, avec son ceinturon noir et son revolver. Ma venue subite coupa le cours de l'interrogatoire, apporta une sorte de distraction. Je vis que mon patron, embarrassé, ne sachant quoi répondre, fut content de ma présence. Sur le pas de la porte, j'hésitai à entrer ou sortir, surpris moi-même de me trouver face à cet officier arrogant.

— Cachez-vous des soldats français ? En avez-vous vu ?... demandait-il.

Je restai là un moment. L'officier finit par abandonner ses questions, perdant de sa fougue et voyant qu'il ne trouverait rien d'intéressant. La ferme avait été fouillée depuis longtemps. Il voulut se rendre compte par lui-même et examiner les dépendances. Libéré de ce personnage, mon patron m'adressa deux mots de remerciement.

— J'ai été content que tu viennes, dit-il.

La troupe resta une semaine, jusqu'à la signature de l'Armistice le 22 juin 1940. Les Allemands partirent vers les villes et les casernes en clamant que la guerre était finie et qu'ils seraient dans trois jours en Angleterre.

Je n'avais pas de journaux. Les mois passèrent. Je finis par ne plus rien savoir, sauf par à-coups, des événements qui ébranlaient le monde. Le plus souvent, mes patrons conversaient en patois. Deux ou trois mots à mon adresse me signalaient parfois que la situation pouvait s'améliorer, mais que ce serait long. Je ne possédais toujours aucune nouvelle de ma famille.

L'un des fils vint en permission, en uniforme de chasseur alpin. Je le voyais pour la première fois. Sa mère et son père l'aimaient. Ils l'embrassèrent. Il les aimait aussi. Toute la famille manifestait son bonheur, et je me sentais heureux aussi devant sa joie, avec pourtant une douleur incommunicable dans la poitrine. Le militaire se mit en civil et alla voir à l'écurie les bêtes qu'il connaissait. Il travailla un peu avec nous et, attristé, repartit au régiment.

Les privations dans les grandes villes me furent révélées par l'une des filles qui venait de Lyon avec son mari pendant les vacances scolaires. Ils parlèrent de la Gestapo.

— Une police allemande qui embarque les gens... Il ne faut pas parler devant n'importe qui !

Le jeune mari ignorait le patois savoyard et j'apprenais beaucoup de faits en écoutant ses conversations. Il évoqua en 1942 les camps de concentration nazis. Il avait peur de ces camps et hésitait à en parler, même en famille, par habitude, mais leur réalité était certaine. Au fond d'une ferme isolée de Savoie, je savais. Lorsque, plus tard encore, j'entendis certains prétendre que l'on ne savait pas, que l'on ne pouvait pas savoir, je fus étonné. Ils se trompaient ou mentaient.

Nous étions épargnés. Les Allemands ne venaient pas souvent dans les tout petits villages reculés, qui étaient nombreux. Du blé et d'autres produits se trouvaient néanmoins réquisitionnés.

Je passais mes journées au grand air, dans le silence, m'efforçant de ne pas donner de soucis à ceux qui me nourrissaient et me logeaient. J'apprenais une vie de campagne avec sa philosophie. Le soir, fourbu, je dormais comme une souche. Pour économiser l'électricité, je n'avais pas le droit de lire, mais il n'y avait guère de lecture, et j'étais trop éreinté. Le montant de mon salaire, versé sur un livret de caisse d'épargne, ne me fut jamais indiqué. Je ne le sus pas avant ma majorité. C'était un point qui ne me concernait pas. Je ne savais pas non plus si de l'argent était versé.

Amédée, le second fils, avait été démobilisé en 1940 et était revenu travailler avec son père. Nous étions maintenant quatre. Le désœuvrement ou les loisirs n'existaient pas, ni le dimanche ni les jours fériés. La monotonie des tâches m'accablait parfois. Elle était rompue par des cérémonies fermières, comme celle de tuer le cochon. Je n'y voyais pas un beau spectacle. C'était cruel. L'ingéniosité pour tout récupérer de l'animal m'apparaissait saisissante toutefois. Grâce à elle, on vivait mieux que d'autres gens.

A l'automne, un cochon était sorti de l'écurie et conduit vers une poutre en fer qui soutenait un pan de mur et la toiture. Le boucher arrivait du voisinage. Il assommait l'animal et le suspendait par les pattes arrière à la poutre. Le cochon ne devait pas être bien assommé car on me demandait ensuite de le tenir par une patte antérieure qui pendait. Quand le boucher enfonçait son couteau dans la carotide, le cochon gesticulait avec des mouvements brusques et puissants. Il criait. Il me secouait tout le corps. Un seau recueillait le sang. Je ne voulais pas réfléchir ni avoir d'émotions. Sur le moment, cela ne me faisait rien. J'étais content de voir un boucher, un homme de l'extérieur qui travaillait et racontait quelques histoires. La visite me distrayait. Nous ne recevions presque jamais personne. L'homme restait la journée.

Il découpait et préparait le cochon entièrement. Lavé à l'eau bouillante, il était gratté et nettoyé des poils sur sa peau coriace. Les intestins lavés servaient à faire des saucissons. La vessie était gonflée pour fabriquer une blague à tabac. Un saloir en pierre permettait de conserver les morceaux de viande pendant trois à six mois. Les dernières tranches se mangeaient au printemps et presque à l'été. Le boudin se préparait sur place. Je n'avais pas le droit d'assister à toutes les opérations car je devais aller travailler. Mais il y avait une petite fête au cours du repas. Le boudin frais, le pâté de tête étaient un régal. Je n'en avais jamais mangé. Une partie de l'animal donnée au boucher et à d'autres gens constituait un troc. Sur ce dernier point, mes patrons gardaient le secret. Ils ne me disaient pas tout, craignant que je puisse raconter les échanges.

Un pétrin en bois dans la grande cuisine servait à faire le bon pain que l'on cuisait dans un four en briques de la ferme. Le fermier pétrissait la pâte et formait des pains ronds de deux ou trois kilos. De grandes tartines y étaient découpées. J'en recevais à volonté. La fournée de quatre ou cinq pains suffisait pour trois semaines. Le pain devenait alors un peu rassis, et l'opération recommençait.

Il n'y avait rien d'autre à la ferme que l'ouvrage de tous les jours. Les Noël n'existaient pas. Ni cérémonie, ni fête, ni sapin décoré. Je ne reçus pas un cadeau en quatre années, et je ne disposais pas de quoi en offrir. Mes patrons avaient dans l'idée de me traiter en homme, et non en enfant. Je ne réclamais rien. Ils n'étaient pas trop riches, et j'acceptais leur manière sévère de vivre, mais je remarquais qu'ils se livraient entre eux à une petite fête discrète, à une joie qui n'appartenait pas aux autres jours. Je ne faisais pas partie de la famille et je ne discutais pas. Les jours de Noël se trouvaient effacés, occultés, dans mon esprit. A ces occasions, je mesurais combien la vie était d'une incroyable rudesse, sans tendresse.

L'orphelinat se prolongeait à la ferme, dans une vie dépourvue d'éclat. En grandissant, je croyais devenir plus libre, mais la situation demeurait identique. Je le voyais bien. Plus je grandissais, plus je croyais être libre, et cela restait à peu près pareil. Je m'en apercevais progressivement comme d'une chose importante, à travers le travail de la terre et les rencontres avec les adultes. Je ne rencontrais pas de jeunes de mon âge.

L'envie de partir, de tout quitter me prenait alors, mais je me contentai de m'offrir, à deux reprises, une petite escapade de quelques heures dans la campagne. Ces promenades secrètes, au cours desquelles je goûtai un peu de liberté, me réconfortèrent. J'en avais assez de cette vie sans avenir. Je ne parlais presque pas. Je ne voyais personne. Et même en temps de guerre, une nourriture abondante ne suffisait pas à donner un sens à l'existence. Si je voulais en sortir, je ne pouvais compter que sur moi.

Une cérémonie m'ouvrit encore plus les yeux sur mon rang. En 1942, Amédée, le fils que j'avais sauvé, épousa une fille de la région, Maria, qui appartenait à une famille d'agriculteurs. Il avait vingt-huit ans. Elle était grande et brune, me parlait peu mais se montrait plutôt gentille avec moi. Je pensai : « Dans cinq ou dix ans, ce sera peut-être mon tour de rencontrer une femme. »

Le jour du mariage, toute la famille, en grande tenue, Amédée portant même une jaquette à pans jusqu'aux genoux, alla à la mairie et à l'église de la ville voisine où habitait la fiancée.

— Surveille bien la ferme, m'ordonna-t-on.

Je restai seul. Je n'étais pas invité. Il n'était pas nécessaire de garder la ferme, mais on créa en quelque sorte l'emploi pour moi. J'eus un peu de chagrin, mais je ne dis rien. D'ailleurs, je n'avais que des vêtements ordinaires de travail, un pantalon de coutil. J'aurais déparé la cérémonie.

Cette solitude brusque dans la grande ferme me fit une impression étrange. Puis, les mariés revinrent avec tout le monde pour le repas, auquel on m'autorisa à participer dans la salle à manger. Pas longtemps, car mon patron me fit signe de partir. Il avait probablement quelque chose à dire qui ne me regardait pas. Sa femme vint me confirmer :

— Sors, allez sors !...

Le ton n'était pas méchant, pourtant. Je sortis sous les regards des convives.

— Va-t'en à l'écurie, ajouta-t-elle.

Ce n'était pas incroyable, c'était normal dans le milieu rude où je vivais, c'était la façon ordinaire de se conduire. Je me dis : « C'est comme ça. » Il ne fallait pas y voir de la cruauté. Ma place se trouvait à l'écurie.

« Je m'en fiche », pensai-je. J'avais coutume de ne pas prêter attention à ce qui pouvait me rabaisser. J'étais conciliant de nature et par raison, et je ne cherchais de querelles avec personne pour des questions d'amour-propre ou de futilités passagères. J'atteignais mes seize ans et ne me faisais pas trop d'illusions sur les hommes, ne demandant pas à leurs faiblesses d'être glorieuses.

Pendant ces quatre années, il n'y eut aucune dispute avec mes patrons, que des bougonnements sans suite. Le plus pénible consistait à entendre les cris et coups de gueule du père. Il criait contre la vie chère, contre le monde, contre l'injustice, contre les embêtements. Il cria et haussa la voix dès mon arrivée, ce qui me surprit et me fit peur, puis je ne l'écoutai plus. Il en fallait beaucoup pour me blesser ou m'étonner.

Pourtant, je le fus au cours de l'été 1942, et je ne l'avais pas prévu. Pendant les moissons, ma tante Florence et son mari vinrent me voir avec mon cousin François. Ceux qui m'avaient conduit à l'orphelinat onze ans auparavant donnaient de leurs nouvelles pour la première fois. Ils arrivaient à pied de loin. On m'appela dans les champs. Une émotion m'envahit. J'étais heureux tout de même de les voir.

— Tu es bien ici, me dit ma tante. Il faut y rester. C'est un bel endroit et tu es en de bonnes mains.

Je ne pouvais pas prétendre le contraire devant mes patrons. Ma tante n'avait pas d'argent ni de moyens, et n'aurait d'ailleurs pas pu améliorer mon sort. A ses côtés se tenait un jeune homme que je ne reconnaissais pas. Je l'avais oublié pour l'avoir fréquenté trop peu souvent dans mon enfance. Il portait une soutane. Je me dis : « Sans blague, c'est mon cousin... » François était un jeune abbé ordonné depuis un an. Orphelin de père, fils unique, il avait fait des études au séminaire grâce aux fonds recueillis dans les églises pour les vocations. J'étais content qu'il ait eu la chance d'étudier et de s'orienter dans la voie qui semblait lui convenir. Il ne m'avait jamais écrit et j'ignorais qu'un membre de ma famille était prêtre.

Cela me fit tout drôle. Mon cousin demeurait, avec mon demi-frère Louis, ma seule famille. Je n'avais pas de nouvelles de ce dernier ni de ma mère.

Les visiteurs me dirent qu'elle n'était pas morte mais très malade. Invités à déjeuner, ils restèrent trois heures à la ferme, discutant beaucoup avec mes patrons.

— Va donc travailler, me dit mon cousin après le repas.

J'aurais voulu écouter la conversation mais je dérangeais. Ils souhaitaient discuter entre eux.

— On est satisfait, il travaille bien, avait dit au passage mon patron.

Je n'en fus pas pleinement heureux.

Ils partirent bientôt, et je n'eus plus de nouvelles.

Les hivers étaient rudes. Le froid et la neige paralysaient en partie les activités. A l'écurie, la chaleur dégagée par les animaux créait une atmosphère de bien-être particulier. Il y faisait bon quand l'on ne pouvait pas mettre le nez dehors sans geler.

Les saisons succédaient aux saisons. J'appréciais certains aspects de cette vie en éprouvant qu'elle n'était pourtant pas faite pour moi. La solitude dans la nature apparaissait trop grande. C'était ce qui me faisait le plus souffrir. Je rêvais d'autre chose.

C'est ainsi qu'en avril 1943, pour le troisième anniversaire de mon arrivée, je partis sans prévenir. J'avais seize ans et demi. Je marchai à l'aventure du côté du col de la Crusille et du col du Blanchet, sans argent, avec mes affaires dans un paquet. L'existence n'était plus supportable. Je voulais rompre définitivement avec l'étroitesse de mon milieu. J'étouffais au grand air de la campagne bornée. La nuit m'entoura. Je m'y enfonçai avec un sentiment de liberté, et l'intention de ne jamais revenir mais d'atteindre Chambéry, une grande agglomération vivante. Je me sentais décidé à tenter quelque chose pour de bon. Je voulais voir du monde. Le besoin de vivre selon mes inclinations réelles me poussait vers mes semblables.

Aucun abri ne se présentait. Depuis la route, je distinguai l'orée d'un bois. L'endroit m'était inconnu. Je m'y dirigeai en grimpant à travers des champs en pente pour dormir à l'écart des voies de passage. Sur la terre froide, avec des feuilles pour matelas et des couronnes d'arbres pour plafond, je me couchai, enroulé dans ma veste. Le froid des nuits d'avril persistait. La fatigue me fit l'affronter sans crainte.

J'avais quitté la ferme vers neuf heures du soir, à un moment où l'on me laissait libre, après mon travail et la soupe. L'alerte ne serait pas donnée tout de suite. Mes patrons m'avaient depuis longtemps fait abandonner ma chambre pour m'installer, en dehors de la maison d'habitation, dans une dépendance. Elle servait de séchoir pour les feuilles de tabac que nous cultivions. Une pièce s'y nichait, où je disposais d'un lit et d'un broc d'eau avec une bassine.

A l'aube, frissonnant sous la rosée, je découvris avec stupéfaction que j'avais dormi exposé aux regards à proximité d'une usine en contrebas de la forêt. Le vent m'apportait les paroles des ouvriers qui, à une centaine de mètres, arrivant en vélo ou cyclomoteur, me regardaient et parlaient. Je partis précipitamment.

— Il y a quelqu'un là-bas…, disaient-ils.

Dans la forêt, je craignis de m'égarer, et cherchai un village. J'entrai dans la cour d'une ferme en pleine journée. Il n'y avait personne. La faim me tourmentait. Je n'avais pas de provisions. Après avoir attendu un instant, je grimpai sur du foin à l'intérieur d'une grange. Je m'y endormis. Je découvris sur le foin deux œufs que des poules en liberté venaient de pondre. Je les gobai. Quelqu'un fit du bruit dans la cour, un homme qui m'observa de loin sans rien dire. Au bout d'un temps, il me fit signe de partir, sans colère.

La rumeur de mon absence à la ferme courait déjà probablement. Ce fermier trop placide se doutait peut-être de mon identité. Je filai. Dans une autre direction, des jeunes m'indiquèrent l'adresse d'une ferme où l'on embauchait.

— Si tu es seul dans la vie, tu auras à manger au moins…, affirmèrent-ils.

Je me rendis au lieu signalé, La Bridoire, un petit bourg à douze kilomètres de mon point de départ. Un paysan d'une soixantaine d'années, robuste, qui vivait sans famille, m'engagea aussitôt. Il ne me posa pas de questions embarrassantes, ne s'intéressant qu'à mes aptitudes.

Je travaillai là trois jours. Bienveillant, l'homme semblait avoir compris et m'approuver de ne pas vouloir être un esclave et désirer vivre libre.

Au quatrième jour, Amédée vint me chercher. Des voisins avaient signalé ma présence. Je ne résistai pas. Je tombai sous le coup de la loi des mineurs orphelins. Mon nouveau patron me regarda m'éloigner avec regret. Il m'aurait bien gardé. On ne me sanctionna pas. Les gendarmes, qui avaient été avertis aussitôt, vinrent me voir et me faire la morale.

— Voilà l'évadé !... Ne recommence pas !...

Mes patrons renchérirent :

— Ah ! oui, c'est le comique qui veut reprendre sa liberté....

Puisque tout le monde riait, en évoquant la prison, je décidai de rire aussi de mon aventure. Il n'y avait rien d'autre à faire.

Une année s'écoula, jusqu'en 1944. Je patientai encore une année, puis je partis expliquer le cas à ma tutrice, la femme du juge Picot, à Chambéry, puisque tout passait par elle. Elle fut étonnée de me voir. Vieillie, mais toujours mondaine, elle parut tracassée et me donna à manger. La guerre compliquait sa tâche, car les Allemands ramassaient beaucoup de jeunes pour les envoyer au-delà de la frontière.

Mes patrons, à la ferme, me cherchaient partout. Elle les appela par téléphone, dans une cabine au village. Des voisins allèrent les chercher. Je ne leur parlai pas. Ils demandèrent si je voulais revenir.

— On peut le reprendre, assurèrent-ils.

Je refusai. Je ne leur avais même pas dit au revoir pour éviter des discussions. J'étais touché de m'en séparer, mais ce n'était pas un crève-cœur. Ils n'insistèrent pas. Ce fut ainsi que je les quittai après quatre années.

— A-t-il gardé une bonne impression de nous ? se soucièrent-ils.

J'indiquai à ma tutrice de répondre oui.

Lorsqu'elle raccrocha, son visage soucieux me frappa. Elle ignorait que faire de moi, et je ne savais pas non plus. Elle ne pouvait me loger.

— Tu vas aller à l'hospice, m'ordonna-t-elle.

L'hospice de Chambéry occupait une partie de l'hôpital. J'y vécus quatre jours, dans la désolation, ne voyant que quelques religieuses, des vieillards, ainsi que trois jeunes privés de domicile et deux handicapés mentaux d'une vingtaine d'années. La nourriture se composait de petites tranches de pain noir, rien d'autre. Je m'y reposai cependant de la ferme.

Une religieuse m'avertit qu'une place m'attendait. On m'expédia au lieu-dit Les Charmettes, dans une autre ferme, près de Chambéry, à la suite d'un arrangement avec ma tutrice. Personne ne m'avait demandé mon opinion. J'avais l'impression d'être du matériel agricole.

La ferme était petite, avec quatre vaches, une amandaie dont le produit vendu servait à faire de la pâtisserie et des dragées, une cerisaie. Deux vaches attelées avec un joug travaillaient la terre à la façon des bœufs. Je remplaçais un ouvrier agricole, un valet de ferme lui-même orphelin, parti dans un camp de jeunesse, sorte de service militaire du gouvernement de Vichy. Le couple qui m'employait à bon marché avait deux enfants, une fille mariée, très grande, brune, et un garçon blond et trapu comme son père. Je me disais : « C'est commode qu'il y ait des orphelins pour dépanner. Un de parti, un autre qui arrive. » La fille ne m'adressa jamais la parole. Elle tenait un restaurant avec son mari à proximité. Je ne fus pas invité à y aller.

Six mois plus tard, le jeune ouvrier revint.

— Je m'appelle Gabriel, dit-il. Je suis comme toi, tout seul dans la vie.

J'éprouvais du plaisir à parler avec lui, mais j'étais ému de sa situation. Il représentait un miroir où je me voyais. Si cela continuait, parmi des adultes indifférents à mon avenir, j'allais devenir comme lui. Il éprouvait pareillement de la compassion à mon égard. Nous ne voulions pas trop le montrer. Silencieux sur son passé et les activités militaires qu'on lui avait fait accomplir, il redoutait des ennuis. Il avait appris à marcher au pas, c'est tout ce que je sus, et à couper du bois. Il détestait ce séjour. Il en voulait à l'armée et aux bons à rien qui lui avaient fait perdre son temps.

Je rencontrai un matin des hommes qui allaient être fusillés. Comme d'habitude, j'effectuai mon travail matinal : porter mon bidon de lait à Chambéry avec ma charrette. Un camion et une voiture allemande me croisèrent. Ils se dirigeaient vers un champ. Depuis la veille, je savais que les Allemands allaient exécuter des Français. On en avait parlé à la ferme. Ils étaient treize, peut-être dix-sept. La route était déserte. La main d'un prisonnier souleva la bâche du camion et me fit un signe d'adieu. Je ne pus y répondre. C'était dangereux. J'avais peur. J'entendis les coups de feu en arrivant à l'épicerie. Ils durèrent une minute ou deux.

— N'en parle pas, oublie ça, me conseilla-t-on.

Je me rendis à la mairie de Chambéry pour un recensement cette année-là, en 1944. Je pénétrais pour la première fois de ma vie dans des bureaux aussi grands et somptueux. A un étage, je surpris une conversation entre deux employés. Ils parlaient des armées française et américaine qui avançaient depuis la Méditerranée. Avec crainte, soulevant un rideau, ils observaient si des miliciens de Darnand et du régime de Vichy ne passaient pas dans la rue. Les gens vivaient sur les nerfs et se méfiaient de chacun. En me voyant, ces employés changèrent de conversation.

De petits champs entouraient la ferme aux Charmettes. J'y travaillais lorsque j'entendis deux avions passer à basse altitude au-dessus de ma tête. Pour la première fois, des avions américains volaient dans le secteur près du sol, en plein jour. Tout à coup, je vis que l'un d'eux lâchait deux bombes. « Bon sang, elles me tombent presque dessus !... » pensai-je en courant me cacher. Elles touchèrent Chambéry, dissimulée par des arbres, où se trouvaient beaucoup d'Allemands. Une énorme fumée noire s'éleva. Des Français moururent avec eux. Ce petit bombardement fut terrible. Je vis des cadavres bloqués sous les décombres. Trois jours après, ils sentaient déjà fort.

A partir de ce moment, les gens comprirent que la Libération, dont on parlait à mots couverts, approchait.

En octobre 1944, Gabriel, le valet, reprit sa place aux Charmettes. On me remercia. Comme salaire de six mois de travail, je reçus un costume neuf. En quatre ans, je n'avais eu droit qu'à des loques datant de l'orphelinat. A dix-huit ans bientôt, je devais aller dans le costume de mes treize ans, culotte courte et veste bleu marine pour les sorties, ou dans les hardes innommables qu'étaient devenus les vêtements prêtés par mes premiers patrons. Mais ce n'était pas trop dur à supporter. La vie entière était dure. Je pressentais que la libération ne serait pas pour demain dans mon cas.

Voilà avec quoi j'allais démarrer dans ma vie d'adulte : un costume neuf, trop grand cette fois. Aurais-je jamais quelque chose à ma mesure ?

CHAPITRE X

Le secret de ma vie dans la forêt

Un peu plus de vingt ans après, je me retrouverai aussi à l'étroit dans ma minuscule cabane que mon corps d'adulte dans ces vêtements d'enfant qui m'avaient collé à la peau cinq années durant.

Pour survivre longtemps dans la forêt, il faut y avoir été préparé longtemps. Par les circonstances ? Peut-être. Mais surtout par le travail de maréchal-ferrant qui consiste à se forger, au fil des vicissitudes, un caractère en acier trempé. Le reste, c'est de la broutille, du romanesque, ou presque. Quand il pleut pendant des jours ou des semaines sans interruption dans la forêt, et que tout devient boueux, avec de l'humidité qui s'installe partout comme une maladie, il faut supporter, attendre, espérer que le beau temps reviendra vite. Y a-t-il une recette pour savoir patienter ? Le bricolage de la cheminée, du poêle, de l'abri, le séchage des vêtements, ne remplacent pas la patience quand les gouttes d'eau frappent comme des plombs le toit en tôle et que tout semble pourrir à force d'être gorgé d'eau. Au bout d'une semaine à ce régime, on n'est plus sur la terre. On commence à être dans la vraie vie de la forêt telle qu'on ne l'imaginait pas. On n'attend pas la fin des vacances pour rentrer chez soi parce que ce ne sont pas des vacances.

Des boîtes de conserve peuvent être données à quelqu'un, un réchaud à gaz, tout le matériel le plus sophistiqué que les alpinistes, par exemple, utilisent dans l'Himalaya, il ne tiendra pas dans une forêt à quatre-vingts kilomètres de Paris pendant longtemps s'il n'a pas un caractère endurci. Une fois qu'il aura le ventre plein et les pieds au chaud, que fera-t-il ? Il fera de la dépression nerveuse. Il ira se promener comme un fou dans tous les sentiers de la forêt afin d'échapper à sa solitude, à son état, à sa propre personne soumise à un traitement de choc que rien, dans notre civilisation, ne nous prépare à affronter. On est seul en commun, mais être seul tout seul, si j'ose dire, ce n'est pas être seul en groupe, c'est différent. Ne plus jamais entendre une voix, ne plus croiser un regard, ne même plus se disputer avec un autre, tourner en rond avec sa propre aventure, pendant vingt ans, complètement isolé, y a-t-il une recette pour manger ou s'habiller qui puisse résoudre ce problème ?

Les recettes pour survivre, c'est de la blague. Il n'y a pas de série de recettes vitales. Pour survivre quelques heures, quelques jours, oui, mais pendant des semaines, des mois, pendant des années, ce n'est plus du tout du même ordre. On ne joue plus sa vie. On vit sa vie. Elle se déroule, elle devient une destinée. La forêt n'est en elle-même pas importante. La résistance, ça se passe d'abord dans la tête. C'est une question de mental.

Le temps est insupportable si l'on ne se supporte pas soi-même dans toutes les situations possibles et imaginables. La clé du problème est là. Celui qui n'a pas un caractère dur envers lui-même, vraiment coriace, n'a aucune chance de survivre.

Il m'a fallu de la chance. Il m'a fallu aussi de la malchance, celle d'être abandonné par ma mère à quatre ans, d'avoir été envoyé de force comme ouvrier agricole à treize ans, de m'être résigné depuis toujours à une vie qui ne me plaisait pas souvent, en espérant mieux pour le lendemain. Si l'on m'avait chassé brutalement dans la forêt après une vie « normale », j'aurais probablement craqué tout de suite. J'étais habitué depuis toujours à vouloir vivre quand tout respirait la mort ou l'échec. Apprendre à faire du feu quand on ne possède même pas d'argent pour acheter des allumettes ou un briquet est important, mais cela est vain si l'on n'a plus le désir d'entretenir le feu, de cuire des aliments, de faire bouillir le linge sale, et, quand tout est accompli, de recommencer à nouveau d'innombrables fois.

Ce feu a été le centre de ma vie dans la forêt. Chaque fois que je l'entretenais, j'étais sûr d'avoir encore assez de forces morales pour continuer. Entretenir un feu est toujours plus facile qu'entretenir l'espérance. Le vrai feu est celui qui brûle en soi. Il ne s'allume pas avec des allumettes. Pour l'éteindre, il tombe sans cesse dessus des pluies de tracas, de déceptions et de lassitude d'exister.

Le feu a représenté le centre de mon espérance, mais l'eau a été le problème crucial. Partir la chercher à pied signifiait vouloir combattre.

Je connais une histoire terrible.

A quinze kilomètres de ma cabane se trouve, à Ecuelles, près de Moret, un monastère qui ne ressemble pas aux autres. A l'entrée, une plaque signale qu'il s'agit du « monastère du don de Dieu ». En 1976, une bénédictine quitta, munie des autorisations nécessaires, sa communauté pour contribuer à rénover son ordre religieux empoussiéré par des siècles d'habitudes, pas toujours bonnes ni chrétiennes. Elle voulait retrouver l'essentiel de la règle de saint Benoît, le moine fondateur du VIe siècle, et de l'Evangile.

Lorsqu'elle s'installa à Ecuelles, dans une ferme abandonnée, je vivais déjà depuis huit ans dans ma forêt. Pendant plus de quatre années, elle resta seule. L'épreuve, dit-elle aujourd'hui, fut si dure qu'elle crut toucher à la limite de ses forces, devoir abandonner ou devenir folle, mourir dans la détresse. Elle souffrait de l'indifférence des autres. A quoi servait son œuvre ? Elle serait partie, ajoute-t-elle, si elle n'avait pas eu la foi. Pour moi, j'étais depuis douze ans dans ma forêt, trois fois plus longtemps qu'elle, lorsque ses premières compagnes arrivèrent.

Elles forment aujourd'hui une communauté de trois bénédictines, avec pour église l'ancienne étable où un prêtre célèbre chaque jour la messe. Elles voulaient témoigner du Christ dans un lieu indifférent au Christ. La supérieure n'a pas encore atteint le but qu'elle s'était fixé et, en dépit des visiteurs et retraitantes qui viennent jusque d'Allemagne ou d'Italie, elle ne l'atteindra sûrement jamais. Mais elle a le téléphone et une voiture pour les courses, un parc bien entretenu avec des arbres fruitiers et des bâtiments rénovés. Le soir, la communauté met une chaîne et un cadenas à la grille fermée pour écarter les voleurs et faire respecter la propriété privée.

A l'inverse, n'importe qui peut venir jusqu'à ma cabane, qui n'est pas entourée d'un grillage ni d'une palissade, où il n'y a toujours ni électricité, ni eau, pas même une bouteille de butagaz, ni rien.

Je suis plus pauvre qu'elles, qui ne sont pas riches. Elles reçoivent quelques dons, elles gagnent leur vie en faisant des bougies. Je n'ai toujours pas trouvé de travail. Quant aux dons... La comparaison avec la religieuse venue seule s'arrête là. Elle est toujours demeurée encadrée dans son ordre et dans l'Eglise catholique, dans une structure puissante. Jamais un prêtre ou une assistante sociale n'est venu me voir, me dire bonjour, m'apporter une parole amicale.

Un abîme sépare le solitaire volontaire de l'isolé involontaire. L'un se bat pour rester, l'autre se bat pour en sortir. Je ne saurais dire quel combat est le plus dur, quand tout craque de l'intérieur et de l'extérieur, quand l'être est réduit à moins que ce qu'il imaginait de pire dans l'abaissement et la privation, dans l'humiliation et la douleur, au niveau du non-humain, du non-social, du non-existant. Mais l'inutilité de comparer les solitudes est au fond évidente. Il n'existe qu'une seule solitude, celle où l'on se dit : « Je suis irrémédiablement seul. » Ou au moins, celle où l'on ne perçoit rien le contredire.

En quittant la ferme des Charmettes, en 1944, je gardais

en mémoire le visage d'un garçon de vingt ans, atteint d'un cancer, qui habitait avec sa famille au voisinage. Un jour où je me trouvais seul avec lui dans un champ, il me dit :

— Je vais mourir.

Il mourut quelques semaines après. Je possédais la vie devant moi. Ma chance me paraissait extraordinaire. Je ne devais me plaindre de rien. Sans aucun doute, l'engrenage infernal qui fonctionnait depuis des années allait être brisé.

Avec mon costume trop grand, je partis de cette ferme en espérant ne plus jamais travailler aux champs ni vivre autant dans la nature. J'attendais la nouvelle décision de ma tutrice, sa nouvelle trouvaille.

Elle m'envoya à Rumilly, en Haute-Savoie, dans un collège religieux. Mais ce n'était pas pour m'instruire. Après les bœufs et la charrette à lait, je devais tenir le balai et la serpillière. L'inflexible menace du tribunal pesait toujours en cas de refus sur le mineur que je demeurais. Affecté au nettoyage des dortoirs, au service du réfectoire, à l'entretien de l'établissement, je n'allais pas voir grand-chose des études et des livres qui m'attiraient.

Afin que je ne me trompe pas sur mon rôle dans la maison, mes repas étaient pris à l'écart des élèves dans un coin séparé du réfectoire par une cloison. Je mangeais avec un jardinier et un autre employé. La séparation avec les élèves était totale, sauf lorsque je leur apportais les plats à table midi et soir. Cela dura deux années. Le travail était moins fatigant que dans les fermes, mais je souffrais davantage de sentir si proches les études qu'il m'était interdit de suivre. Les deux mondes ne devaient pas subir de mélange.

Une dizaine de prêtres et cinq religieuses formaient un personnel austère et pieux, très discipliné. Je balayais les chambres des prêtres et partageais ma chambre avec un autre employé, un garçon de mon âge.

Les professeurs, tous des prêtres, ne me parlaient pas. Je voyais l'enseignement à l'envers, en négatif, en sommeil, à l'état inerte des hommes qui avaient achevé une leçon ou en préparaient une autre. Ils venaient boire à la cuisine du café au lait le matin, sans prêter attention à ma présence. A la hâte, ils me demandaient parfois, déjà ailleurs et songeant aux pensionnaires, si j'allais bien. Je répondais toujours oui parce que cela n'aurait rien changé de dire le contraire.

En nettoyant par terre, j'entendais les élèves s'occuper de leurs programmes et de leurs examens. Mais je ne m'attardais pas à ces pensées. Je ne possédais aucune chance d'être admis parmi eux. Il fallait payer la pension. Ces élèves menés jusqu'au baccalauréat ne manifestaient pas de réactions à mon égard.

En revanche, certains professeurs, qui m'avaient déjà rencontré à l'orphelinat de Ferney-Voltaire où ils passaient des jours de vacances, me reconnaissaient bien. Trois prêtres m'abordèrent l'un après l'autre :

— C'est toi !... Tu étais là-bas !... Quelle surprise de te retrouver !

Mais les mots demeuraient sans portée. Une limite froide et cruelle séparait deux univers. « Il faut que tu prennes ta vie comme elle vient, ta vie d'employé... Tu n'auras jamais notre instruction, n'y rêve pas », me faisait-on comprendre sans cesse avec une subtilité insistante dans les regards et les intonations.

Je n'allais plus à la messe, mais les élèves y assistaient chaque matin. Ma foi catholique vivait sans eucharistie, et je ne savais pas ce que je serais allé faire, à la chapelle, parmi des êtres qui m'ignoraient le reste du temps. Je me reprochais parfois d'être indifférent.

Une fois pourtant, je visitai la chapelle du collège, pendant un office, sentant qu'elle était faite pour les élèves, pour eux seuls. Je me tins à l'arrière, n'allant pas communier afin de ne pas paraître à l'autel devant tout le monde, et préférais l'église de la paroisse, plus vivante, plus accueillante, où j'allais à de rares fêtes religieuses.

— Si tu veux te confesser, tu peux venir..., me dirent cependant les plus vieux prêtres du collège.

Je croyais à la valeur du sacrement de la confession, qui me plaisait le moins parmi tous les sacrements, mais les prêtres étaient trop du côté des élèves, et je ne me confessai pas une seule fois. Les autres prêtres n'auraient pas voulu m'entendre. Ils n'avaient pas le temps. Ils ne se trouvaient pas là pour moi. Mes péchés ne les intéressaient pas.

Ce fut là que, avant Noël 1944, deux prisonniers allemands vinrent au collège travailler avec nous. Le directeur avait répondu aux autorités qu'il pouvait accepter deux hommes détenus à Annecy. Envoyés comme volontaires, ils restèrent quelques mois, attendant la fin de la guerre à l'abri, sans idée de s'évader. La misère noire régnait dans leur camp de prisonniers, la faim, le manque d'hygiène, les maladies. L'un d'eux, un sous-officier, souffrait de furonculose, et avait des éruptions énormes au cou et à la nuque. Ils mangeaient au réfectoire avant nous et dormaient dans la chambre juste à côté de la mienne. Ils m'expliquaient que le camp d'Annecy était sale et sans ravitaillement suffisant. En mai 1945, le sous-officier me dit avec joie qu'il allait bientôt rentrer chez lui en Allemagne.

Ils ne partirent pas seuls. Il y eut le départ des élèves pour les grandes vacances. L'établissement se vidait chaque année d'un coup. Tout le monde retournait dans sa famille. Moi, je restais sur place. J'étais encore plus prisonnier que les prisonniers allemands. Le silence s'installait dans la maison. Je devais continuer à la nettoyer. Je passais les vacances avec la solitude. Comme personne ne salissait rien, les lieux étaient rendus propres très vite, mais je recevais de la part du directeur toujours autant de nettoyages et balayages à effectuer.

Mes dix-huit ans m'apportèrent un cadeau. Un peu d'argent de poche désormais me fut donné. Cet événement fut considérable. Le samedi soir ou le dimanche après-midi, quelques heures de liberté me furent parfois même accordées avec mon compagnon de travail du même âge. Libre dehors ! Libre avec un peu d'argent ! Nous devions toutefois réclamer ces heures afin d'aller au stade assister à un match de football ou, dans une petite salle de cinéma voisine, voir un film. Je découvris le cinéma avec émerveillement. Nous achetions des cigarettes. Mon compagnon me fit connaître un dancing. Au sortir de mes années de campagne, ce n'était pas rien. Un petit café précédait une salle de danse attenante. L'accordéoniste, le saxophoniste et d'autres musiciens jouaient des airs que je n'avais jamais entendus. J'étais heureux de ce bruit et de ce mouvement. Dans la lumière tamisée, des couples dansaient le tango, des valses, des polkas, le charleston. J'aurais aimé savoir danser comme eux, et je les regardais avec étonnement. Mon camarade ne dansait pas non plus.

Lorsque le soleil brillait, nous allions nous baigner à la rivière. Des filles jouaient dans l'eau ou se bronzaient sur la berge. Elles étaient trois, toujours les mêmes, et nous revenions à cet emplacement, à l'écart de la ville. Elles finirent par nous connaître et ne changèrent pas de place.

Un jour où nous étions tous réunis, éclatèrent derrière le rideau d'arbres des cris furieux et désespérés.

— J'en ai marre !... Marre de tout ! hurlait une voix, celle d'un jeune homme. Je veux en finir !

Puis le calme revint et nous n'y songeâmes plus. Trois minutes après, le bruit d'un plongeon parvint à nos oreilles. On ne savait pas nager, on barbotait simplement. Les premières maisons étaient loin. Mon copain y courut pour avertir les pompiers. La rivière était large, avec des trous d'eau et un fort courant. En m'approchant, je vis de grosses bulles bleues qui sortaient de l'eau trouble. Le corps n'était plus visible. L'effroi et la consternation m'envahirent. Le garçon ne put être ranimé. Un journal annonça sa mort en quelques lignes. Il avait vingt-six ans, plus désespéré que moi. Je n'avais, par tempérament et par chance, jamais eu le véritable désir de me suicider. Les occasions n'avaient pas manqué. Je dévorais la vie à pleines dents, mais je ne possédais qu'un os à ronger et non un mets substantiel.

En ces journées où la mort avait surgi, la situation

changeait pourtant. L'une des filles qui paressait au bord de la rivière me plaisait. Jolie, mince, elle surgissait avec ses dix-neuf ans dans mon existence. J'allais désormais me baigner seul pour la rencontrer. J'étais heureux de lui parler, impatient. Elle s'appelait Yolande. C'était une fille d'ouvrier. Je crus que je lui plaisais aussi. Jusqu'au jour où, ayant évoqué ma situation, elle me fit savoir qu'elle n'avait pas envie de partager l'existence d'un orphelin domestique. Elle allait au bal avec ses amies, expliqua-t-elle, et faisait d'autres rencontres. Sa famille ne m'aurait pas accepté. En ville, on me voyait pousser ma charrette afin d'aller chercher le lait et la viande.

Humilié, je ne retournai jamais au bord de la rivière. Puis j'oubliai. Il était inutile de me rebeller. Un jour, tout s'arrangerait. Je repris mon balai, à côté des élèves plongés dans leurs études. Déjà à la ferme de Rochefort, une fille de la famille du patron m'avait dit en riant, vers seize ans :

— Tu n'as pas assez d'argent... Il y en a des plus riches que toi pour être des maris.

Je n'assistai pas à la fête sur la grand-place de la ville à la fin de la guerre car je travaillais ce jour-là. Mon service durait sept jours par semaine, et douze mois par an. Le travail du dimanche tout entier me déplaisait plus que celui des autres jours. La direction me poussait à accélérer dans l'ouvrage et en faire toujours plus. On me notait bien.

Une lettre de mon cousin François m'apprit l'adresse de ma mère lorsque j'allais avoir vingt ans. Elle était encore vivante. J'en fus bouleversé et étonné. Je lui écrivis aussitôt à l'hôpital, à Grenoble, car je n'avais pas l'argent pour accomplir le voyage. Je conservais d'elle l'image de notre dernière rencontre lorsque j'avais sept ans. Elle me répondit par une lettre affectueuse, qui indiquait son mauvais état de santé, son impossibilité de m'aider mais évoquait surtout mon avenir. J'écrivis à nouveau. Elle me demanda alors de lui apporter du sirop pour la toux. Cette lettre m'accabla. J'y songeais tout le temps.

Si ma mère me réclamait du sirop pour la toux en vente

libre dans les pharmacies, c'était que la situation devait être mauvaise pour elle sur tous les plans. Je craignis d'être complètement démoralisé en la voyant. J'avais envie de la revoir et je le redoutais. Je traversai une affreuse période d'hésitations et d'angoisses, où la perspective de rencontrer une femme malade et vieillie, qui m'avait abandonné à l'orphelinat plus vite peut-être que la tuberculose des poumons ne l'y obligeait, ce que j'ignorais, me donna le vertige. La séparation entre nous avait été trop longue. J'étais resté trop d'années sans qu'elle me donne de ses nouvelles. Ma situation était elle-même mauvaise. Nous ne pouvions plus rien l'un pour l'autre, pauvre et seul chacun de son côté. Les gens et les choses avaient réussi à nous séparer.

Je n'éprouvais pas de rancune à son égard ; j'étais désorienté. Ma situation d'employé ne se trouvait pas assez confortable pour que je puisse affronter un nouveau problème désespérant. Je devins presque sûr de ne pas garder un bon souvenir de ma mère en la revoyant. Je luttai entre des tendances opposées, épouvantables. J'achetai le sirop, mais je manquai d'argent pour l'envoyer par la poste, et n'en réclamai pas à mon employeur. Je gardai le sirop et interrompis la correspondance. Elle était décevante et inutile. Ma mère n'écrivit plus. Je manquais de force, je vivais une mauvaise période et nos retrouvailles ne se profilaient dans aucune joie. Secoué par tout cela, je bus le sirop moi-même plus tard...

Je décidai d'aller voir mon cousin François, dont je savais qu'il était devenu surveillant et peut-être aussi enseignant en latin et en grec, près de Chambéry. Il n'était jamais venu me rendre visite au collège. Mais, en tant que prêtre, il pouvait sûrement me conseiller.

Une porte donnait sur un jardin. J'aperçus aussitôt mon cousin en soutane avec des séminaristes. Il m'avertit de loin de m'adresser d'abord à la direction avant de lui parler.

— Je n'ai pas le droit de te parler..., dit-il.

Cet accueil me sembla compliqué et froid. En me voyant,

mon cousin me dirigeait vers d'autres pour le voir ! J'en fus surpris.

Dans une salle d'attente, après un quart d'heure, je pus demander au directeur la permission de rencontrer mon cousin. Il le fit appeler. J'étais content de converser avec quelqu'un de la famille. Nous restâmes ensemble une demi-heure, dans la salle d'attente, à parler de ma mère et de mon départ prochain au régiment. Les minutes s'écoulant, j'eus l'impression d'importuner mon cousin et que nous n'aurions plus de contact à l'avenir. Il me conseilla de devenir indépendant à ma majorité — comme si je ne l'étais pas déjà — , et de ne pas espérer compter sur son aide. Il existait une sorte de différence de classe sociale entre nous. J'en étais rebuté et déçu. Mon cousin me dit avant de partir :

— Débrouille-toi et sois chrétien.

Il me parla du Christ et de la piété.

— Ecris-moi de temps en temps, ajouta-t-il.

Je ne le fis pas. Il ne devint pas un guide ni un appui spirituel. Nous n'allions jamais nous revoir. J'appris plus tard qu'il avait été nommé curé et responsable d'une paroisse voisine de Savoie.

Il restait en tout et pour tout mon demi-frère Louis, dont je ne savais rien, comme unique membre de ma famille à retrouver.

En novembre 1946, à vingt ans, je fus obligé d'aller au service militaire. Il ne m'apparut pas vraiment pire qu'autre chose, mais j'aurais préféré y échapper et garder mon emploi au collège. Le choix ne m'avait jamais été offert depuis l'âge de quatre ans. Les chefs changeaient de tête, d'habits, de vocabulaire, l'obéissance demeurait. Avant de partir, je retournai voir ma tutrice. Elle m'avertit sans détours qu'elle n'en avait plus pour longtemps à vivre. Je fus ému et balbutiai quelques mots.

— Tu ne pourras plus compter sur moi, m'expliqua-t-elle. J'ai une maladie de cœur...

Je ne la revis jamais non plus. Tout le monde disparaissait. Le magistrat la suivit de près.

La caserne était grise, désagréable. J'y retrouvai un élève du collège de Rumilly. Il m'avait vu y nettoyer les couloirs et venait d'obtenir son baccalauréat de philosophie. Pour la première fois, dans la cour pavée de la caserne, il me parla longuement. La barrière dressée par les prêtres et la société n'existait plus.

Il fut envoyé dans la marine. Un sous-officier me demanda de choisir mon arme devant des affiches représentant les différents corps d'armée. J'indiquai l'aviation. Il refusa et me fit choisir entre les troupes coloniales d'outre-mer et les parachutistes. Je craignais les maladies des terres lointaines. Une affiche montrait un parachute blanc dans un ciel bleu. Je choisis les parachutistes. Je n'y avais jamais songé. Ce fut décidé en trois secondes. J'entrai dans les troupes aéroportées de l'armée de terre. Après tout, j'avais déjà passé ma vie à sauter dans le vide.

On m'expédia bientôt à l'hôpital de Tarbes pour une blessure à l'épaule et un abcès. Le médecin l'incisa et deux jours après je retrouvai la caserne, juste à temps pour voir partir des soldats en Algérie où la guerre se préparait. A peine deux ans auparavant, en mai 1945, une émeute avait provoqué le massacre de cent Européens, et la répression immédiate du gouvernement provisoire du général de Gaulle fit cinq mille morts à Sétif. Les relations entre la France et l'Algérie baignaient dans le sang, et, moi, j'étais juste soldat à ce moment. Je n'aimais pas ces tueries de part et d'autre. Dire que je ne les aimais pas, c'est peu dire. La Seconde Guerre mondiale s'achevait à peine qu'une autre guerre démarrait sans pitié. On remettait ça. Un chef algérien, Ferhat Abbas, venait de créer un parti pour l'autonomie de son pays. La France n'était pas d'accord.

Les passions devenaient tellement exacerbées que j'avais déjà dû changer de coiffeur, en 1945, en Savoie, à cause de l'Algérie. Il y avait des gens touchés au vif. Je me rendais chez un coiffeur de Rumilly qui défendait avec ardeur, les ciseaux et le rasoir à la main, l'idée de l'Algérie française. Quand je lui donnai mon opinion pour la paix, il s'énerva. Le mouvement général des pays colonisés dans le monde allait vers l'indépendance, et s'y opposer par les armes ne servait à rien. Je le disais. Le coiffeur agité me fit une entaille à la tempe. « Il va m'égorger, celui-là, si ça continue… », pensai-je avec crainte. Je n'y retournai pas.

Un avion allemand saisi par l'armée fut utilisé pour mon premier saut à faible altitude pendant mon service militaire. Nous étions tous inquiets. Face au vide vu par la porte, avec un instructeur criant : « go », il fallait sauter comme d'une table. La sensation de tomber et de mal contrôler ses gestes était impressionnante. Le vent au sol, emportant la toile du parachute, pouvait créer une dernière difficulté. Je tombai une fois sur le coccyx; je me fis une foulure au pied une autre fois, prenant un vol de retard que l'on me fit rattraper avec des jeunes qui n'avaient jamais sauté. Ils étaient pâles comme j'avais dû l'être.

— Ce n'est pas difficile, vous verrez, leur disais-je du fond de l'avion, en vétéran.

Mes huit sauts pour être breveté, avec un insigne, étant accomplis, on m'envoya à Bayonne, puis à Versailles et à Paris, que je voyais pour la première fois, découvrant son immensité. Je me rendis à Villacoublay pour un nouveau saut parachuté, puis en Autriche pour des grandes manœuvres avec des blindés. Les habitants des villages près d'Innsbruck, dans les Alpes, se montraient méfiants et encore marqués par la guerre. Des nazis y étaient recherchés. De grandes forêts de sapins s'étendaient à perte de vue, au pied de la montagne superbe, et je les survolai avant de manquer accrocher une clôture de prairie. Des camarades heurtant des branches se blessèrent et furent envoyés à l'infirmerie. Beaucoup de ruines d'immeubles en Allemagne, à Coblence où l'on fit une halte, montraient l'importance des bombardements alliés. Je ne voulus pas approcher les ruines de près. Elles formaient un spectacle de désolation effroyable.

Démobilisé après treize sauts en parachute, je touchai à vingt et un ans l'argent de mon livret de Caisse d'Epargne où mes salaires de sept années de travail avaient été versés, une somme de trente mille francs de l'époque, de quoi acheter deux ou trois costumes.

Le juge Picot, que je rencontrai dans la rue en retournant vers le domicile de ma tutrice, m'aida à toucher ces salaires. Il m'apprit la mort de sa femme et me quitta en me souhaitant bonne chance. J'étais plus seul que jamais. Je trouvai à me loger dans une ancienne caserne transformée en auberge de jeunesse à Chambéry. Elle ne contenait pas de chambres mais des dortoirs où des étudiants et des travailleurs se mêlaient. L'un d'eux conduisait une voiture à cheval pour les messageries de la gare. J'y travaillai bientôt avec lui.

Juste avant Noël 1947, quand je faisais des projets pour gagner mieux ma vie, le gouvernement me rappela à l'armée. Des grèves importantes dans les charbonnages du Nord, avec des heurts, faisaient tenir la troupe en alerte. Vincent Auriol était président de la République et, dans un pays pauvre qui cherchait à se remettre de la guerre, essayait de diriger sa politique entre les communistes et l'extrême-droite.

Enfin démobilisé, j'eus une grande surprise. J'assistai à un meeting communiste dans ma région savoyarde lorsque je rencontrai mon demi-frère Louis. Je ne l'aperçus pas tout de suite. Vers la porte, un jeune homme me regardait avec insistance. Il s'approcha de moi.

— Je suis ton frère, dit-il.

Je ne le reconnus pas. Nous ne nous étions pas revus depuis dix-sept ans, mais ses cinq années de plus que moi lui permettaient de mieux se souvenir. Le vacarme nous empêchait de nous entendre. J'éprouvai une vive joie car, depuis longtemps, je désirais savoir ce qu'il devenait. Il semblait politisé et intéressé par les orateurs. Je n'étais venu que par curiosité. Je m'aperçus que nous étions presque des étrangers. Pourtant, il me sembla gentil. Son visage m'évoquait celui de notre mère. Je vis bien qu'il aurait aimé me convertir à ses opinions communistes. Il possédait la carte du Parti. Il logeait dans une chambre d'hôtel-restaurant. Presque illettré, il n'avait pas fait d'études primaires véritables, mais il travaillait à la S.N.C.F. et attendait une mutation à la campagne pour un poste fixe d'aiguilleur. Notre passé fut un peu évoqué. Il ne rencontrait pas non plus notre mère. Il portait le nom de famille de son père. Son esprit se tournait tout entier vers l'avenir. Une autre rencontre ne donna rien. Les années de séparation ne créaient pas un lien formidable entre nous. On ne se revit jamais. J'appris qu'il avait eu trois enfants.

Un ouvrier de passage à l'auberge de jeunesse m'indiqua, à cette époque, une entreprise de bâtiments, dans la Moselle, à Forbach, qui embauchait. Je m'y rendis. C'était loin. Elle m'employa à faire des bordures de trottoirs. Je ne connaissais rien à ce métier et l'on me donna les tâches réclamant le moins de qualification. Je creusais la terre à la pioche et à la pelle afin d'aider les poseurs de bordures. C'était un travail dur qui se prolongeait le samedi entier lorsque le contremaître signalait une urgence. Je logeais chez un collègue.

Peu après, un changement de chantier s'effectua. A quelques kilomètres, je participai à la construction de bâtiments destinés aux employés d'une mine de charbon. J'aidais les maçons à faire le mortier, à poser les parpaings, édifier les murs, et les charpentiers à mettre les madriers. Cela me plaisait plus ou moins. Ce n'était pas folichon.

L'entreprise me logeait dans une ancienne caserne, à nouveau, en retenant le loyer sur ma paie qui me permettait juste de vivre. Les chambres se composaient de trois ou quatre lits. La vie privée n'existait presque pas. La dureté de cette existence me rebutait mais je voulais continuer afin de gagner de quoi manger. Comme distractions, il y avait les cafés et le cinéma, rien d'autre. Je ne fréquentais que des ouvriers. On ne rencontrait que des ouvriers. Les cafés s'en trouvaient pleins. Ce n'était pas qu'ils aimaient boire plus que les autres, c'est qu'ils n'avaient rien d'autre à faire en dehors du travail. Beaucoup venaient de départements éloignés et ne connaissaient personne. On se retrouvait ensemble, toujours les mêmes. Le cinéma coûtait cher et les films ne changeaient pas souvent.

Le travail vint à manquer tandis que je n'étais pas arrivé depuis plus de six mois. J'atterris à Folschviller, dans une autre région de Lorraine, pour faire la même chose, logé à l'intérieur d'un baraquement à plusieurs ouvriers par chambre. On buvait un coup le soir. Cela me détendait. Je pris l'habitude de boire un peu, et davantage qu'un peu, mais sans être ivre au point de tomber dans le caniveau. Je ne m'apercevais pas que je buvais trop. Je m'ennuyais, je m'étourdissais, avec de la bière ou du vin, de préférence du vin rouge. Cette période fut marquée par l'alcool. Je m'efforçais de demeurer capable de rentrer seul au baraquement pour dormir. Le lendemain, j'étais au travail, et le soir au café. Je faillis devenir un alcoolique pour de bon. Les copains et les cafetiers poussaient à la consommation sans retenue.

Néanmoins, je travaillais d'arrache-pied sur le chantier, acquérant du métier et de l'assurance en compagnie de maçons expérimentés qui me formaient à une spécialité. Je n'avais pas choisi cette activité, qui me paraissait souvent médiocre, vulgaire, mais dont je voyais les avantages. Mes bulletins de paie indiquaient la qualification de terrassier, et j'espérais obtenir mieux. La Sécurité sociale venait d'être instaurée. Je bénéficiais d'une protection sociale. En persévérant, je pouvais occuper une fonction stable. Il ne me manquait plus qu'une femme et un foyer.

Notre chantier se trouvait près d'une mine. J'approchai un jour du trou où descendaient les mineurs. Le lieu était dépourvu de barrières ou de murs d'enceinte. Une cabane surélevée, avec de gros câbles, se situait au-dessus d'un puits carré, entouré d'herbe rase. Il n'y avait personne. Cette porte d'entrée dans la terre pour atteindre les galeries possédait, dans le silence, à force d'être verticale, sans fond, un aspect extraordinaire. Des mineurs remontèrent bientôt, noirs de charbon, avec leur casque à lampe.

— C'est interdit d'approcher..., me lança quelqu'un manœuvrant les machines.

J'avais plus de chance d'être employé dans le bâtiment. Les poumons des mineurs devaient en prendre un coup. A part cela, je ne les plaignais pas vraiment car ils étaient presque tous forts et, sur les chantiers, il fallait en mettre un coup aussi. On n'était pas payé à ne rien faire. Parfois, il y avait aussi des accidents, mais on demeurait à l'air libre.

Un terrassier, ayant eu connaissance d'une nouvelle entreprise, partit dans les Vosges. Je le suivis, surtout parce que les baraquements ne me plaisaient pas. Les ouvriers y étaient trop entassés. A Corcieux, un village bombardé et très endommagé, je fus engagé à reconstruire des maisons et immeubles. Nous achevions de les démolir avant de les rebâtir. La totalité du centre de la commune avait été détruite pendant la guerre. Depuis quatre ans, tout était resté en l'état. L'église seule demeurait debout à côté des bâtiments effondrés, rasés. On m'avait souvent parlé des églises intactes, ou presque, à côté des habitations démolies. Je le vis en ce lieu. C'était étrange. Je marchais et trimais la journée entière au milieu de ces ruines déjà vieilles et encore fraîches. Les habitants parlaient peu des horreurs qu'ils avaient vues, comme s'ils voulaient oublier sans y parvenir. Je restai une année près d'eux.

L'hiver fut très rigoureux dans les Vosges cette année-là. Le ciment ne pouvait être fait les jours de grand gel. On attendait. Le patron nous donnait quartier libre. Notre salaire diminuait. L'hospice de la ville nous servit de logement, avant de retrouver les baraquements.

Mon cousin m'écrivit à nouveau. Il m'envoya une lettre très brève pour m'annoncer la mort de ma mère. C'était en 1949. Lorsque je reçus la lettre, elle était déjà enterrée. « Elle est au ciel », écrivait-il. Je songeai qu'elle avait fini de souffrir, et que tant d'années à l'hôpital ne représentaient pas une vie. Je n'imaginais pas son visage ni dans quel état elle s'était trouvée en dernier lieu. Elle gardait la jeunesse du jour de mes quatre ans et demi où nous nous étions quittés dans une cour d'orphelinat avec les lauriers-roses.

Il y avait même un héritage. Il n'était pas gros. Quelques biens venus de mes grands-parents, avec de petites dettes, représentaient un mois de mon salaire. Il atterrit cependant entre les mains de mon demi-frère, je ne sais trop comment. « Ce sera pour tes enfants », lui dis-je sans contester.

J'ignore encore où ma mère, morte seule à l'hôpital à Grenoble, a été enterrée. Mon cousin, prudent, me déconseilla tout de suite d'entreprendre des recherches : « L'Etat n'hésitera pas à bousculer un orphelin et te demander de payer l'hospitalisation et les frais médicaux de plusieurs années... » Il n'était plus l'heure, hors de mes prières, de songer à ma mère et d'aller la voir.

L'été venu, je repris le dessus. Les blessures de la guerre étaient moins à vif. La vie reprenait. Je voulais que la mienne en fasse autant.

Par hasard, un quincaillier me parla à ce moment d'un centre d'apprentissage qui recrutait à Epinal. Dans une ancienne caserne encore, comme s'il n'y avait plus que cela, une école pour adultes avait été installée. La préparation au C.A.P. de limousinier, tailleur de pierre selon une façon pratiquée dans le Limousin, durait six mois. Je m'y inscrivis, faute de mieux, sans enthousiasme, pour monter en grade. Le stage était payé. Nous étions une soixantaine.

Avec un têtu, gros marteau de maçon en forme de pointe d'un côté et bosselé de l'autre, une massette et un burin, un moniteur nous apprenait le limousinage. Nous faisions voler des éclats et transformions en pierres prêtes à entrer dans la construction d'un mur des masses informes de cinquante centimètres de long. Nous en tirions des moellons. En peu de temps, l'opération devait être réussie.

Au terme des six mois, où je m'étais beaucoup ennuyé, l'examen fut passé devant des spécialistes venus de Nancy.

Je taillai, rangeai les pierres, les croisai, les liai pour faire un mur droit et propre, pendant deux jours. On nous avait enseigné à déchiffrer les cotes et les plans. Mon C.A.P. obtenu, je fus embauché à Saint-Dié, qui avait également beaucoup souffert des bombardements, à la construction de H.L.M. Les magasins du centre de la ville avaient été détruits. Je retrouvai des baraquements pour loger. Mon diplôme me rapportait dix francs supplémentaires de l'heure. C'était appréciable. Je touchais soixante-quinze francs au lieu des soixante-cinq d'autrefois. Des familles sans abris logeaient dans une caserne.

J'eus alors un accident dont j'allais ressentir les effets en vieillissant dans la forêt. Je marchais au premier étage d'un bâtiment en construction, avec une brouette, en août 1950, lorsque par inattention je tombai dans un trou où devait être installé un escalier. Cette faute était incompréhensible. Avec la brouette, je chutai sur le béton de la hauteur d'un étage. A moitié assommé, je restai étendu. Le choc m'atteignit surtout aux reins et aux jambes. Mes collègues me transportèrent à l'hôpital de Saint-Dié où je restai une semaine. J'avais échappé de justesse à la mort brutale ou à des séquelles graves.

En octobre 1950, je quittai le chantier. On y était satisfait de mon travail, je m'appliquais, mais je rêvais de plus en plus de faire autre chose. Je désirais être utile ailleurs. Or, personne n'avait besoin de moi nulle part. Je voulais que ma vie ait un sens. On me faisait sentir que je n'étais qu'un pauvre gosse de l'Assistance publique qui ne comptait pas. Je n'étais pas d'accord. Je comptais et je voulais compter sans savoir encore comment. Mon existence aurait pu se dérouler dans le bâtiment; c'était une profession utile qui en valait d'autres, et me fournissait assez d'argent, mais je ne parvenais pas à me résoudre à y consacrer ma vie. J'avais l'impression de passer à côté de choses plus importantes. C'était comme pour les grandes et belles forêts des Vosges, dont je me trouvais si proche sans jamais les voir et m'y promener, ne connaissant que le travail de la pierre du matin au soir. Mes penchants étaient contrariés d'une façon obscure, dont je ne parlais à personne, comme ils l'avaient été au collège de Rumilly, dans les fermes de Savoie, à l'orphelinat. Il y manquait une concordance avec mon âme, le sentiment d'exister vraiment et de se sentir reconnu pour ce que l'on est, le sentiment du bonheur. Je ne l'aurais pas là. Je plaquai tout.

Ce fut un tournant de ma vie. C'était décidé, je voulais me rendre utile à quelqu'un ou à quelque chose, en m'y engageant à fond. Mais quoi ? Je ne voyais pas d'orientation. Les qualifications me faisaient défaut partout. Néanmoins, le monde empli de souffrance et de malheurs me concernait. J'avais la générosité de la jeunesse. J'étais disponible. Mon manque de diplômes constituait un gros obstacle, mais je ne désirais pas rester enfermé dans ma vie d'ouvrier, replié, avec pour seule perspective la paie mensuelle, dans l'attente d'une introuvable compagne qui me comprenne vraiment et que j'aime. Il fallait que je devienne utile, ou bien ma vie n'avait pas de signification. Elle devait changer.

CHAPITRE XI

Paris solitude

Ma vie allait changer, mais pas dans le sens que je souhaitais.

Je me disais cela bien des années plus tard, en contemplant le feu qui, péniblement, réchauffait ma pauvre cabane. Le feu, l'eau demeurent toujours les deux éléments essentiels de ma vie.

Je n'ai en rien été un athlète accomplissant des exploits dans la nature. Au contraire, j'ai traîné comme j'ai pu dans les sentiers et parmi les animaux. Ramasser et couper du bois était déjà bien assez fatigant. J'ai profité de l'air pur de la forêt, mais plus souvent encore je me suis trouvé dans ma cabane à demi asphyxié avec la fumée de mon feu de bois. Je suffoquais, je m'essuyais les yeux, je toussais, je sortais respirer à l'extérieur sous la pluie ou dans la neige, et je rentrais me réchauffer ou continuer de souffler sur la flamme, y jeter des sacs de plastique, récupérés sur les dépotoirs, qui brûlent mieux que le papier et ne craignent pas l'humidité. La fumée a fini par noircir complètement les parois internes de ma cabane. Je n'ai jamais réussi à découvrir le moyen de la supprimer.

Une cabane noire, brun sombre ou grise aux endroits les moins atteints, c'est l'aspect qu'elle présente. Deux chaises, que je recouvre de chiffons propres afin de m'y asseoir, une petite table, constituent l'essentiel du mobilier. A l'écart, j'ai construit un autre abri, où je ne fais jamais de feu, pour y ranger mes affaires. La fumée s'échappe autant par le tuyau qui s'élève sur le toit que par les parois trouées du vieux poêle. En hiver, je suis imprégné de fumée presque jusqu'à la moelle des os. En été, c'est moins pénible. Il me faut de l'eau sans cesse pour me laver, et l'eau manque toujours, se trouve trop loin, est trop lourde à transporter.

Après plusieurs années de présence dans la forêt, j'ai demandé à la mairie du village de Darvault un chariot à quatre roues pour transporter mes bidons. Il devait bien y avoir, dans les fermes, un véhicule inutilisé qui pouvait convenir.

— On pourrait à la rigueur vous donner une brouette, mais ce n'est pas sûr…

Je ne pouvais utiliser une brouette, où tout le poids repose sur une roue et dans les bras, est instable, et je réparais sans cesse mon chariot fabriqué à l'aide d'un vieux landau. Les essieux s'usèrent, se brisèrent plusieurs fois. On ne me donna jamais de brouette.

Un rétroviseur abandonné sur une carcasse de voiture me servait de miroir, et je vérifiais, à chacun des départs de ma cabane, que la fumée et la cendre ne m'avaient pas transformé en clown. Je tenais à être présentable où que j'aille, bien rasé, bien coiffé (avec mes ciseaux), et je me méfiais de la suie que l'on étale sur son visage ou ses vêtements sans y prendre garde. Ressembler à un épouvantail m'aurait créé une réputation que je ne souhaitais pas. Les bûches humides, l'écorce couverte de mousse produisaient cependant une fumée qu'il ne m'était pas toujours possible d'éviter. Mes réserves de bois sec diminuaient parfois plus vite que je ne l'avais prévu. Il m'arrivait, par un temps de chien, de me geler à l'extérieur de ma cabane, trempé, car je ne réussissais à y pénétrer à cause de l'excès de fumée, attendant que le feu démarre sans m'étouffer.

La fumée et les histoires qu'elle fait naître hantent les régions forestières. L'une des histoires les plus amusantes, qui date de quarante ans, est arrivée à M. Armand.

Armand était un vieil homme qui avait l'habitude de cuire chaque matin, pour son petit déjeuner, un hareng avant d'aller jardiner. Célibataire depuis toujours, il habitait une petite maison au centre de Darvault. Le lendemain d'une fête au village, cinq garçons décidèrent de s'amuser encore. Armand dormait. Les fêtards empruntèrent une grande échelle, pendant la nuit, à l'intérieur d'une cour de ferme, en marchant sur la pointe des pieds. Ils allèrent déposer en douceur l'échelle contre le toit de la maison d'Armand. L'un des garçons grimpa en tenant à la main un chapeau et des sacs et boucha la cheminée soigneusement.

— On va bien rire les gars, cachons-nous, dirent-ils en rapportant l'échelle sans bruit.

Le matin, Armand s'éveilla et fit du feu comme d'habitude dans sa cheminée avec du bois de sapin.

— C'est du bois mouillé, ça fume partout, rouspéta-t-il. J'avais du bois sec, il a été mouillé je me demande par quoi. Quelle fumée !

A la porte, les jeunes riaient. Armand ouvrit la fenêtre pour respirer au milieu d'un nuage de fumée épaisse.

— Il va peut-être mourir asphyxié, il faut faire attention, s'inquiéta l'un des garçons en l'entendant tousser.

— Pas de danger ! Ça lui nettoie les poumons.

Armand se fâcha de ne pouvoir cuire son hareng. Il ralluma le feu, qui donna encore plus de fumée, mais pas de flammes. Son tonneau contenait une centaine de harengs salés, et il était bien malheureux de ne pouvoir manger celui qu'il avait dessalé. Armand sortit en sabots dans la rue respirer un bon coup, se frottant les yeux, toussant et soufflant comme une locomotive à vapeur.

Il regarda le toit d'où pas un filet de fumée ne s'échappait. Les trous latéraux avaient eux-mêmes été bouchés.

— Il n'y a pas d'espoir que ça démarre, se lamenta Armand en faisant les cent pas devant sa maison où il ne pouvait plus entrer.

Le fermier à qui appartenait l'échelle, ayant compris la supercherie, alla trouver les jeunes pour leur demander ce qu'ils avaient dans la peau à faire de la misère à un pauvre homme qui attendait de manger son hareng.

— Oh ! Ernest, on ne veut pas l'embêter, répondirent-ils, on l'aime bien, mais il faut qu'on rigole.

Ernest hésita à intervenir, puis observa de loin. Un garçon de l'équipe aborda Armand devant sa porte.

— Ça ne vas pas mon vieux Armand ?… Qu'est-ce qui se passe ?

— Non, ça ne va pas ! Pas du tout ! On m'a joué un tour. Ce sont sûrement les jeunes. Les scélérats !

La fumée dans la pièce empêchait de distinguer le plafond, les murs et même le sol. Elle sortait par toutes les ouvertures, sauf la cheminée. Tapis dans une cave face à la maison, les auteurs de la farce s'étouffaient de rire.

Un homme passa sur la route. Armand lui conta ses misères.

— Vous voyez, dit-il, cette fumée que j'ai là-dedans ! Ce n'est pas normal. Je suis à la rue, maintenant.

— C'est peut-être le temps qui le veut, expliqua l'autre en marchant dans la combine.

Armand n'était pas un impotent et il réussissait encore à transporter sur une grande brouette un demi-stère de bois sans tolérer qu'on l'aide. Pourtant, cette fois, il se sentait dépassé par la malignité de la population. Il décida d'alerter les gendarmes. Il le fit d'abord savoir à tout le monde. Quand il fut parti à pied à la gendarmerie, les jeunes s'emparèrent d'une échelle dans la cave afin de déboucher la cheminée. L'échelle était si grande et lourde qu'il cassèrent l'ampoule du plafond au passage, accrochèrent une feuillette de cidre, un tonneau de cent vingt litres, arrachant la cannelle, le robinet. Le cidre se répandit dans la cave sans que les maladroits, se dépêchant, ne s'en aperçoivent. Ils installèrent l'échelle, ôtant les sacs et le chapeau. D'un seul coup, le feu démarra, la fumée se dissipa.

Les gendarmes arrivèrent. Tout était en ordre.

— Ma cheminée est bouchée, c'est affreux, leur dit Armand. On veut m'asphyxier.

— C'est une idée que vous vous faites, mon ami, il n'y a rien d'anormal, le rassura un gendarme avec un sourire compatissant.

— Votre feu est magnifique, il chauffe sans fumée, on ne peut pas mieux réussir un feu de bois, ajouta l'autre.

— Si, allez voir !... Mais si, montez sur le toit !

Les gendarmes parlèrent dans le voisinage et comprirent que la farce n'était pas méchante.

— Mon petit père, dirent-ils à Armand, ce sont sûrement des jeunots qui ont voulu blaguer. Ça s'est amusé, voilà tout, faut pas s'en faire.

— Je ne rigole pas, ce ne sont pas des tours à faire ! protesta Armand. Il faut les retrouver.

— Comment voulez-vous qu'on les retrouve maintenant ?

Armand cuisina donc son hareng et partit jardiner dans un enclos avec une cabane à outils qu'il possédait à proximité. Le soir, il se coucha, après avoir préparé son hareng pour le lendemain, songeant qu'on ne se moquerait pas deux fois de lui.

A peine avait-il fermé l'œil qu'une explosion retentit. Il se dressa d'un bond.

— Les salopiots ! Ils m'ont mis un pétard sur la fenêtre ! s'exclama-t-il.

Un instant après, un autre pétard sautait à la porte. Le village fut réveillé, le cidre gaspillé découvert, ainsi que la feuillette détériorée. Tout le monde s'en mêla. Les jeunes, déchaînés, jetèrent l'échelle dans le lavoir. Ce fut un beau sabbat. Le spectacle consola Armand de la mésaventure. Il toussa, toussa, et s'étouffa presque, mais de rire cette fois sur le pas de sa porte.

Dans ma cabane, il pouvait m'arriver n'importe quoi, nul ne le saurait. La fumée, comme celle d'Armand, m'obligeait parfois à sortir, mais aucune équipe de plaisantins n'en riait. Je m'en amusais seul lorsque les intempéries n'étaient pas trop affreuses. Le sort me jouait des tours sans arrêt. Une nuit, je fus réveillé par des voix.

— Tu as les allumettes ?

— Les voici.

Je me dressai d'un bond sur mon matelas.

— Ça va brûler, recule-toi !

— Pourvu que rien n'explose là-dedans...

Je mis le nez dehors. J'aperçus, à trente mètres, deux inconnus qui mettaient le feu à un entassement d'objets qu'ils avaient apportés. Deux heures du matin étaient passées. Un quartier de lune, derrière les nuages, me permit de distinguer des appareils de télévision. Ces hommes ne devaient pas savoir que ma cabane était habitée. Ma crainte fut surpassée par mon mécontentement d'être réveillé. Les quatre ou cinq télévisions brûlèrent avec d'autres appareils, loin de la ville. Je devinai qu'il s'agissait de voleurs ayant l'intention de récupérer les éléments métalliques pour les vendre à des ferrailleurs. Une heure après, ils s'affairaient encore devant les restes de leur incendie.

A l'aube, il neigea.

— Les gendarmes les ont arrêtés, entendis-je en ville. On a repéré leurs traces dans la neige. Ils volaient depuis longtemps.

Je me réjouis de ne pas être accusé de participer à leurs délits. Exposé à tous les périls, je ne craignais pas que ceux de la nature. Ces derniers m'auraient pourtant déjà suffi.

Les chutes de neige, à trois ou quatre reprises, furent si abondantes que je me découvris complètement isolé, face à un mur de neige entourant ma cabane. Le mur n'était jamais très haut, mais l'absence d'équipement pour marcher jusqu'en ville, à cette époque, chercher de la nourriture, sous peine de m'affaiblir davantage ou de mourir, se faisait sentir avec cruauté. La progression dans la neige était toujours lente. Epuisé, tremblant de froid, les mains et les pieds gelés, je regardais mon feu de bois comme une délivrance. Chacun de mes retours à la cabane me réjouissait. Je fermais la porte, changeais de vêtements, cuisinais, espérant que les tempêtes de neige s'interrompraient. Je vivais des heures à ne rien faire entre la blancheur de la forêt et les teintes jaunes et rouges de mon feu.

Les arbres me protégeaient des rafales de vent et, en même temps, me retenaient prisonnier à l'intérieur d'espaces où la marche se révélait toujours pénible parce que personne d'autre que moi ne passait. Mes chaussures ou mes bottes de caoutchouc, où je mettais trois ou quatre paires de chaussettes, présentaient fréquemment des déchirures occasionnées par un usage incessant sur des pierres coupantes ou parmi des branches pointues. Je colmatais les ouvertures à l'aide de sacs en plastique ou de chiffons glissés à l'intérieur. Il m'arrivait de rester quatre à six mois avec des bottes trouées, prenant l'eau comme une éponge, en attendant de découvrir, au hasard de mes visites aux poubelles ou aux dépotoirs, de quoi me chausser de façon plus confortable.

Les paysans du coin ne mettant tout l'hiver que des sabots emplis de paille n'étaient pourtant pas rares il y a à peine une ou deux générations. Je vis un paysan qui, poussant une large brouette chargée de ballots de foin pour les bêtes à l'étable, par moins cinq degrés, ôta ses bottes et marcha en chaussettes sur la route parce qu'il glissait dans une côte sur du verglas. Il revint ensuite chercher ses bottes à l'endroit où il les avait laissées, près de la mairie de Darvault.

Les phénomènes humains sont nombreux à la campagne. Tous les villages des alentours en recèlent en masse. Dans cette commune, il y avait autrefois un garçon surnommé Capuchot. L'origine de ce sobriquet était oubliée. Chacun l'appelait Capuchot. Un soir d'hiver où il était ivre mort dans la rue, trois de ses compagnons le défièrent de grimper jusqu'en haut d'un poteau télégraphique. La scène se passait près de l'église, dans une ruelle où se trouvait une fosse emplie de purin.

Capuchot portait des sabots avec de la paille qui débordait de chaque côté, été comme hiver. Il ne connaissait pas l'usage des chaussettes, ni des chaussures.

— Il y a trop de verglas, je vais m'étaler avant de toucher le poteau, expliqua-t-il entre deux hoquets.

Le sol glissait, on ne tenait pas debout, et l'ivresse de Capuchot n'arrangeait rien. Cependant, il se reprit :

— Si je monte en haut du poteau, vous me payez une bouteille de goutte.

Le marché est conclu. Capuchot enlève ses sabots et réussit à atteindre le pied du poteau, et il se lance à l'attaque. Il glisse, il s'élève d'un demi-mètre, il retombe, il s'acharne, il échoue complètement et chute enfin à la renverse dans le fossé plein de purin. Là, il reste un moment. Il barbote. Il éclabousse. Le fumier le recouvre presque. Il y en a bien soixante centimètres. Capuchot fait des efforts méritoires pour s'en délivrer sous les rires de tout le monde.

Quand il y parvient, sa première idée est d'entrer au café pour boire un coup afin de se remettre de ses émotions. Mais il est trop sale. Son pantalon dégouline, infecte. Il l'enlève et entre en caleçon au bistrot, suivi de l'équipe, pour passer sa commande. Il y avait dans tous les villages un tas de gars qui ne craignaient pas d'accomplir des actes aussi insolites. Il n'y avait rien pour se distraire. Les jeunes et les autres s'amusaient comme ils le pouvaient.

Capuchot sortit du café, remit son pantalon et alla se laver dans une ferme voisine, en plongeant discrètement ses mains mouillées dans du sable. A la faveur de la nuit, il attaqua à nouveau le poteau avec des grains de sable collés à sa peau. Il parvint au sommet, chanta à tue-tête, avant de descendre lentement, tandis que les autres se sauvaient pour ne rien payer. Les sabots à la main, il se mit à leur poursuite et réussit à en attraper un par le col.

— La bouteille, je la veux, et on va la boire ensemble, dit-il.

Les autres revinrent, entrèrent au café avec Capuchot.

— Vous êtes fous de boire tout ça ! s'écria le cafetier.

Ils s'emparèrent de la bouteille et la vidèrent à quatre, puis entrèrent chez l'un d'eux manger des gaufres. A deux heures du matin, ils partirent dans une autre ferme et réveillèrent tout le monde en réclamant de la soupe à l'oignon. Une grand-mère de bonne composition leur en servit.

— Vous êtes déjà pleins ! Vous n'allez pas boire encore ? leur demanda-t-elle.

— On bouffe et on boit, c'est ça la vie.

C'était ça la vie pour cette équipe célèbre par son entrain et ses farces.

Et aujourd'hui, ils sont morts tous les quatre. L'un d'eux s'est pendu, et son fils aussi. Le père s'est pendu à une poutre de grange au bord d'une route, le fils dans une cave près d'un tonneau, à trente ans d'intervalle. Les autres sont morts de maladie et de vieillesse. Il n'y a plus personne.

J'espérais vivre le plus longtemps possible. L'idée de la mort, dans la forêt, m'entraînait toujours à l'idée de la survie. « Cela ne s'arrête pas là, c'est une illusion, pensais-je. Nous sommes immortels. »

Je croyais en Dieu, j'y songeais souvent, et ma foi m'aidait à ne pas me décourager. Il y avait une présence vivante et infinie au-dessus de nous tous, et elle savait ce qui était en nous.

Toutefois, je faillis bien mourir quand même et me décourager. Ce ne fut pas aussi simple.

Pour habiter la forêt de cette manière, en ne bénéficiant d'aucune aide au départ, ni même d'un clou et d'une planche pour commencer un abri, il m'avait fallu en définitive prendre l'habitude de me voir considéré comme un être sans valeur, un rien, un rebut. Mais je ne voulais pas tomber pour autant dans le désespoir et l'inertie. J'essayais même de garder le sourire.

Paradoxalement, c'est à Paris que j'allais recevoir l'une de ces dures leçons qui devaient me forger un caractère capable de me faire supporter la vie dans la forêt.

Je touchais une pension d'invalidité, car la tuberculose, la terrible maladie qui avait tué ma mère, avait fini par me toucher moi aussi. J'étais alors très loin de la France, en

Indochine, lorsque le diagnostic avait été fait. Maintenant, l'état de mes poumons s'était amélioré. A Paris, une commission d'experts et de radiologues réduisit ma pension à 85%. C'était mieux que rien. Mais je ne la touchais pas régulièrement.

Il fallut remettre des papiers en ordre. C'est ainsi que je dus me rendre à nouveau à Paris après avoir été conduit à Melun par un pasteur. En vain. Personne ne pouvait rien pour mon dossier.

On me répondit ne pouvoir rien faire, qu'il fallait patienter, et plus personne ne s'occupa de moi. Le pasteur me reconduisit à Nemours, après s'être arrêté pour une autre visite dans un hôpital.

— Je ne peux rien non plus, je le regrette pour toi, me déclara-t-il en apprenant la situation.

La mairie de Nemours me paya alors un billet de train afin que je retourne à Paris démêler la question. J'allai de bureau en bureau, cherchant les rues et les numéros, sans argent, ni tickets de métro, ni nourriture.

J'envisageai de dormir sur une péniche dont on m'avait dit qu'elle appartenait à l'Armée du Salut. Longeant un quai de la Seine, je vis l'embarcation.

— Ce n'est pas pour toi ici, me cria un homme depuis la péniche. Va-t'en !

Le soir arriva. J'étais un peu perdu. J'eus l'idée de dormir dans un refuge de la ville. Quand je m'y présentai, il était trop tard. Il fallait s'inscrire avant dix-sept heures trente pour passer la nuit même. Les employés ne voulurent rien entendre.

C'était en février. Je partis marcher dans les rues glacées. Il faisait très froid. Trois clochards, me voyant égaré, m'indiquèrent un abri au chaud dans le métro, sur le sol. Une employée nous dit de partir à l'heure de l'arrêt des rames, vers minuit. Je quittai les trois inconnus pour continuer ma marche dans Paris désert.

Dans un chantier de construction de bâtiments, j'aperçus une cabane sans parois, une sorte de préau avec un toit.

Les ouvriers étaient partis. Je m'allongeai sur des planches et y dormis une heure, sans couverture ni rien. La neige se mit à tomber. Le froid intense me réveilla. J'étais gelé, engourdi.

Aussitôt, je me levai et marchai pour me réchauffer. Au bout de cinq cents mètres, le circulation du sang se fit mieux et je commençai à me sentir un peu rétabli. La neige ne tombait pas avec violence, mais fouettait le visage et le corps. Paris dormait. J'aurais voulu dormir aussi. Ne savoir où m'orienter dans cette grande ville pour dénicher un abri me parut désespérant, mais je m'obstinai à aller de l'avant dans l'obscurité, parmi des rues et des avenues inconnues, qui se couvrirent de neige rapidement. « On verra bien, je vais marcher encore », me dis-je pour m'encourager.

Je parvins à un immeuble dont la porte était entrouverte. J'y entrai et vis un paillasson. Je me couchai dessus afin d'éviter le froid du carrelage. Le concierge et sa femme me regardèrent à travers la vitre de la loge. Je leur dis :

— Je vais me coucher là, je n'ai rien.

Il fallait bien que je dise quelque chose à ces deux visages qui m'observaient derrière les carreaux et les rideaux. C'était un immeuble de bonne apparence.

— Bon, allez-y, déclara l'homme, sans ouvrir, après des hésitations.

Je m'endormis aussitôt, indifférent à tout. Si j'avais comparé ma situation à celle d'autres personnes, j'aurais été démoralisé, et ce sentiment aurait été dangereux s'il avait dominé l'espoir de m'en sortir. Les choses pouvaient s'arranger, je l'espérais.

La lumière électrique de l'escalier et du hall de l'immeuble me réveilla tôt le matin, ainsi que des bruits de chaussures. Des locataires partaient travailler. Ils m'observèrent avec surprise. Un groupe de cinq ou six défila, des hommes, des femmes.

— Qui c'est, celui-là ?... marmonna une femme.

Les autres rirent. Je préférai être de bonne humeur, m'efforcer de me réjouir de ne pas avoir d'ennuis puisque personne ne me chassait. Je leur souris. Ce sourire fut, pour moi, un exploit.

Lorsque les gens furent passés, je reconnus tout à coup l'immeuble. C'était celui du radiologiste qui m'avait examiné quelques mois auparavant, désigné par une commission. J'y étais déjà venu. De façon involontaire, guidé par un souvenir subconscient des lieux et le désir de chercher une protection auprès d'une connaissance, d'un médecin, j'avais marché dans la nuit jusqu'à cette porte. Je fus étonné. Je n'avais nullement reconnu l'immeuble à mon arrivée vers deux heures du matin. L'ascenseur et l'escalier, la porte me revinrent en mémoire. Le nom du médecin était sur une plaque. Je n'essayai pas de le rencontrer et partis à nouveau vers les bureaux administratifs à la recherche de ma pension, l'estomac vide.

L'adresse qui m'avait été indiquée pour les démarches était fausse. Je ne trouvai qu'un concierge âgé.

— Moi, je ne peux rien pour votre pension..., me dit-il.

Je possédais encore assez de résistance pour avancer sans manger et dormir n'importe où. J'allai jusqu'au bout de mes forces. Je traînai dans Paris en pure perte de temps et, pour éviter une nouvelle nuit dehors, entrai dans un refuge géré par la capitale, un grand immeuble à plusieurs étages.

A l'entrée, un bureau servait à enregistrer les noms et délivrer une carte avec des cases indiquant ce à quoi l'on avait droit. Je pouvais ainsi rester une semaine, un mois, trois mois, mais Paris me dépaysait trop. La misère y était d'une certaine façon plus horrible et déprimante qu'à la campagne. D'une autre façon, on y était beaucoup plus aidé. Je m'y sentais encore moins chez moi qu'ailleurs. Le soir seulement une soupe était distribuée, très peu de nourriture. La douche était obligatoire et collective. L'on y entrait à vingt ou trente hommes à la fois, munis d'un morceau de savon et d'une serviette. Les dortoirs se composaient de vastes salles très propres comprenant au moins soixante personnes par étage, avec des couchettes superposées, toute une population variée, constituée presque exclusivement d'Européens. Les gens ne se montraient en majorité ni désagréables ni antipathiques. Quelques-uns étaient visiblement d'une honnêteté douteuse. Un inconnu me conseilla de gagner de l'argent en devenant proxénète. Je lui tournai le dos. D'autres exerçaient de petits boulots, pratiquaient des combines, touchaient de faibles pensions civiles ou militaires.

Je revins un peu plus amaigri, sans avoir arrangé le problème de ma pension.

Je touchai le moins possible à mes minuscules économies.

Aux beaux jours, je m'offris pourtant le bonheur de faire une longue randonnée de quinze jours à pied dans la région de Fontainebleau. Le paysage y était splendide et apaisant. J'achetai à manger dans les magasins avec les quelques sous qui me restaient du dernier versement de ma pension, et passai la première nuit dans un coin du marché de Fontainebleau, puis la seconde sous un porche de la ville impériale, avant de m'apercevoir que l'orée de la forêt présentait plus d'agrément. J'avais l'impression d'être en vacances. Je me promenais parmi les rochers sculptés de façon extraordinaire par la nature. La nuit, je dormais à même la terre, endurci par mes expériences précédentes, sans en souffrir. Un matin, je découvris que mes lacets avaient été rongés par un mulot. Mais je ne craignais guère les serpents qui n'aiment pas la présence de l'homme et que je ne dérangeais pas, prenant simplement garde à ne pas m'étendre au soleil. Les fins de journées très chaudes ou orageuses pouvaient les énerver.

Je longeai la Seine, atteignis Vulaines, petite commune de mille habitants à cette époque, et Fontaine-le-Port, moitié moins grande, où je restai quelques jours. Sans le savoir, j'acquérais un contact avec la nature qui allait me servir plus tard.

L'attitude déplaisante de certaines personnes participait même à mon entraînement. Un dimanche, des propriétaires du coin où je me trouvais sans gêner personne me dirent de partir, me confondant avec un voleur, jugeant suspecte la simplicité de ma vie en plein air, sans équipement habituel de campeur. Je ne possédais qu'un sac ordinaire, avec un rasoir, du savon et de menues affaires. Je me tenais propre et présentable autant que possible. J'étais allé aux douches municipales de Fontainebleau. La propreté me concernait d'abord moi-même. L'odeur de la saleté me déplaisait.

En entendant les gens protester contre ma présence, je m'enfonçai sans discuter dans les bois. Le plus virulent, un homme aux cheveux blancs possédant une belle maison, exigeait ma disparition immédiate. Ce jour-là, dans un autre coin, deux gendarmes m'arrêtèrent et m'emmenèrent en fourgonnette à la gendarmerie de Fontainebleau. Passant devant un garde-forestier, ils stoppèrent.

— Voilà le gars qui était dans votre forêt, dirent-ils.

Sans m'en apercevoir, j'avais déjà été signalé aux gendarmes ! Je ne prenais pas la précaution de me dissimuler, j'avais la conscience en paix, et l'on m'avait pris pour un vagabond ou un rôdeur.

A la gendarmerie, ma carte d'identité fut examinée, ainsi qu'une carte de la Sécurité sociale et une carte de réduction de la S.N.C.F., et toutes sortes de papiers. Puis, ils me laissèrent libre en me conseillant de ne pas retourner aux mêmes endroits. Je marchai jusqu'à Melun, vivant de façon identique, visitant la ville.

Il me vint une autre idée. Je voulus apprendre à nager seul. Avec de la patience et de la réflexion, on parvient à beaucoup de choses. Je ne savais pas nager. Je m'y exerçai dans le Loing. Il faisait beau. A l'orphelinat, dans un lavoir, on nous avait appris quelques gestes de base. Je voulus savoir ce que j'étais capable de faire.

Un bras tranquille de la rivière, hors de la ville, me permit de constater ce que valaient les leçons du lavoir. Je coulai comme une pierre. L'endroit était peu profond, et je recommençai sans me décourager, avec prudence, en m'appliquant à exécuter des gestes coordonnés et à respirer au bon moment. Je barbotai dans un mètre cinquante d'eau, ce qui représentait néanmoins une profondeur impressionnante lorsque je tentais de me mettre à l'horizontale, pour nager la brasse. La vase me faisait glisser dès que je touchais le fond, ou bien les pierres m'écorchaient les pieds. Des pêcheurs affectionnaient ce lieu, mais il n'y en avait pas lors de mes exercices. Leurs regards m'auraient déconcentré. J'avais choisi un endroit plat, jadis creusé pour extraire des pierres et du gravier, entouré d'arbres sans maisons. J'y avais vu une famille avec quatre enfants s'y baigner. Au bout de quinze jours d'efforts et d'application, je réussis à ne plus couler et à avancer lentement. J'avais compris le système. Je revenais presque chaque jour m'entraîner.

Plus de trente ans après, j'avais l'impression que mes leçons à l'orphelinat, dans le lavoir, dataient de la veille. Un instituteur et de jeunes abbés de passage pendant les vacances nous initiaient à quelques mouvements de brasse. Le lavoir, où l'on rinçait le linge, offrait une profondeur d'un mètre et, tenus par les épaules, nous agitions les bras et les jambes dans l'eau glacée. Nos maîtres-nageurs ne savaient pas nager, ou si peu qu'ils ne pouvaient pas dépasser deux ou trois mètres sans sombrer, mais le jeu nous plaisait. Il ne se produisait pas souvent. Nous riions beaucoup.

C'était loin, et c'était proche. A la Genevraye, petit village voisin de ma cabane, je retins mes larmes devant un grand bâtiment où des enfants jouaient. C'étaient des orphelines. Elles suivaient au pensionnat Sainte-Marie le chemin que j'avais parcouru. Je repris ma marche solitaire en songeant que le monde n'avait pas évolué. La différence entre ces enfants abandonnées et moi, c'est que je possédais maintenant la liberté de me baigner dans la rivière. Il fallait que je me change les idées.

Un jour, je me sentis assez sûr de moi et de mes gestes pour quitter ce petit bras d'eau et traverser le Loing. Je nageai pendant une vingtaine de mètres, emporté en diagonale par le courant. Vers le milieu, je craignis de ne pas y parvenir et d'avoir commis une imprudence. Le courant se montrait plus fort que prévu et la distance plus longue. En atteignant l'autre berge, je soufflai, mais il fallut faire demi-tour. Les péniches ne naviguaient pas ce jour-là en raison d'une grève. Je revins sans difficultés vers l'endroit où mes vêtements étaient cachés et, les jours suivants, voulus nager à nouveau. Cette fois, les péniches défilaient sans arrêt, larges, montagnes flottantes, aux moteurs qui soulevaient des tonnes d'eau, créant des vagues qui se fracassaient contre les berges. Je nageais entre deux passages de péniches.

Ragaillardi d'avoir appris à nager seul, je constatai avec joie qu'il me restait encore des forces insoupçonnées. Des bateliers me crièrent de partir de là. Des garde-pêche surgirent entre les arbres également et m'avertirent que je dérangeais les poissons, les alevins. A ma surprise, je me trouvai bientôt au milieu d'une centaine de petits poissons de deux centimètres de long qui remontaient des profondeurs. Je nageai plus loin dans la rivière et, à nouveau étonné, j'y rencontrai de grandes nappes d'huile apportées par des péniches qui faisaient une vidange. Les taches d'huile dérivaient et me collaient au visage. De l'herbe fauchée et jetée dans la rivière glissait entre ces plaques d'huile pour composer une marée noir et vert. On me cria de faire attention aux accidents. Je changeai de coin pour nager dans un lieu plus tranquille, mais qui tombait à pic, sans plage, puis je perdis le goût de ces baignades. Elles m'avaient redonné un temps de l'énergie et du moral. Je n'y revins pas.

Ma situation financière ne s'était pas améliorée.

Brusquement, sur la place du marché de Nemours, je rencontrai deux franciscaines que j'avais connues à l'orphelinat trente ans auparavant, et aperçues une fois au collège de Rumilly. Je ne pouvais me tromper. L'une d'elles était sœur Céleste, à la main coupée, et l'autre sœur Cyrille, qui m'avait accompagné en Savoie pour mon premier travail dans une ferme. Il était midi. Les deux religieuses sortaient de chez un médecin où elles avaient sûrement demandé de l'argent pour leurs œuvres.

A quinze mètres de distance, nous nous sommes regardés dans les yeux. Elles me reconnaissaient. Après l'étonnement du premier instant, nous avons gardé chacun nos distances, sans antipathie ni méchanceté. Qu'aurions-nous eu à nous dire ? Rien. Cela me suffisait de les voir. Nous avions vécu ensemble pendant des années sous le même toit, mais séparés par un règlement rigide et des destinées différentes. Ce genre d'existence ne favorisait pas les familiarités, les épanchements de cœur ni les confidences. Presque tout y était à la fois vrai et truqué. Les vies personnelles, intimes, y étaient gardées secrètes. On n'en parlait pas, comme si elles ne possédaient pas de consistance. Un orphelinat, ce n'est pas une famille ni la véritable amitié. Néanmoins, en voyant les franciscaines devant moi, j'aurais été content qu'une conversation ou des retrouvailles véritables aient lieu, mais ce n'était pas possible. Tout nous séparait comme tout nous avait toujours séparés. Je me sentais un peu gêné, même devant des religieuses, de ma situation de pauvre, et n'avais pas envie de l'évoquer. « Comment ça va ?... Que deviens-tu ?... Que fais-tu de beau dans la vie ?... » Elles auraient dit des mots comme cela, qui ne m'auraient pas plu.

Je compris surtout, à leurs gestes, que les deux religieuses manquaient de temps et désiraient prendre le train, s'occuper de leurs affaires. Je savais comment cela marchait, toujours circuler, quêter, repartir. Elles avaient des activités constamment en cours. Je n'ai pas pensé que leur hâte à s'en aller témoignait de l'hostilité. Il y a des gens qui croient que les personnes manifestant ce comportement sont méchantes. Ce n'est pas vrai. Elles sont prises dans tout un système qui ne leur permet plus de s'arrêter. Elles ont peut-être tort, mais ce n'est pas de la méchanceté.

Après le départ des religieuses, je suis demeuré seul, peut-être un peu plus qu'avant.

CHAPITRE XII

La nuit des chasseurs

J'HABITAIS depuis sept ans dans la forêt lorsque, en 1975, je rencontrai la difficulté la plus sérieuse, que je n'avais pas prévue au départ et contre laquelle je ne disposais d'aucun moyen de défense. Je vivais seul dans ma cabane, la quatrième que j'avais construite. Les trois premières avaient brûlé, et j'avais déjà changé trois fois de place.

Un matin en sortant de ma cabane de bonne heure, je butai presque sur deux hommes assez jeunes qui se tenaient debout face à la porte, solidement campés sur leurs jambes avec chacun un fusil en bandoulière.

— Il faut que tu partes de là, me dirent-ils.

— Qui êtes-vous ?

Les présentations furent brèves. Le président de la société de chasse de la région en personne et un garde-chasse venaient spécialement m'intimer l'ordre de quitter la forêt sans délais. Je les avais déjà aperçus et l'un d'eux m'avait lancé quelques mois auparavant sur un chemin :

— Tu n'es pas de notre côté.

— Quel côté ?

— Le côté des chasseurs.

Je ne pratiquais pas la chasse, je ne tuais aucun animal, mais je ne m'occupais pas non plus des chasseurs. En revanche, ils avaient décidé de s'occuper de moi.

Leur point de vue était simple. Ils voulaient la forêt pour

eux seuls. Je la leur aurais laissée si j'avais eu mieux pour m'abriter. Ils ne pratiquaient qu'une piètre chasse de petits animaux dont beaucoup étaient élevés uniquement dans le but d'être placés devant des fusils. On les lâchait dans la forêt et les champs aux dates appropriées. Ils ne se sauvaient même pas devant l'homme et quelques-uns auraient presque pu être attrapés à la main. Certains animaux se reproduisaient toutefois en liberté et les chasseurs prétendaient que ma présence les faisait fuir dans d'autres coins de l'immense forêt de Fontainebleau et de ses alentours, où ils ne pouvaient aller les chercher. Les lapins ne se gênèrent toutefois jamais pour venir manger des choux et des salades jusqu'auprès de ma cabane. Je dus m'en protéger plutôt qu'ils n'eurent à se protéger de moi.

Les espèces étaient variées. Un paysan qui marchait dans la forêt où j'habitais y remarqua des traces de sanglier sur la neige. Il en discuta avec un autre, qui avertit un troisième homme. Ils firent une battue, avec les autorisations nécessaires, et tuèrent deux sangliers de cinquante kilos.

Les biches et les cerfs étaient signalés par un grand nombre de personnes dans mon espace de forêt. Leurs cris parmi les arbres attiraient parfois l'attention des agriculteurs travaillant dans les champs; ils allaient observer les empreintes. Ces animaux parcouraient des kilomètres. Trois d'entre eux passèrent discrètement près de ma cabane un jour, à pas lents. Ils me regardèrent, immobiles, avant de bondir et disparaître dans les fourrés.

La création d'une autoroute, la construction de milliers de maisons nouvelles et la coupe de centaines d'hectares de forêts apportaient plus de modifications dans les habitudes de la vie animale que ma présence limitée à un tout petit territoire de quelques mètres carrés. Je devais aussi lutter pour ma survie. La place demeurait gigantesque pour les animaux, dans des zones protégées.

Le président de la société de chasse n'en tint pas compte et me tutoya aussitôt pour paraître plus impressionnant. Je veillai bien à le vouvoyer car je ne le connaissais pas. Cette affaire, dans la solitude des bois, revêtait un aspect menaçant et dangereux. Les deux hommes ne travaillèrent pas dans la dentelle et la diplomatie. Nos opinions ne se rejoignaient pas, ni sur mon droit à l'existence, ni sur les animaux. Il n'existait aucune entente possible puisqu'ils me demandaient de me sacrifier pour le plaisir des chasseurs venant quelques dimanches et jours fériés par an, à heures fixes. Ils ne pensaient pas aux conséquences de leur demande. Ils ne pensaient qu'à eux et à leur intérêt.

Toutefois, les chasseurs avaient essayé depuis des années de me rendre service, à leur manière. Pour m'écarter de la forêt, ils avaient suggéré aux communes de me reloger. Ils avaient échoué. Les communes ne se laissaient pas manipuler par les chasseurs qui, se heurtant à des oppositions de tous côtés, comme je m'y étais heurté, se rabattaient, furieux, sur moi seul, en songeant que je devais disparaître d'une manière ou d'une autre.

— Tu vas partir ! Il faut te le répéter ?... reprirent-ils.

— Je ne partirai pas.

Ma réponse les étonna. Ils s'estimaient tellement dans leur droit qu'une résistance leur paraissait inconcevable.

— J'ai dit non, c'est non, je reste, répétai-je.

— Mais tu vas t'en aller quand même ?...

Ils partirent en maugréant, me promettant que j'aurais de leurs nouvelles et convaincus que je ne céderais pas ce jour-là un centimètre de terrain. Tracassé par leur venue et leur brutalité, je me demandai ce qu'ils allaient entreprendre pour me chasser ou me décourager de rester. Un accident de chasse, après tout, cela pouvait exister.

Un jeune chasseur s'était déjà amusé à tirer chaque dimanche sur ma cabane. Il ouvrait le feu en riant. Il pratiquait ce jeu régulièrement, en compagnie d'autres chasseurs ravis, un jeu consistant à viser en l'air pour faire retomber avec précision tous les plombs contenus dans une cartouche sur le toit de mon abri. C'était dangereux et très désagréable, et je ne savais comment l'en empêcher. Je demeurais enfermé dans ma cabane, craignant que le moindre geste ou mot ne contribue à les énerver plus. Ils n'étaient pas raisonnables et le tireur qui s'amusait à faire des cartons m'apparaissait un peu dérangé. Ses compagnons l'encourageaient. La première fois, je sortis en me demandant si j'avais affaire à un maladroit ou à un fou. Je lui fis une réflexion. J'en parlai à des responsables de la chasse, qui n'intervinrent pas pour mettre un terme à ce jeu.

— Tu es fou de faire ça..., lui dit pourtant un chasseur.

Tous ne se révélaient pas antipathiques. Certains s'arrêtaient pour me dire bonjour et échanger quelques mots sur le temps qu'il faisait. Au simple bruit, je percevais que peu de chasseurs savaient vraiment utiliser un fusil. Ils tiraient mal, non seulement en visant, mais en appuyant sur la gâchette. C'était mal tiré, le bruit n'était pas bon. Ils parvenaient à me surprendre par leur inexpérience. Mais je ne me trouvais pas là pour leur donner des leçons. Aucun d'eux ne sut jamais que j'en avais vu d'autres en Indochine, en pleine guerre. Ces jeunots et ces promeneurs du dimanche, aux allures un peu gauches ou ridicules avec leurs fusils et tout un attirail qui les encombraient, me rappelaient d'autres hommes en arme qui, eux, cherchaient à tuer des hommes, et les tuaient. Je les avais vus. J'entendais encore le bruit des grenades.

Les chasseurs avaient néanmoins remporté une grande victoire contre moi depuis mon arrivée, et les effets durèrent jusqu'en 1982. Je croyais même qu'ils persisteraient toujours. Les chasseurs obtinrent l'interdiction que je fasse un jardin potager près de ma cabane, comme je l'aurais aimé. Ils objectèrent que je me serais nécessairement trouvé parfois dehors à bêcher, sarcler, récolter. Cette activité, partout ailleurs paisible, représentait pour la société de chasse un dangereux agissement. Elle prétexta que ma présence perturberait encore plus les animaux, les faisans ou les lièvres, apeurés par le bruit ou les mouvements.

Il n'en fallut pas plus pour que je ne puisse cultiver des légumes pendant quatorze ans, depuis le jour où un camion municipal m'avait conduit en 1968 dans le premier bosquet, et depuis onze ans si l'on préfère retenir le jour où j'avais commencé à vivre seul dans la grande forêt voisine en 1971. Les chasseurs essayèrent par ce moyen de me compliquer la vie, de m'affamer, pour que je disparaisse. Si j'avais entretenu un jardin sans autorisation, des plaintes auraient été adressées à la mairie, et ma présence aurait été moins bien tolérée. Ce fut l'unique motif pour lequel je continuai à aller chercher à Nemours de la nourriture, dans les poubelles des commerçants, après avoir été chassé du marché public par d'autres pauvres qui se livraient une concurrence acharnée.

Les chasseurs effectuèrent une pression plus importante que les considérations morales ou humanitaires. Je faillis en mourir de faim.

Le manque de pommes de terre et de quelques autres légumes, qui ne se trouvaient à peu près jamais jetés dans les poubelles par les commerçants, se faisait sentir cruellement. Les pommes de terre, qui remplissent l'estomac et nourrissent, me manquaient beaucoup. Je n'en mangeais jamais. Y a-t-il pourtant un légume plus banal? Les chasseurs ne se trouvaient pas dans leurs droits. Ils abusaient, mais ils se trouvaient quand même dans leurs droits car personne ne me reconnaissait des droits personnels. Je n'avais le droit de rien. Ils étaient les seuls à en posséder. La force résidait dans le camp opposé, celui des fusils. J'avais les mains nues.

Les tentatives pour me faire partir ayant échoué sans user ma patience, le président et un garde-chasse, ayant à leur tour échoué devant ma cabane en m'enjoignant pour une dernière fois de m'en aller, j'eus l'impression d'avoir gagné une manche peut-être décisive afin d'avoir la paix.

Les représailles vinrent.

Un soir, je rentrais à ma cabane lorsque j'entendis miauler dans ma réserve à bois. Quelqu'un m'avait donné une jeune chatte. Elle était moins grosse que le poing. J'ignorais qui me l'avait apportée. Je la soignai dans ma cabane à l'intérieur d'une caisse pendant un hiver. Puis, elle fit des petits, qui grossirent vite, se promenant aux environs avant de rentrer. Les gardes-chasse s'aperçurent de leur présence. Ils tirèrent dessus, touchant d'abord l'un à la queue. L'animal courut se mettre à l'abri dans la cabane. Deux autres chats furent tués à dix mètres de moi.

Huit jours après, je découvris le corps du quatrième chat de la portée. Pour éviter d'échauffer les esprits ou qu'une arme ne se retourne contre moi, je ne dis rien. J'avais l'habitude de la provocation, qui m'avait fait un jour brûler ma propre cabane, et je ne voulus répondre que par le silence, bien qu'attristé et contrarié. La mère chatte partit sur un chemin retrouver d'autres chats, chaque fois plus loin, et un jour elle ne revint pas. Elle me tenait compagnie, avec ses petits. Je leur parlais. Leur disparition laissa un vide.

Comme rien ne m'ébranlait extérieurement, et que je restais poli, les chasseurs cédèrent avec le temps et ne m'importunèrent plus que de façon occasionnelle, mais leur lutte avait été persistante, impitoyable, et mon sommeil en fut souvent tourmenté. La question du jardin demeura pourtant entière.

Ces chasseurs et leurs vêtements sombres, leur ceinture avec des cartouches, déclenchaient en moi le jaillissement soudain d'images que je cherchais à oublier.

— Désarme ton fusil, couche-toi à terre !... Si tu bouges, je t'envoie une rafale !...

L'homme dirigeait une mitraillette sur moi, à deux mètres.

Il tira à bout portant, l'instant d'après, dans le ventre et en pleine poitrine d'un de mes camarades.

Nous étions tombés dans une embuscade près de Dien-Bien-Phu.

— Tu es touché ?... Réponds ! Ça va aller, mon gars ! Es-tu blessé ?... interrogea une voix en sourdine.

La nuit nous enveloppait. Les Vietnamiens invisibles et innombrables se trouvaient partout à la fois.

— Je vais mourir, balbutia le blessé que j'entendais encore respirer.

Il n'avait pas été foudroyé. J'avais cru recevoir la rafale de mitraillette dans la tête tellement le tir s'était produit à quelques pas de façon soudaine.

— Laisse-toi glisser dans le fossé, on va te soigner, murmura la voix.

L'autre prononça encore quelques mots et mourut.

La peur m'envahit. Auparavant, je n'avais pas eu la possibilité d'éprouver la peur devant ce Vietnamien qui pouvait me tuer. Je crus qu'il allait le faire. Je cessai presque de respirer, aplati au sol. Son visage m'était perceptible dans la nuit. Pendant deux ou trois minutes, il me laissa demeurer la tête collée contre la terre. A mes côtés, un homme, silencieux, avait été blessé par une balle à l'épaule, un autre par une grenade.

Je n'avais pas encore vu un seul Vietnamien, sauf de loin. L'un des nôtres tira de l'arrière une rafale pour nous secourir, sans toucher personne. On entendit distinctement des voix annoncer que l'artillerie lourde française, derrière nous, était prête à attaquer le gros des troupes adverses. Je tentai de parler à mon tour et d'avoir une influence sur l'homme qui me tenait prisonnier, tout près de moi. Il n'était pas dans une situation confortable non plus. Je mis la baïonnette à mon fusil, tout en restant allongé. Il savait bien qu'il n'avait pas intérêt à signaler davantage sa présence à nos troupes en tirant à nouveau.

— Fais gaffe à notre artillerie, dis-je.

La baïonnette fixée à mon canon lui toucha presque le visage. A ce moment, notre artillerie fit entendre les premiers coups de feu. L'homme redressa la tête, l'air craintif. « Il comprend, ça va », songeai-je. A la faveur de la nuit, il se glissa à terre et, soudain, je ne le vis plus. La canonnade sur l'ennemi fut terrible. L'essentiel se passa à cent mètres de ma position, faisant quantité de victimes.

J'aurais pu être tué plusieurs fois par nos troupes ou celles de l'adversaire au cours de cette nuit. Je ne bougeai pas. Les patrouilles, après les tirs, ramenèrent beaucoup de prisonniers, tous vêtus de noir.

A partir de cette date, voyant ce carnage, cette violence où certains de mes camarades que je connaissais bien avaient été tués, la guerre entre la France et le Vietnam me répugna.

Mon comportement au cours de cette nuit épouvantable me valut cependant une citation à l'ordre de la division. Mon nom fut inscrit dans des documents, circula dans des bureaux. Une médaille, m'informa-t-on, me serait remise plus tard.

Qu'étais-je allé faire là-bas ? En 1950, à vingt-quatre ans, sans famille, sans argent, sans logement et avec un travail dans le bâtiment qui ne me plaisait pas, j'avais brusquement ressenti l'appel du lointain. J'étais parti en Indochine. Je rêvais de voyages, d'actions utiles, de liberté, et je me trouvais enrôlé dans une aventure meurtrière.

Je partis à cause de Cao-Bang. Ce village indochinois fut l'étincelle mettant le feu aux poudres, qui me donna envie de quitter la France sans regrets.

Inconnu de tous jusqu'alors, Cao-Bang fut le lieu de l'encerclement et de l'extermination d'une colonne de soldats français en 1950.

Je croyais à cette date n'être connu de personne. Je me trompais. Mon brevet de parachutiste pouvait être exploité. D'autres y songeaient à ma place. Les gendarmes, peut-être informés par la préfecture ou le ministère, me dirent un jour :

— Engagez-vous, on a besoin de gars comme vous. Vous êtes un bon citoyen ?

— Oui, répondis-je, mais ce n'est pas une raison. Je n'aime pas la guerre, et j'ai peur des maladies tropicales…

Les généraux Juin et de Lattre de Tassigny déclaraient à la presse l'urgence de redresser la situation en Indochine.

Contrairement à la guerre d'Algérie, la question coloniale passait loin au second plan au Vietnam. L'adversaire était le communisme. Un mouvement d'envergure mondiale contre les communistes de Moscou, de Pékin et d'ailleurs se dessinait. Il ne s'agissait plus seulement de rendre leur indépendance à des pays. Staline dirigeait l'U.R.S.S., la Chine déclenchait une offensive puissante en Corée en novembre 1950, faisant reculer de cent kilomètres d'un coup les Américains et les forces internationales.

L'indépendance du Vietnam avait été reconnue par la France en 1949. Le problème n'était pas là. Il demeurait entier avec les troupes du Viet-Minh envahissant le pays. La poussée communiste prenait de l'essor. Une dictature venait d'être vaincue, celle de Hitler, une autre dictature, un autre totalitarisme s'infiltrait partout sur la planète. L'ambiance générale invitait à réagir et à adopter un camp.

J'ignorais le détail des combats, des traités, des pourparlers. Je n'avais pas la possibilité de lire beaucoup les journaux, ni d'écouter la radio. Mais ces événements lointains, ces massacres, avaient une résonance formidable en France. Je ne sus pas que la flotte française avait auparavant bombardé Haïphong presque le jour de mes vingt ans, faisant six mille morts le 23 novembre 1946, au moment précis où débutait, à Tarbes et à Pau, sans que j'y voie guère plus qu'une aventure sportive sans lendemain, mon entraînement de parachutiste, avec des chansons de boy-scouts. D'autres y voyaient un intérêt. Je voulais me rendre utile à mon pays, défendre une certaine vision de la liberté. Je détestais la guerre et la violence, mais je ne refusais pas de me battre si des idéaux étaient en jeu.

J'ignorais que la rudesse du climat, le contact avec la végétation, la lutte contre les moustiques, les dangers de toute espèce allaient participer à mon entraînement pour vivre dix-sept ans plus tard au bord de la forêt de Fontainebleau...

Les primes d'engagement et surtout la perspective d'accomplir ensuite une carrière militaire, donnant plus de stabilité à ma vie que les travaux sur les chantiers ici et là, une retraite précoce, la possibilité de travailler à autre chose plus tard et de s'assurer la vieillesse, me tentèrent. Et puis, je voulais servir une cause noble.

J'aurais pu dire : « Cela ne me concerne pas. » J'étais concerné directement dans ma vie personnelle par les problèmes et les malheurs du monde. Mes possibilités d'expression, celles qui m'avaient été laissées depuis mon enfance, étaient peu nombreuses.

— La solde d'un militaire de carrière est intéressante, me dit-on aussi.

Je descendis à Marseille, accomplissant un séjour dans plusieurs villes pour continuer à réfléchir sans me presser. A Lyon, je cherchai des souvenirs de ma ville natale, sans en trouver, puis revins à Chambéry avec la même intention. Je me sentais si hésitant que je demandai du travail chez un entrepreneur de maçonnerie marseillais. Je travaillai trois jours avec lui, indécis, avant d'aller dans une caserne le jour de mon anniversaire, le 13 novembre. A titre d'essai, je signai un engagement de trois ans, et flânai sur la Canebière, dans le vieux port. L'entraînement de parachutiste reprit en Bretagne, où, par un grand vent, je manquai un atterrissage et m'évanouis. Le casque protégeant ma tête heurta le bitume. A côté de moi, un camarade pâlit en me croyant mort. Je me relevai seul, flageolant, et pliai mon parachute.

L'embarquement pour l'Indochine se fit le 10 juillet 1951, à Marseille, en navire militaire emportant plusieurs centaines de soldats, tous volontaires, pour trois semaines de voyage dans une grande soute équipée de rangées de trois couchettes superposées. On embauchait même des Sénégalais pour le Vietnam.

A l'escale de Port-Saïd, avant de traverser le canal de Suez et d'atteindre la mer Rouge, je préférai ne pas mettre pied à terre afin d'éviter les risques d'attentats. Deux énormes requins nageaient au bord du quai de Port-Saïd dans une eau claire. Des soldats leur jetaient du pain. Les requins remontaient le manger à la surface en découvrant leurs dents. Leur ventre blanc apparaissait lorsqu'ils se retournaient en ouvrant leurs mâchoires énormes. Un Arabe en djellaba, seul sur une barque, n'en avait pas peur. Il nous proposait des boissons, avec un système de cordes pour faire descendre l'argent depuis le pont et monter les bouteilles. Il vendit une bouteille d'eau pour de l'alcool à un soldat qui protesta. L'Arabe, heureux de son coup, nous tourna le dos en relevant sa robe blanche sous laquelle il était nu. Puis, il s'éloigna parmi les requins, se moquant de nous.

— Laissez tomber ! On ne veut pas d'histoires dans le port, ordonna un officier.

Ce fut mon premier contact avec une autre civilisation. Elle ressemblait beaucoup, par ses faiblesses, à la nôtre.

Les hélices du navire s'accrochèrent dans le sable du canal de Suez, où l'on s'arrêta, piloté ensuite par un petit bateau. Le vent soufflait fort et faisait tomber des tonnes de sable du désert dans le canal. Une patrouille de soldats anglais en Egypte, marchant dans le sable avec leurs fusils, en shorts, nous salua sans s'arrêter.

La traversée se passa à prendre son mal en patience et à parler. Un Noir d'une trentaine d'années fut soudain frappé d'une crise cardiaque au large de l'océan Indien, et mourut. La veille, je l'avais vu malade, aidé par ses copains pour tenir debout.

— Tu es malade ? lui demandai-je.

— Oui, je ne vais pas bien. Je vais mourir bientôt.

Il voulut monter sur le pont pour prendre l'air.

Une petite cérémonie, à la tombée de la nuit, avec un gradé lisant quelques phrases religieuses, s'accomplit devant son corps enveloppé d'un linceul, posé sur un brancard, et un groupe restreint de soldats. Puis, le gradé se retourna vers nous, à deux mètres, et dit :

— On va le foutre à l'eau.

Le corps bascula et fut englouti par les vagues. Je ne le regardai pas disparaître. C'était pénible. « On va l'oublier, voilà, on n'y pensera bientôt plus parmi les hommes... », songeai-je.

Au large de l'Inde, le temps changea et une tempête se déclara. Le navire eut de la gîte, resta penché d'un côté en permanence. Une bouteille ne pouvait pas tenir sur une table. On vivait de travers. La tempête ne cessa pas pendant quatre jours, faisant beaucoup de malades. Les vagues s'écrasaient sur le pont et, quand l'eau se retirait, nous marchions en hâte vers le réfectoire, à l'heure des repas, avant l'arrivée de la vague suivante qui nous aurait emportés. Pour résister, il fallait se forcer à manger.

Près de Singapour, nous croisâmes la marine militaire française, un porte-avions avec des appareils qui décollaient et se posaient dessus par un temps mauvais. A l'arrivée à Saïgon, le soleil était brûlant, le temps humide. C'était l'époque de la mousson.

A quinze kilomètres du port de Saïgon, dans la campagne, l'ennemi se cachait, opérant des escarmouches d'avant-postes. La guerre faisait déjà sentir son odeur, la végétation différait, tout était dépaysant. Je fus très impressionné. « Voilà le climat qui nous attend pendant deux ans », pensai-je.

Les moustiques, véhicules de paludisme, nous accueillirent avec ferveur. Je fus immédiatement touché, comme beaucoup d'autres, sans le savoir.

Presque aussitôt, on nous fit exécuter des patrouilles en camions à l'intérieur de la ville, puis dans la campagne, parmi les rizières inondées. Chacun, aux aguets, portait un fusil et deux grenades. L'ennemi était invisible.

Les patrouilles aux alentours de Saïgon, en Cochinchine, s'effectuaient par groupes de dix, parfois la section entière. Plus l'on s'enfonçait, plus la tension augmentait, mais l'ennemi demeurait toujours invisible. Nos officiers voulaient nous habituer, avant de partir dans une région plus dangereuse du Vietnam, à l'extrême nord du pays, mille deux cents kilomètres plus loin, le Tonkin, à la frontière de la Chine.

Un mois plus tard, un navire américain de débarquement de troupes, vendu à la France, nous conduisit à bonne distance de la côte vers cette région redoutée, pour six mois. La baie d'Along, près d'Haïphong, était considérée comme une merveille du monde, mais c'était surtout un endroit terriblement dangereux.

A Hanoï, notre caserne centrale se nommait « Le Protectorat », révélant d'un mot les intentions de la France. Les vraies sorties débutèrent, dangereuses, tendues. Un officier nous informa :

— Vous pouvez ici vous faire tirer dessus à bout portant, n'importe où, n'importe quand.

Des arbres, des broussailles, des plaines, des zones découvertes constituaient le décor, avec toujours un adversaire invisible. Des petits villages se trouvaient à tout moment envahis par l'adversaire, qui repartait, menant la guerre à sa manière déconcertante. Les routes étaient mauvaises, avec des fondrières, des trous de mines, des traces de combats.

La nuit, sous nos tentes à deux places, nous étions parfois réveillés par des rafales de mitraillettes tirées par les soldats de garde. J'aperçus enfin des ennemis sur une crête dans la pénombre, deux petites silhouettes à peine visibles. Une sentinelle tira aussitôt une rafale, blessant un des hommes, tandis que l'autre l'aida à marcher. Nous les laissâmes partir. La proximité de l'ennemi ne nous empêchait pas de dormir : les kilomètres parcourus à pied dans la journée avec notre équipement nous épuisaient. Au matin, nous fouillions la campagne afin d'y déceler des tireurs isolés ou des troupes importantes. Souvent, nous marchions en file indienne sur des chemins minuscules, ou déployés en éventail. Le ratissage en force progressait dans toutes les directions. La tension nerveuse était forte, mais les accrochages très rares. On sentait et devinait l'ennemi qui nous guettait, évitant des affrontements directs.

La radio, portée à dos d'homme, nous permettait de communiquer d'un groupe à l'autre. Nous avancions en silence. Des patrouilles françaises se faisaient surprendre de nuit, avec des morts, des blessés. Face à une artillerie légère, notre artillerie lourde, avec des chars, lançait des obus au-dessus de nos têtes, à courte distance, presque à nos pieds.

En arrivant dans un village, je découvris, derrière une porte, une femme seule dans une construction. C'était une Européenne qui tremblait de tout son corps à cause du paludisme, semblait-il, plus que de la peur. Peut-être était-ce une enseignante. En dépit de sa quarantaine d'années, ses cheveux gris décoiffés qui tombaient sur ses épaules en s'évasant lui donnaient un aspect plus âgé. Accroupie dans la paille, elle me regarda, ayant voulu se cacher, et craignit à cause de mon fusil à la main que je ne tire. Dans l'énervement des combats, on risquait toujours d'appuyer trop vite. Je la braquai en imaginant d'abord rencontrer un ennemi. Je souris et refermai la porte. Plusieurs soldats la virent.

— Dégageons !... Avançons !... ordonnèrent les gradés, qui ne s'intéressèrent pas à cette femme.

Elle fut abandonnée à son sort dans la paille, attendant avec impatience notre départ et peut-être le retour des villageois. Les Annamites emportaient souvent tous leurs bagages, leur argent, et revenaient quand nous étions passés.

Pendant les haltes, nous tentions de penser le moins possible à la guerre, nous reposant, buvant, mangeant, dans la beauté de la nature ensoleillée vers Phu-Ly. Les permissions à Hanoï, avec leurs dancings et leurs prostituées, n'excluaient pas les dangers d'attentats. J'évitais ce climat de fausse fête le soir, me méfiant aussi de l'alcool quand je songeais à mes expériences fâcheuses dans les Vosges.

Les Vietnamiens accomplissaient leurs achats dans la journée et je préférais me promener parmi eux dans les rues et sur les marchés, dégustant des fruits exotiques que je n'avais jamais mangés, comme les ananas ou les noix de coco. La méfiance des civils vietnamiens à notre égard continuait de me surprendre. Quantité se trouvaient en liaison secrète avec l'ennemi, qui possédait des informateurs partout.

Un officier nous avertit :

— On part bientôt dans les collines.

C'était le pire. Les collines boisées représentaient l'endroit le plus dangereux. Des camions nous emmenèrent dans leur direction pendant les cinquante premiers kilomètres. Formant une immense région dépourvue de grandes villes, traversée du fleuve Rouge et de petites rivières, les collines se situaient près de la Chine, qui soutenait le Viet-Minh.

Le premier danger avait une origine inattendue. Notre bataillon campait en début de soirée lorsque, dans une caverne où les munitions et la nourriture avaient été abritées, deux panthères sautèrent devant une sentinelle pour entrer à l'intérieur de la caverne, qui constituait sûrement leur repaire. Je vis l'une d'elles bondir à la vitesse d'une flèche et se camoufler dans l'abri. Un sous-officier se trouvait à l'intérieur de celui-ci. Il fut nez à nez avec les animaux, qui ne l'attaquèrent pas, mais donnèrent des coups de pattes et de griffes dans l'air pour l'effrayer. Je le vis émerger de la caverne comme s'il y avait vu le diable.

Au cours de la même nuit, j'étais de garde lorsque je vis à nouveau les panthères se faufiler dans la haute herbe à six ou sept mètres de moi. La première disparut, et la seconde s'immobilisa tout près. Elle tourna la tête, et ses yeux se fixèrent sur moi. Tout son corps donnait une impression de formidable puissance et de souplesse. Je préparai mon fusil. La panthère feula légèrement, puis disparut dans la nature sauvage.

Nous partîmes vers une succession ininterrompue de savanes, de torrents, de dépressions, de forêts, de cuvettes fermées sur la totalité de leur pourtour. Il n'y avait ni maisons, ni habitants.

Le poste militaire de Dien-Bien-Phu se situait là. Nous

marchâmes dans les parages sans savoir que, un an et demi plus tard, le 7 mai 1954, la cuvette de Dien-Bien-Phu, transformée en camp retranché, allait être le théâtre de la dernière bataille des Français — 230 000 envoyés dans le pays au total.

Nous parvînmes à un « point d'appui », une colline entourée de tranchées. Pendant trois mois, nous y séjournâmes, dormant dans les tranchées, peu agressés par les moustiques à l'écart des marécages. Les premières manifestations du paludisme apparurent cependant à ce moment. Un soir, un officier nous avertit que l'ennemi attaquerait probablement pendant la nuit. Je bus du café pour me tenir en éveil. Nous ne savions si ce serait une escarmouche ou un carnage. J'éprouvai des tremblements vifs des mains, qui pouvaient provenir du café ou de l'angoisse, mais qui manifestaient la maladie. Par la suite, je n'eus que de petites crises de paludisme, se déclenchant pour s'interrompre et revenir sans réelle gravité.

Un mal plus grave me rongeait déjà l'organisme sans que je m'en doute. Je toussais, me sentais attaqué de l'intérieur. La tuberculose me tenait. En pleine guerre, elle ne fut pas diagnostiquée immédiatement. Je la traînais peut-être depuis la France.

La dysenterie faisait aussi des ravages. Les hospitalisations se multipliaient. Il y avait de quoi abattre les plus résistants.

Une nuit, après que nous eûmes accompli une sortie périlleuse qui nous mena à un kilomètre du point d'appui, l'ennemi attaqua en nombre nos deux compagnies, à la grenade et au mortier, lançant des grenades fumigènes qui prenaient à la gorge.

Une quinzaine des nôtres firent retraite derrière nous en toussant. Du coup, un espace de terrain fut libéré, créant un passage pour l'ennemi qui s'avança vers mon groupe. Deux de mes compagnons furent tués. Un homme, tout près, braqua une mitraillette sur moi. Il me dit :

— Désarme ton fusil !

J'obéis.

— Avance plus loin ! commanda-t-il, en me suivant à distance.

Il paraissait ne pas vouloir signaler sa présence aux autres en tirant. Je ne comprenais pas ses intentions. Il me demanda de m'allonger à côté de deux autres Français, un sergent et un caporal. Nous étions ses prisonniers. Cet homme n'était pas un Vietnamien, mais un Européen. Les Vietnamiens, dans l'obscurité, l'assistaient. On devinait leur présence invisible et innombrable. Les quelques Européens que nous rencontrions dans les rangs de l'ennemi, qui les plaçait d'ailleurs à des postes dangereux et non de commandement, suscitaient la réprobation chez nous. Ils étaient détestés et, souvent, se montraient très meurtriers. L'homme tira à bout portant sur mon camarade.

Depuis mon arrivée dans le pays, je n'avais fait aucun saut en parachute, sauf un d'entraînement. Pour un parachutiste militaire, j'étais un drôle de parachutiste, et je me trouvais maintenant prisonnier comme un fantassin ayant eu à lutter presque corps à corps. Malgré mes trente et un sauts précédents, j'étais là, en fin de compte, allongé au sol devant la mitraillette d'un Européen passé dans les rangs du Viet-Minh...

Ce fut cette nuit-là que je gagnai une médaille et le dégoût des combats. Les permissions elle-mêmes ne m'intéressaient plus. J'étais en état de choc.

Lorsqu'un coup dur avait lieu, les gradés essayaient de mettre à l'écart pendant quelques jours les plus ébranlés, ou les nouveaux qui n'avaient jamais assisté à des affrontements sanglants, afin qu'ils se refassent une santé nerveuse. Quinze jours après cette attaque des Vietnamiens, on estima que je pouvais repartir. Je devenais un peu un vétéran.

Je repris les combats, mais ce n'était plus pareil.

Les médecins ne remarquèrent pas que je toussais. Les sous-officiers s'en aperçurent, mais le diagnostic de la tuberculose n'était pas encore établi.

Plus tard, lors d'une radiographie obligatoire des poumons, on me dit :

— Tu as une tache, toi, mais on verra ça plus tard.

J'attendis encore un mois avant d'avoir des nouvelles. Pendant une patrouille, toujours au Tonkin, je fus obligé les jours suivants de me rabattre vers l'arrière, avec deux camarades, à cause de la dysenterie. Nous parvînmes à un aérodrome perdu dans la nature, après avoir suivi des chemins étroits dans les forêts, sans villages ni habitants. Bien qu'étant au mois de février, la température était douce, avec une forte humidité la nuit, du brouillard le matin. Nous redoutions une embuscade. Les arbres empêchaient de voir à plus de dix mètres. Dans les montées, je m'essoufflais beaucoup trop, me demandant ce qui m'arrivait.

Le médecin me fit transporter à Hanoï en avion avec un petit groupe. Je retrouvai la caserne presque déserte. Sans explication, je fus envoyé aussitôt en mission au sud, où des groupes ennemis avaient été repérés. Le paysage changeait complètement, formé de plaines sablonneuses et arides. Bientôt, nous fûmes réunis dans un fortin, à dix kilomètres de Hué. La guérilla reprit, mais je fus convoqué à l'hôpital de cette ville. Pour moi, la guerre était terminée.

Je restai en Annam sous surveillance médicale pendant une semaine. Mes journées se déroulèrent à m'ennuyer, avec quelques heures de permission. Hué était à cette époque une petite ville tranquille et bien gardée où il ne se passait rien. Mon moral avait atteint un niveau si bas que je n'allais même pas jusqu'au palais impérial. Je me bornai à me promener au bord de la rivière des Parfums dont, en d'autres temps, la beauté et la poésie m'auraient enchanté.

Je fus transporté dans un petit avion à quatre places à Saïgon. On me donna avant le décollage un somnifère, sans m'en avertir, en me prescrivant du repos. Je me réveillai à cinq cents mètres d'altitude, sans avoir rien vu du décollage, avec un général à deux étoiles à mes côtés, en uniforme comme le mien et portant un béret rouge. Je fus surpris d'être si haut, dans un ciel bleu. L'avion possédait des dimensions minuscules, et tant de lumière y pénétrait que j'avais presque l'impression de me trouver hors de l'avion et de tomber.

Puis, je fus rapatrié en avion civil, toujours ravagé par la fièvre. Le trajet fut interminable, avec une escale à Calcutta. Des vautours évoluaient à l'entrée de la ville, guettant les poubelles, les renversant avec la force d'un chien. Depuis l'autocar qui nous conduisait à l'hôtel, je regardai ces gros oiseaux affamés. Des mendiants encore plus affamés se trouvaient à la porte de l'hôtel. Ce fut ensuite Damas et ses rues bruyantes. La dernière escale eut lieu à Tunis. Enfin, le 30 avril 1952, l'avion survolait de nuit Marseille illuminé. La vue de mon pays me procura un étrange bonheur. J'étais « chez moi ». A Paris, il faisait si froid que je grelottais. Mon pantalon léger, ma chemisette ne suffisaient plus. C'était pourtant la fête du travail du 1er mai. Tandis que j'étais conduit en ambulance à l'hôpital militaire de Clamart, des milliers de personnes défilaient dans les rues, bloquant le passage. L'ambulance fut encerclée, incapable d'avancer pendant un quart d'heure. J'étais bien reçu en France.

L'arrivée à l'hôpital me démoralisa complètement. Je pris conscience que j'y serai pour longtemps, des années peut-être. Un mélange indescriptible d'appelés, de légionnaires, d'Algériens, de sous-officiers, de deuxièmes classes, atteints de blessures et de maladies diverses, formait un spectacle affligeant. Piqûres, radios, transfusions de toutes sortes, pneumothorax, salle de vingt-quatre lits devinrent l'univers auquel je dus m'accoutumer. Le personnel médical se montrait hostile à l'évocation entre nous de souvenirs de guerre.

— Pas de discussion, pas d'émotions !... Du repos !...

Plusieurs venaient du Vietnam. Avec les semaines, je m'habituai un peu. Le temps n'en finissait pas. Le mal ne voulait pas disparaître. Les deux poumons étaient touchés. On m'insufflait de l'air dans les poumons à l'aide d'une aiguille. J'avais vingt-cinq ans. Je ne voyais pas d'issue.

A l'automne, on m'avertit :

— Le général Salan va venir demain vous décorer.

Les papiers concernant ma médaille, une croix de guerre, m'étaient parvenus, ainsi que ma nomination de caporal. Nous étions plusieurs à devoir être décorés. Raoul Salan, dont on disait qu'il était l'homme le plus décoré de France, avait été nommé commandant en chef de l'armée d'Indochine, en janvier 1952, après la disparition du général de Lattre.

Le lendemain, j'hésitai à accepter la décoration de la part de ce général qui avait depuis longtemps pris position pour la guerre en Algérie. Ce fut un tourment et je ne savais que faire. Nos opinions divergeaient de façon radicale sur ce problème. Il voulait le maintien de l'Algérie française, tandis que j'étais convaincu de l'inévitable indépendance de ce pays. J'avais vu l'horreur de la guerre en Indochine; je ne trouvai pas de justification à ce que cette horreur se prolonge en Algérie. Les idées de Salan signifiaient la mort, la souffrance, des vies brisées.

Je traînai ainsi près de mon lit sans enthousiasme. A cause de l'Algérie, cet honneur cessait d'en être un pour moi. Pendant ce temps, Salan se trouvait dans une salle de conférence. Une infirmière, sachant que je faisais partie du groupe des futurs décorés, me disait :

— Venez !... Venez !...

Je lui répondis ne pas partager les idées de cet officier et lui demandai de me laisser tranquille. Je craignis aussi que mon attitude ne m'attirât des sanctions. L'heure tournant, je me décidai pourtant à pénétrer avec discrétion dans cette salle où tout le monde était rassemblé autour de Salan.

J'ouvris la porte, Salan était juste derrière, à deux mètres, en uniforme couvert de décorations, imposant. Il discourait devant une assemblée silencieuse. Il tourna la tête dans ma direction afin de savoir qui entrait le dernier, si peu pressé de participer à la fête. J'avais gardé ma tenue d'hôpital, une espèce de vareuse de drap bleu marine. Il expliquait qu'il fallait soutenir l'armée. Je restai debout à côté de lui, ne voyant pas de place ailleurs. Pendant trois ou quatre minutes, j'attendis, sans éprouver le moindre intérêt pour ce qu'il disait. « Ça va bien comme ça, me dis-je au bout d'un moment. Je pars. » Je me tournai vers la porte et sortis avant lui.

Il avait déjà remis les décorations. La mienne demeura dans un coin. Je ne la reçus jamais.

Un de mes anciens camarades de régiment, amputé d'un pied au Vietnam, reçut la médaille militaire ce jour-là. Il était ravi et m'adressa de vifs reproches. « Je m'en fiche !... Parle tant que tu veux », songeai-je.

Peu après, je fis un premier séjour en sanatorium, à Cormeilles-en-Parisis, où je demeurai trois années. L'ambiance ne me changea guère de la vie militaire. Une permission était accordée tous les quinze jours. Au cours de l'une d'elles, j'allai dans l'église de la Trinité, à Paris. Je m'approchai d'un tronc destiné aux pauvres avec l'intention d'y mettre quelques pièces. Un prêtre, imaginant que je voulais voler, me fit sortir. Je ne discutai pas. L'habit, mon pauvre habit, en l'occurrence, fit le moine... En sortant, je donnai trois francs à un aveugle qui mendiait à la porte.

Au sanatorium, je passai des soirées entières à regarder la télévision, qui en était à ses tout débuts. Un médecin-colonel coupait souvent les films pour nous envoyer dormir tôt. La télévision, une petite bibliothèque, les jeux de cartes constituaient les seules occupations, avec un voyage à Lourdes que je parvins à me payer en 1955.

Sur la grande esplanade, le cardinal Maurice Feltin, ancien archevêque de Paris, aumônier général des armées, s'approcha de mon groupe de malades et me tendit sa main ornée d'une grosse bague rouge à embrasser. Je me recueillis dans la grotte, croyant à la réalité des apparitions de la Vierge à Bernadette Soubirous, tandis que toute mon enfance passée auprès des religieuses me revint en mémoire, les chants, les prières, les messes. Je communiai pour la première fois depuis des années lors d'une célébration eucharistique.

Mon moral se trouvait au mieux lorsqu'en rentrant au sanatorium le médecin me dit le jour même que je devais retourner à l'hôpital militaire de Clamart. Je ne m'y attendais pas ! Un poumon n'allait pas. Je restai cinq mois hospitalisé à nouveau, de plus en plus inquiet pour l'avenir, avant de revenir au sanatorium où il y eut la visite du général américain Ridgway, commandant en chef des forces alliées en Europe. Il avait succédé à Eisenhower. C'était une « huile », qui devint aussi chef d'état-major de l'armée américaine en 1953. On nous dit de nous habiller proprement pour le rencontrer au réfectoire avec sa femme. Dans notre isolement complet, cette visite nous fit du bien et nous donna l'impression que l'on s'intéressait à nous quand même. De manière identique, mais plus simple encore, vint deux fois la maréchale Leclerc de Hauteclocque, tout habillée en noir, une femme de grande taille. La seconde fois, elle nous réserva la surprise d'être accompagnée de chanteurs et d'artistes pour nous distraire.

Le médecin-colonel lui parla de moi. Il fallait trouver une maison de repos à ma sortie.

En avril 1957, je me retrouvai ainsi, grâce à la maréchale, dans un hameau nommé Les Rosiers, près de Poligny, en Seine-et-Marne, pour une convalescence avec d'autres militaires, sans médecins, dans une vieille et grande maison nommée *L'Escadre*. Il me fallut en partir bientôt.

Je me sentis à nouveau seul, dépourvu de logement et de travail. Par hasard, je m'orientai vers Fontainebleau et Nemours, les grandes villes voisines. C'est la forêt qui m'y attendait. Je ne le savais pas encore.

CHAPITRE XIII

Chaque jour est un défi

La forêt me devenait familière. Je la connaissais par tous les temps, en toutes saisons. Ce qui me frappait beaucoup, c'étaient les orages. Je les redoutais. Quand ils éclataient juste au-dessus de la forêt, ils m'exposaient à des risques. Le tonnerre qui faisait tout trembler, les éclairs qui illuminaient les recoins, foudroyaient parfois des troncs, le vent qui arrachait et renversait des arbres, m'obligeaient à attendre avec patience le retour au calme. Ce déchaînement me faisait sentir brutalement les dangers de cette vie dans la nature.

Au cœur d'un orage ou d'une tempête, je ne pouvais qu'espérer le traverser sans dommage. Un départ précipité vers un autre abri ne se produisit jamais : il n'existait d'abri nulle part. L'église de Moncourt, au milieu des champs, était la construction humaine la plus proche, mais la porte en demeurait toujours fermée. Elle ne s'ouvrait que deux fois par mois pour la durée d'une messe. J'y aurais trouvé, derrière ses murs en pierre épais, une protection certaines nuits où la nature entière semblait devenir folle et m'arracher mon abri.

« Attendons, cela va s'arranger, me disais-je pour me rassurer. Il y a tant d'arbres dans la forêt qu'aucune raison n'existe pour que la foudre tombe sur ceux qui m'entourent. »

Le vent secouait de façon impressionnante la cime de

grands arbres tout proches, qui vibraient jusqu'au bas du tronc, et leur chute m'aurait tué. La cabane pouvait être réduite en miettes au cours d'une nuit et la mort me surprendre dans mon sommeil. Au cas où j'aurais été blessé sans possibilité de me dégager, je ne sais pas ce que j'aurais fait. Comme pour d'autres difficultés, j'aurais eu à improviser.

Et puis, il y avait la neige, qui revenait presque chaque année. Toujours mal chaussé, je peinais à marcher pour trouver du bois mort de chauffage ou de la nourriture. En ces lieux reculés, les chemins ne se trouvaient jamais dégagés par des chasse-neige. J'écartais la neige devant ma cabane et, au-delà, je devais me débrouiller.

La neige fondue me servait de boisson quand je ne pouvais aller chercher de l'eau à des kilomètres et la rapporter sur un chariot par des chemins devenus totalement impraticables. J'essayais de constituer des réserves d'eau dans des fûts métalliques, abandonnés par les agriculteurs, qui avaient contenu de l'huile pour leurs appareils. L'eau gelait. Entourés de chiffons et de feuilles de plastiques, les fûts se remplissaient de glace et je devais la briser à la hache. Il n'y avait jamais assez d'eau potable pour tenir plus de trois ou quatre semaines. J'aurais aimé que l'on installe une tonne afin qu'un paysan vienne de temps en temps avec un tracteur la remplir dans les environs. En vain. J'économisais l'eau au maximum.

La neige cachait le bois mort. La difficulté pour le sécher était extrême, mais je parvins toujours à faire du feu, faute de quoi je n'aurais pu résister. En trouver exigeait une dépense de temps considérable pendant les mois où la durée du jour était la plus brève. Je tâtais le sol avec mes pieds, avec mes mains, parfois avec un bâton, pour repérer une branche à emporter, un tronc couché que la putréfaction n'avait pas encore atteint. Le mieux était de rencontrer un arbre mort s'apprêtant à tomber. Je le coupais sur place et j'avais des réserves pour quelques jours. Je gardais en mémoire les arbres qui devaient s'écrouler et je retournais à leur emplacement au moment opportun. Quand j'en voyais un beau à demi renversé, ne tenant plus que par ses branches entremêlées à celles des arbres voisins, j'étais toujours content. Souvent, j'arrivais trop tard et les troncs couchés ne représentaient plus qu'une sorte de pourriture impropre à brûler.

Pendant les hivers de très grands froids, je ne parvenais jamais à me réchauffer complètement, et la tombée de la nuit m'apportait souvent une épreuve jusqu'au matin. Je souffrais mais je résistais, n'éprouvant pas d'inquiétude véritable pour survivre auprès de mon feu.

Il était essentiel que je puisse me déplacer. En cas de jambe cassée ou de maladie, je serais mort. Il me fallait toujours compter sur un peu de chance. Personne ne serait venu à mon aide, personne n'aurait été alerté. Je veillais à ne pas commettre d'imprudence. La vigilance ne pouvait cesser et l'expérience représentait un atout irremplaçable.

Lors de ces vagues de froid extrême, je ne possédais pas de radio ni de journaux m'informant de la vie hors de la forêt. La séparation avec le monde devenait complète. J'essayais de constituer des réserves de nourriture mais comme je n'achetais rien et vivais de mes récoltes au hasard, je dépendais de la providence. Les réserves ne me permettaient jamais de vivre plus de quelques jours. Les gens se calfeutraient dans les maisons, les rues étaient presque désertes. Il ne m'arriva jamais de mendier, de réclamer quoi que ce fût. Je n'avais rien contre la mendicité, mais ce n'était pas ma façon de vivre. De retour dans la forêt, je m'enfermais au chaud dans ma cabane. Le froid pourtant s'acharnait à y pénétrer et je luttais constamment pour le repousser. Les nuits étaient difficiles et fatigantes. Je me réveillais souvent, enveloppé dans plusieurs épaisseurs d'habits et de couvertures.

Par prudence, après l'incendie de ma deuxième cabane pendant que je cherchais du bois, j'avais décidé de ne plus jamais dormir dans l'abri où se trouvait mon petit poêle. Je le faisais chauffer au maximum pendant la journée et jusque dans la soirée, puis je sortais dans le froid afin de partir dormir à l'intérieur d'une autre cabane, sans feu, que j'avais construite à quatre mètres. Elle était faite sur le même modèle, avec des dimensions analogues, mais ne comportait ni poêle ni cheminée. Elle n'avait pas de fenêtre, et tous les trous étaient bouchés grâce à des planches, des chiffons, des cartons. C'était ma chambre, avec un vieux sommier, deux matelas, des couvertures et un nombre considérable de morceaux de tissus de toutes sortes pour renforcer l'efficacité des parois contre le froid. Si deux années m'avaient été nécessaires pour achever la cabane renfermant le poêle, il m'en avait fallu presque autant pour la cabane sans feu. Le soir, après avoir fait une sorte de provision intérieure de chaleur auprès des bûches allumées, je sortais rapidement dans le froid ou la neige, je fermais la porte, et je marchais dans la nuit vers la seconde cabane pour m'y enfermer.

Je dormis des hivers entiers dans cet abri dépourvu de feu. Tout gelait dehors, atteignant des températures vertigineuses au-dessous de zéro; des plantes et des arbustes mouraient de froid et, au printemps, n'apparaissaient plus ici et là que des vestiges de végétation jaunie ou brunie, sans bourgeons ni feuilles, mais je résistais dans ma petite cabane avec mes couvertures. Le matin, les couvertures elles-mêmes gelaient. Si elles ne mouraient pas, c'est parce qu'elles ne pouvaient pas mourir. Une couche de glace réussissait à se former dans l'abri.

Dès que possible, je retournais promptement à la cabane voisine raviver le feu et dégourdir mes membres ankylosés. Quand le froid pénétrait le corps et me faisait trembler, il devenait presque impossible de me réchauffer sans feu. Les nuits étaient longues, les hivers étaient longs. Je voyais toujours avec un grand bonheur l'arrivée du printemps et des fleurs.

Mon état de santé se conciliait mal avec l'humidité, le froid, la pluie ou la neige, et pourtant je les affrontais en triomphant à chaque reprise.

Mon amour de la nature m'aidait certainement à tenir et à compenser le découragement dû à mon manque de force. La beauté d'une forêt enneigée me faisait du bien, me rendait heureux d'exister et de voir cela, si près de moi, offert dans sa pureté et le silence. Je parvenais à l'équilibre : j'étais malade et résistant à la fois. Chaque jour passé représentait une victoire de la vie, chaque jour à venir un défi à l'espérance. Je me tenais prêt à affronter d'autres jours et, tout en songeant à la mort, je n'y accordais pas plus d'importance qu'elle n'en méritait. La neige ou la glace s'accumulait tant sur les arbres qu'ils se brisaient parfois sous le poids. Ma cabane échappa toujours à ces accidents.

Au fil des années, je m'affaiblis, sentant que le froid devenait de plus en plus épuisant et douloureux. Je m'éloignais de la jeunesse et de son incroyable résistance, de sa faculté d'adaptation. Comment envisager la lutte contre l'âge ?

J'eus deux adversaires principaux dans ma vie forestière : les hommes, qui m'y reléguèrent tout en m'y compliquant sans cesse l'existence, et moi-même. Ces forces en moi, qui luttaient entre elles, faisaient alterner les moments de découragement et d'espoir. Je me trouvais poussé à mes dernières limites. Sans consacrer mon temps à y réfléchir, sans philosophie superflue, je ressentais tout cela dans ma chair et dans mon âme.

Quand le froid était trop vif, je ne sortais que quelques instants par jour de ma cabane et je restais de longues heures à vivre tout bonnement avec moi, sans distraction. Je bénéficiais si peu de l'expérience d'autres personnes ayant vécu dans la nature à l'état pur, et je devais tant découvrir au fur et à mesure les procédés de survie par moi-même, en tâtonnant, que ce fut seulement au bout de dix-sept années, à un moment où ma résistance au froid s'avérait parfois insuffisante, que je pris l'habitude de chauffer la cabane constituant ma chambre avant d'y dormir. Les objets inflammables y étaient si nombreux que je me méfiais du feu. Pourtant, je pris chaque soir, en hiver, des braises rouges que je disposais au fond d'une bassine. Je l'apportais dans la cabane dépourvue de poêle. Tout étant clos, cette chaufferette modifiait la température de l'air rapidement. Les braises persistaient jusqu'à la moitié de la nuit ou davantage. Elles créaient une atmosphère agréable. On n'aurait pas cru, de l'extérieur, qu'une simple bassine suffisait à chauffer une cabane quand le gel fendait les pierres. Il y faisait bon. Les braises ôtaient l'humidité des couvertures et m'accordaient un meilleur sommeil, mais ce bien-être n'était que relatif. Il se mesurait aux milliers de nuits sans feu, à frissonner et à attendre le matin.

Une nuit, je posai la bassine à demi remplie sur des planches au pied de mon lit. La chaleur dégagée fut si intense que les planches noircirent, se consumèrent lentement, et que deux vestes brûlèrent. Pendant les nuits de froid moyen, je mettais dehors le récipient avec les braises au bout d'une demi-heure ou d'une heure. Cela suffisait jusqu'au matin.

Quand l'époque de la neige et de la glace finissait, je recueillais le plus possible d'eau de pluie afin de limiter les transports. J'installais des feuilles épaisses de plastique sur quatre piliers et des branches pour former une surface en pente. Les gouttes de pluie s'y rassemblaient dans un chéneau incliné qui conduisait l'eau à un fût métallique. Je remplissais jusqu'à quatre de ces fûts.

Toutefois, aux époques de surabondance d'eau succédaient fréquemment des périodes de sécheresse. Les fûts et bidons vides m'obligeaient à partir à la recherche de l'eau. Pour éviter les maladies, je préférais consommer l'eau prise à un robinet ou une pompe, mais l'eau de pluie me fut toujours d'un grand secours. La vie sans eau n'était pas concevable. Je pouvais résister dans certaines limites au froid, à la faim, à la maladie, mais pas longtemps à l'absence d'eau.

Je n'eus jamais de parapluie, cela se trouva comme ça. Je

parcourais ordinairement des kilomètres sous une pluie battante avec une simple casquette et une veste, parfois un imperméable. Un parapluie m'aurait encombré les mains lorsque je transportais des bidons ou des paquets. J'enfilais des habits secs ensuite et l'on ne m'attendait d'ailleurs jamais dans un lieu où il eût été plus présentable de ne pas être trempé. Des flaques d'eau et des rus s'étendaient à l'intérieur de mes deux cabanes lors des pluies torrentielles. Je me levais parfois en hâte la nuit pour empêcher l'eau de progresser, et j'améliorais peu à peu la protection contre ces menaces, mais sans jamais trouver un système pour être à l'abri des inondations.

Dès les premiers jours, j'avais construit des W.-C. à l'écart, quatre piquets entourés de grandes feuilles de plastique, avec une planche et un trou creusé dans la terre. Le confort manquait, l'eau n'existait pas en quantité suffisante pour nettoyer. Mais je m'y efforçais et tenais les cabanes et leurs environs propres, pour mon agrément et par respect de la nature. Je changeais ces W.-C. de place de temps en temps. Je transportais le petit abri à un autre endroit, rebouchais l'ancienne fosse, en creusais une nouvelle.

Cette absence de facilités dans tous les domaines ne datait pas d'hier. A l'orphelinat, ce n'était pas mieux. Avant l'installation du chauffage central lorsque j'eus neuf ou dix ans, c'est-à-dire quatre ou cinq ans après mon arrivée, les dortoirs n'étaient pas chauffés en hiver, ou si peu que l'on gelait. Des briques chauffées dans un four étaient enveloppées d'un torchon de cuisine et mises dans les lits. Elles servaient de bouillottes. Du journal les enveloppaient quand elles n'étaient pas trop chaudes. Les draps étaient glacés. Nous recevions des draps bis, un peu gris et bruns, très durs et rugueux, mais aussi parfois des draps blancs plus fins. La nuit, une petite lampe fonctionnait dans le dortoir jusqu'au matin. Une religieuse faisait une ou deux tournées chaque nuit entre les lits. Elle dormait dans un petit box installé à l'angle du dortoir. La vie était dure pour elle et pour nous.

Dans la forêt, je maintenais propre la petite place devant mes cabanes. Je la balayais à l'aide d'un bâton entouré de brindilles qui étaient fixées à une extrémité. Les épluchures, les boîtes de conserve vides, tout ce qui ne présentait pas d'utilisation, s'entassaient dans un coin à l'écart, derrière des broussailles où je créais un petit dépôt d'ordures. Les graviers de la cour d'honneur de l'orphelinat étaient ratissés avec soin par le jardinier. Je revoyais cela. Ceux de la cour de récréation, au contraire, n'étaient pas ratissés. Ils se mêlaient à la poussière ou à la boue. Un château entouré d'un grand parc constituait la plus proche demeure. Je n'en ai jamais vu les occupants et ils ne semblaient pas connaître notre existence. Le monde vivait sans nous.

Le monde vivait encore sans moi maintenant.

Dans ma forêt, il venait si peu de monde que le passage de toute personne se faisait remarquer. Un homme bien vêtu, qui ne ressemblait pas à un chasseur, approcha de mon habitat, en 1976. Cinq années déjà s'étaient écoulées depuis que j'habitais en ce lieu nouveau de la forêt. S'aidant d'une canne, il passa dans ses habits noirs sans m'adresser la parole. Je crus que le propriétaire, que je ne connaissais toujours pas, avait voulu visiter sa forêt. Il disparut dans les ronces et les broussailles, bien qu'en tenue de ville élégante. « Ça alors, il va s'accrocher... », pensai-je avec étonnement.

Trois mois plus tard, un autre homme apparut, très aimable, paisible.

Cette fois, il se présenta. La parcelle de forêt lui appartenait, ainsi qu'une autre, à quelque distance. Je lui expliquai les motifs de ma présence. Il ne comptait pas parmi les hommes les plus riches, mais il comprit la situation.

— Des arbres ont été brûlés là-bas, remarqua-t-il sans animosité.

La trace du pin qui avait brûlé avec ma troisième cabane demeurait, et ce grand arbre à la limite de son domaine lui appartenait. Il ne fit pas d'objection à ma présence, ne me retenant pas mais ne me chassant pas non plus.

J'en fus surpris et touché. Depuis tant d'années, c'était la première fois que quelqu'un ne me chassait pas et, par extraordinaire, ce quelqu'un de bienveillant était le propriétaire. Il fut le premier à ne rien dire contre moi. Ma stupéfaction ne se mesurait pas. Je me sentis soulagé d'un grand poids. Il me permit de rester, me demandant simplement de ne pas couper d'arbres vivants, car il possédait de fort belles pièces.

A partir de cette date, la situation évolua. Huit années d'incertitude prenaient fin concernant l'occupation du sol. Mais j'ignorais si la mairie ne désirerait pas à nouveau me chasser sans m'apporter d'aide. Je demeurais en partie sur mes gardes.

Le regret de ne pas posséder de métier comme j'avais espéré en apprendre un pendant mon adolescence m'était souvent une cause de douleur plus vive que le manque de confort dans la forêt.

J'avais failli être orienté, à neuf ans, vers la profession d'instituteur. J'étais heureux. On en parlait. J'ignorais pourquoi. Le bruit persistait. Je fus pris d'un espoir dans cet univers sans espérance. Mes instituteurs disaient que j'étais un élève studieux, mais ce n'était pas suffisant. Il fallait de l'argent, de l'aide. Ma famille se trouvait ruinée, sans le sou, marquée par la misère. Ma mère ne venait plus me voir depuis deux ans. Puis, le projet fut abandonné sans que j'en sache le motif. Mon rêve s'éteignit et je l'avais oublié lorsque, à quatorze ans, je sus ce qui s'était produit. On me montra une photo. Elle représentait un homme inconnu.

— C'est ton oncle, me dit-on.

Je n'avais jamais vu ce frère de ma mère, dont j'ignorais l'existence. C'était un frère des Ecoles chrétiennes, congrégation fondée par saint Jean-Baptiste de la Salle pour l'enseignement des enfants du peuple. Les franciscaines de mon orphelinat y avaient vu une opportunité pour que je continue des études. Cet oncle, cependant, ne réussit pas à payer ou s'y refusa.

— Il vient de se tuer dans un accident de la route, me précisa-t-on cinq ans après les pourparlers.

Mon orientation vers l'enseignement n'alla pas plus loin. Ainsi se décidait l'avenir d'une vie.

C'était il y a bien longtemps. A Ferney-Voltaire, une grande statue de bronze posée sur un socle de pierre blanche avivait notre curiosité en traversant une place à chaque sortie. Les plus petits demandaient :

— Qui est ce monsieur ?

Le personnage représenté en entier semblait avoir de l'importance. Les plus grands savaient. Une inscription indiquait le nom de Voltaire. Comme nul ne nous en parlait jamais, les plus grands ne savaient pas davantage que les petits qui était Voltaire. On ne nous l'apprit pas à l'orphelinat, mais comme tout finit par se savoir, j'ai su un jour qu'il avait écrit : « Il me paraît essentiel qu'il y ait des gueux ignorants. » Ce fut une forte parole. On y voyait la poigne et la vigueur d'esprit d'un homme capable de conduire les autres dans la fraternité et l'enthousiasme. J'étais sans doute promis, avec tous mes camarades, à devenir l'un de ces miséreux ignorants. Voltaire écrivit cela à Ferney.

Voltaire n'a pas écrit que cela. Il a même écrit le contraire de cent façons, et la même chose encore de cent autres façons. Il écrivait tout et rien, selon son humeur ou son intérêt. C'était un fantaisiste. Il avait la liberté de dire n'importe quoi sans que les pauvres viennent le contredire, ni les autres.

Les temps ont bien changé. Nous n'en sommes plus aux caprices de Voltaire sur l'éducation du peuple.

Sa statue paraissait ricaner de notre sort. L'instruction publique privilégiait les riches. Je ne suis pourtant pas sûr que les temps aient tellement changé.

Voltaire avait trop fréquenté les nantis pour comprendre les autres. Il ouvrit pourtant une école, en châtelain et maître de sa terre. C'est dans le prolongement de celle-ci, modelée à sa manière par l'Eglise catholique, que je fus préparé au certificat d'études primaires.

Beaucoup plus tard, un article de revue me tomba sous la main lorsque j'habitais déjà dans la forêt. Je le lus, je le conservai. Quelque temps s'écoula encore avant que je ne parle de Voltaire avec quelqu'un.

— J'ai lu un article sur lui il n'y a pas longtemps, dis-je.

— Combien de temps ?

— Oh ! guère de temps... Huit ou dix ans.

— Vous appelez ça pas longtemps ?...

— Ce n'est pas très long, continuai-je sans m'étonner devant mon interlocuteur qui, lui, était stupéfait. Voltaire a été un touche-à-tout qui se voulait indispensable partout. Quand on le lit près d'un feu de bois dans une cabane au milieu de la forêt déserte, il n'est pas indispensable.

Dans la forêt, je n'avais plus la même notion du temps que les autres. La forêt m'avait donné la sienne, celle des saisons, des jours et des nuits, un rythme de vie différent de celui des citadins mais aussi des ruraux. Huit ou dix ans, pour moi, cela peut constituer une durée assez courte. Cela dépend de quoi on parle. Ce délai prouvait simplement que, dans la forêt, on ne rencontre pas d'écrits de Voltaire derrière chaque arbre. Tout événement y est marquant.

Si j'avais quitté la ferme de mon enfance en Savoie sous l'aile protectrice des religieuses et la houlette de Voltaire, le regard charitable des premières et les railleries du second, je regrettais que les prêtres des paroisses des alentours m'aient ignoré complètement dans la forêt. Ces prêtres semblaient donner raison à Voltaire. Je ne leur aurais pas demandé grand-chose, peut-être un bonjour en passant. Mais même pas. Je n'eus droit à rien. Pourtant, je faisais partie de l'Eglise catholique. J'avais reçu des leçons de catéchisme intensives, à l'orphelinat Saint-Pierre, et je ne voulais pas être pris pour un vagabond indécrottable, un fouilleur de poubelles stupide. Le passé vivait encore en moi, et j'avais mon opinion sur le christianisme et sur les prêtres. Tout ce que l'on m'avait enseigné, en matière religieuse, et que j'avais plus ou moins oublié ensuite, revenait vivant à l'approche de la vieillesse.

La messe était obligatoire à partir de sept ans, chaque matin à sept heures, avant de prendre le petit déjeuner. Célébrée en latin, elle exigeait pour être suivie un effort pénible et souvent exagéré. On aurait préféré dormir. La chapelle, haute et grande, bien éclairée par les vitraux, était jolie mais austère, en dépit d'un plafond peint en bleu clair avec des étoiles argentées. Elle me communiquait une impression douloureuse à cause de la représentation réaliste, sur plusieurs tableaux, de la Passion du Christ. Les religieuses participaient avec nous à cette messe du matin. On y voyait aussi parfois l'épicière du coin.

A tour de rôle, nous devions être enfants de chœur, habillés de rouge avec de la dentelle. Je redoutais cette épreuve. J'avais du mal à servir la messe en latin, n'y comprenant rien, et tout le monde me regardait. La communion était obligatoire le dimanche, à partir de sept ans, et libre en semaine. En plus de la messe, nous étions contraints d'assister aux vêpres du dimanche, à dix-sept heures. Elles interrompaient nos jeux dans la cour et nous ne les aimions pas.

L'aumônier, le père Alexis, se tenait informé des progrès de chacun, mais on sentait que les enfants l'agaçaient.

Il préférait tailler les arbres fruitiers du jardin. Puis, il est parti et mort de vieillesse. Un autre l'a remplacé, plus jeune, mais il m'a si peu marqué que je ne me souviens même pas de son nom.

J'ai toujours vu de la facilité dans les attitudes prétendues chrétiennes. Le fond de la croyance chrétienne est bon, mais la pratique ne l'est pas souvent. Pour moi, le christianisme est la chose la plus essentielle qui soit dans notre monde, mais la manifestation du christianisme est aussi la chose la plus rare et la plus difficile.

Le bruit des débats qui agitaient l'église me parvenait dans ma cabane. L'église, c'est l'ensemble des chrétiens. Un prêtre d'origine hollandaise, grand et fort, criait souvent sur les enfants du catéchisme et les autres tandis que j'allais chercher à Nemours de la nourriture dans les poubelles. C'était l'époque où le « catéchisme hollandais » donnait lieu à de graves controverses dans l'Eglise universelle. Je ramassais de la nourriture en me disant que ce prêtre venu de Hollande, qui criait tant, qui ne me voyait peut-être pas, transmettait peut-être aussi des idées bizarres. En tout cas, j'imaginais que personne ne s'était jamais douté que cette créature de misère qui fouillait dans les poubelles se tenait informé en même temps du catéchisme hollandais et des dissensions avec Rome. Je lisais ça dans les journaux jetés.

Bien qu'avec du retard, parfois, je finissais par être informé de tout. Sauf de la raison pour laquelle ma pension ne me parvenait toujours pas. Les choses les plus simples en apparence sont parfois les plus compliquées. L'administration devait me considérer comme mort depuis une éternité.

CHAPITRE XIV

Hôtel des ventres creux

L'HOTEL de la Marine bordait le canal du Loing. En 1958, Nemours était encore une commune agricole, quand je m'y retrouvai, les poumons cicatrisés mais l'âme à vif, après la maison de convalescence de Poligny. Des chevaux de trait y circulaient sur les pavés de la grand-rue, et le corbillard, une sorte de charrette avec un cocher, tiré par un cheval noir, maigre, traversait tristement la ville. Victor Hugo avait aimé Nemours pour son charme champêtre et pour sa paix. « C'est un lieu de rêve pour commencer sa vie et pour la finir, écrivit-il. Je préfère l'auberge. L'Ecu de France est une auberge. »

L'Ecu de France existe encore aujourd'hui. Je ne disposais pas des moyens d'y commander un repas.

Mon auberge à moi était près de l'écluse. L'hôtel de la Marine se trouvait tenu par un couple âgé qui me donna la clé d'une chambre pour trois francs cinquante par jour. La chambre était petite, l'hôtel aussi. Un lit à une place, un broc, pas d'eau courante, la vue sur un sapin et des vieux murs, constituaient mon nouvel univers. Vu de ma fenêtre, Nemours ne ressemblait pas à un lieu de rêve.

Ma pension ne suffisait pas à couvrir les frais pour mener une autre existence; l'éventail des emplois s'était réduit à cause de ma santé fragile. Je ne pouvais plus accepter des travaux que j'aurais accomplis aisément autrefois, et l'on ne m'en confiait pas, ni à plein temps, ni à mi-temps. Je me fatiguais rapidement. Des malaises et un mal de dos me rappelaient sans cesse mon invalidité. L'époque des travaux interminables dans les fermes de mon adolescence se trouvait bien révolue, et je ne rencontrai pas d'assistante sociale qui aurait pu m'aider à surmonter ce handicap ou à découvrir un emploi approprié. J'essayai de leur expliquer le problème.

— Oh, c'est un dur, il a fait la guerre d'Indochine, il s'est mêlé de la guerre d'Algérie, qu'il se débrouille !... pensaient-elles.

Et voilà. J'étais expédié. On me cataloguait dans les gens capables de se débrouiller seuls et aptes à tous les travaux de force.

— Mais j'ai été très malade des poumons, j'ai fait cinq années d'hôpital et de sanatorium, protestais-je.

— Vous n'êtes pas à l'article de la mort !

Il n'y avait plus rien à dire. Les gens auxquels je parlais de ma situation ne réalisaient pas vraiment, mais ma pension arrivait encore normalement. Une fois payé la location de ma chambre d'hôtel et les repas, il ne me restait plus un centime. C'est ce que je ne parvenais pas à faire comprendre. La chambre ne contenait rien pour cuisiner, ni gaz, ni plaques électriques chauffantes, ni casseroles, et je n'avais d'ailleurs pas le droit d'y faire la cuisine. Je mangeais dans la petite salle de restaurant de l'hôtel.

Quand ma pension cessa de me parvenir, sept mois après mon arrivée, je craignis une action de blocage de sympathisants de l'O.A.S. dans l'administration. Dès avant sa création officielle en 1961, cette organisation terroriste avait repéré ceux qui s'opposaient à ses idées et cherchait à leur nuire. Depuis les massacres de 1945 en Algérie, je n'avais jamais caché mes opinions en faveur de l'indépendance de ce pays. En tant qu'ancien militaire, je représentais une cible facile pour d'autres militaires. Des preuves formelles me manquaient, mais je soupçonnais une action de cette nature comme il s'en pratiquait beaucoup dans l'ombre.

Un colonel et quatre autres gradés m'avaient demandé de faire partie de leur mouvement. J'avais refusé de façon catégorique. Ils s'étaient montrés menaçants et excessifs. Je les avais rencontrés et vus agir dans l'armée, je savais qu'ils pouvaient se conduire de façon dangereuse, voire criminelle. L'O.A.S. n'avait qu'un but, empêcher la conclusion d'accords entre la France et les Algériens voulant l'indépendance. Le général Salan en était le chef, avec le général Jouhaud et quelques autres. J'avais vu Salan. J'avais vu plusieurs de ses alliés. Je savais à quoi m'en tenir.

Avant 1956, leur attitude ne m'inquiétait pas. Après cette date, je compris que des éléments troubles s'apprêtaient à des agressions et des attentats contre des personnes, des bâtiments ou des groupes s'ils n'obtenaient pas satisfaction.

Ils étaient dans la rue et dans certains bureaux. C'était une force clandestine, mais considérable.

Un jour, ressentant un profond dégoût envers l'attitude d'officiers que je connaissais, je sortis de l'hôtel et mis le feu à mon livret militaire. Autrefois, j'avais voulu faire une carrière dans cette branche et je voyais désormais comment l'armée pouvait se conduire dans un conflit, comment certains de ses chefs n'étaient pas des chefs dignes de ce nom. Du même coup, je brûlai par dépit un titre de pension, mon livret d'invalidité provisoire à cent pour cent, et mon livret de Caisse d'Epargne. Je me sentais écœuré, seul et sans argent. Inconsciemment, au comble du découragement, je brûlai peut-être de façon symbolique une partie de moi-même. Par manque d'argent, je craignais de devenir un indigent, de mourir de faim et d'être chassé de l'hôtel. Avec une santé déficiente, je ne réussissais pas à lutter contre tous les imprévus.

— Vous ne connaîtriez pas un travail pour moi ? demandai-je un jour aux patrons de l'hôtel.

— On ne voit pas pour le moment, on ne voit pas...

Les hôteliers me renseignaient comme ils le pouvaient, sans efficacité, mais avec amabilité.

— Nous sommes plutôt de gauche, expliquaient-ils.

Ils m'hébergeaient surtout parce qu'ils savaient que ma pension devait me parvenir tôt ou tard, avec un rappel. En attendant cet argent, j'étais complètement dénué de ressources.

Je continuai à manger à l'hôtel et à y dormir. Une chambre, une assiette sur une table qui n'était pas à moi : mon univers ne prenait pas beaucoup de place. Je sortais, je rentrais, je mangeais, je dormais, et c'était tout. Je ne possédais jamais un centime en poche. Rien ne m'appartenait, tout était à crédit. Les clients de l'hôtel n'étaient pas nombreux. Je ne leur parlais presque pas, je ne les voyais pas. Cette solitude n'avait pas de sens. La gêne, la honte de vivre ainsi me cuisaient, m'obligeaient à me replier sur moi.

La tentation de boire m'était revenue. Au comptoir de l'hôtel ou ailleurs, je restais des heures devant des verres de vin rouge. J'en consommais beaucoup trop. A dater du moment où ma pension ne me parvint plus, je cessai de boire. Je ne pouvais plus payer. Je n'allais d'ailleurs plus jamais boire de ma vie.

Je découvris, en marchant dans Nemours, qu'un homme y cultivait quatre gros plants de tabac, comme de la salade, dans son jardin. Le tabac poussait en pleine ville. Ces feuilles vertes me rappelaient la ferme de ma jeunesse. J'avais aussi arrêté de fumer depuis longtemps.

Il ne se passait rien à Nemours. Les journées se ressemblaient. Le garde-champêtre battait le tambour accroché devant son ventre pour faire les annonces.

— Avissss à la population...

Il racontait ce que la mairie lui disait de dire. A la tombée de la nuit, la ville était morte.

J'espérais ne jamais devenir un clochard. Cette seule idée me faisait horreur. Quelques mendiants traînaient dans les rues. Je ne les fréquentais pas. Je ne pensais pas non plus que le problème puisse réellement se présenter dans mon existence. Etre clochard, c'était une affaire de clochard; ce n'était pas pour moi. A cette époque, beaucoup de clochards sortaient de courtes peines de prison. Je n'avais pas commis de délits. La vie marginale des mendiants se situait presque dans un autre univers que le mien. La prison ne les avait pas aidés à retrouver une place dans la société, c'est ce que je constatais.

Pourtant, un jour, j'ai eu un choc. J'ai vu un clochard qui n'était pas un délinquant, pas un condamné, pas un bandit. Il était clochard quand même. Je me suis dit : « Tiens, ils ne sont pas tous d'anciens taulards chez les mendiants. » Je me posai encore plus de questions sur la façon dont on atteignait cet état. Les équipes de deux ou trois clochards ne représentaient pas le système le plus fréquent. La plupart vivaient de manière individuelle, craignant d'être volés par les autres.

Sorti de mon hôtel, je ne savais où aller ni quoi faire. Je me voyais mal parti dans la vie. Ce n'était pas nouveau. Les semaines passant, les rations de nourriture ne furent plus aussi copieuses qu'au début. Ma pension n'arrivait toujours pas. Je commençais à devenir sous-alimenté. J'avais faim. Je ne pouvais rien acheter, pas même un morceau de pain. Je passais devant les boulangeries et les autres magasins d'alimentation en regardant toute cette nourriture qui me faisait envie. Mais les longues marches ne me convenaient plus. Je m'épuisais vite. Je rentrais à l'hôtel m'allonger et attendre l'heure du repas. Je n'étais pas loin du désespoir. L'avenir se cachait derrière des montagnes d'incertitudes.

Je cessai enfin de sortir de ma chambre, ne descendant du premier étage que pour manger. Puis, les hôteliers me demandèrent à être payés pour la nourriture. Ils trouvaient, eux aussi, que ma pension tardait beaucoup à venir. Je leur dis à nouveau que je ne comprenais pas la raison de ce retard. Ils ne voulurent plus me servir de repas. Ils me laissaient la chambre encore un peu, sans accepter de me faire crédit pour la nourriture.

Je cessai d'aller manger, n'ayant plus de réflexe de survie ni d'espérance, aucune envie de me disputer. Je laissai tout tomber. A quoi bon discuter ? A quoi bon vivre ? Je ne voulais pas mourir pour autant. Je me désintéressais de tout. Allongé sur mon lit, je ne m'intéressais même pas au temps qui passait.

Une journée s'écoula, puis deux. Je jeûnais sans penser à jeûner. Je n'absorbais rien, aucun aliment solide. Je ne prenais que quelques gorgées d'eau quand ma bouche était trop sèche. On ne s'étonna pas de mon absence ni de mon refus de contester. Cela ne fut pas assez remarqué pour que les hôteliers viennent frapper à la porte. Je n'attendais d'ailleurs personne. Un troisième jour s'écoula, et un quatrième. Etendu sur le lit de misère, dans une chambre de misère, je ne faisais rien. Un cinquième jour passa. J'éprouvais des crampes d'estomac et aussi une faible, très faible peur de mourir. Au point où j'en étais, la mort ne m'impressionnait pas.

J'avais toutefois de plus en plus faim, mais la lassitude d'exister était encore plus grande. Je ne m'étais pas fixé de but en acceptant de ne plus m'alimenter. Il n'y en avait pas. Je n'espérais rien obtenir par ce moyen, ni par aucun autre. Ce n'était pas une grève de la faim, une revendication. Je n'en avais pas parlé hors de l'hôtel et nul ne me voyait. Je ne bougeais pas, c'est tout, je n'existais plus, je ne parlais pas, n'attendais rien. D'autres jours passèrent, tous semblables. Je devins maigre comme un clou; je n'étais qu'un paquet d'os. Dix jours sans absorber une miette de pain s'écoulèrent. Puis, cela continua. Il n'y avait pas de raison pour que cela s'arrête. Un peu d'eau pour ne pas trop souffrir et ne pas mourir encore, car je ne cherchais toujours pas à mourir, et je m'étendais à nouveau sur ma couche dans le silence et la solitude. Je ne possédais pas de radio ni de journaux. Les nuits ressemblaient aux jours, et les matins aux soirées. Le temps avançait, je n'y prêtais pas attention.

Les hôteliers marchaient parfois derrière ma porte, écoutant si je donnais signe de vie.

— Vous êtes toujours là ?... demandaient-ils.

— Je suis là.

— Ah ben, c'est que tout va bien.

Cela allait bien. Les jours continuaient d'être tous pareils, et c'était leur seule caractéristique. Ce fut vraiment une époque où je perdis pied, non pas seulement à cause de cette pension d'invalidité impayée sans explication, mais à cause de tout ce que j'avais vécu depuis mon enfance, depuis l'orphelinat, depuis que l'on m'avait enseigné en définitive une seule et unique chose, vivre de façon marginale. Tout le monde y avait contribué plus ou moins. Je perdis alors pied dans la vie et dans cet hôtel, quand l'on me dit que je n'avais même plus droit à manger. Les hôteliers n'y étaient pour rien, mais les autres... Je sombrais, je voyais que c'était un naufrage. Il n'y avait rien à quoi s'accrocher.

Quinze jours passèrent, quinze jours dans cette espèce d'antichambre de la mort.

La patronne vint frapper à la porte au bout des quinze jours parce qu'elle estimait que l'affaire devenait inquiétante.

— Je veux bien vous donner à manger, cria-t-elle à travers la porte, mais il faudra payer quand votre pension arrivera.

Cela m'était bien égal. Je me sentais très affaibli et découragé. Je repris de la nourriture à partir de ce moment comme j'aurais pu ne pas en reprendre. L'instinct de survie l'emporta.

Je touchai brusquement un rappel de quatre mille francs de l'époque, une somme colossale, grâce à l'intervention du président des anciens combattants de Nemours. Je n'avais jamais eu autant d'argent. L'essentiel servit à rembourser l'hôtel, car les trimestres s'étaient accumulés.

Je quittai cet hôtel en 1963 avec quatre cents francs d'économie. L'irrégularité des versements de ma pension me fit craindre que d'autres écarts se produisent. En peu de temps, mes économies seraient dépensées et je me retrouverais dans la situation accablante d'avant. Je préférais partir et ne plus rien devoir aux tenanciers.

J'avais vu juste. Ma pension cessa de m'être versée un trimestre plus tard. Le président des anciens combattants ne put débloquer la situation, ni personne.

Je sentis qu'aucune grâce ne me serait accordée, aucune allocation. L'idée de trouver un lieu sûr où m'abriter devint la plus utile. Je n'en connaissais pas.

— Si tu allais habiter dans les granges, ce serait gratuit et ne gênerait personne, me dit quelqu'un.

Il y avait à Nemours des granges abandonnées le long de la rivière, à un emplacement qui allait un jour être consacré au bureau de poste. C'étaient les vestiges de fermes qui avaient déjà été détruites pour élargir la rue. Peu d'années auparavant, des familles de paysans y vivaient avec leurs animaux.

L'idée fit son chemin. J'examinai les lieux. Je ne me sentais plus difficile pour rien. De grosses tuiles rouges couvraient les toits formés d'une solide charpente en bois, posés sur des murs épais en pierres. Trois ou quatre granges à foin s'alignaient, hautes de dix mètres environ, en bon état, vides, avec par endroits quelques lézardes. Les lourdes portes en bois s'ouvraient aisément. L'ensemble formait une architecture curieuse en pleine ville et évoquait le temps passé où presque toutes les communes de la région ne vivaient que des travaux des champs.

Juste après mon départ de l'hôtel, j'avais passé une nuit en plein air, et je ne tardai pas à explorer les granges et m'y installer. Je découvris une vieille écurie, une cave, une remise à tombereaux, un escalier en bois. Le plancher des granges à demi pourri demeurait couvert de foin. C'était un lit convenable. Je découvris aussi une demi-douzaine de loirs près de la toiture. Ces petits animaux avaient l'inconvénient de chercher tout ce qui pouvait se manger. Une pompe voisine me fournissait de l'eau. Il y avait également un mendiant. Arrivé depuis deux jours, il demeura en ma compagnie dans la grange la plus habitable. Puis, il partit.

C'était un tempérament voyageur. Je fis à cette époque une curieuse rencontre. De tous les sans-logis du coin, Tataouine était l'un des plus étonnants et des plus inquiétants. Envoyé dans un bataillon disciplinaire d'Afrique, comme son nom l'indiquait, c'était une forte tête, une tête brûlée qui avait vécu mille aventures.

Germain était son vrai prénom. Il disait que cette époque des « bats » d'Afrique avait été très dure, mais qu'il s'en moquait car elle se trouvait loin. Il en restait marqué et en parlait comme tous ceux qui ont vécu des faits analogues. Il mendiait et il refusait obstinément de travailler. Embauché pourtant bientôt comme jardinier chez un pharmacien de la ville, il m'apportait de temps à autre un sandwich lorsque je n'avais plus rien à manger. Il dormait dans la grange.

— Tiens, je vais t'apprendre un truc pour gagner du fric, me dit-il un jour.

Le truc, c'était de devenir ferrailleur. Les métaux abondaient dans la région, jetés parmi les détritus. Je ne l'avais jamais remarqué. En les triant, on pouvait les revendre. Il fallait apprendre à les découvrir, les identifier, les séparer d'autres matériaux, les livrer à un acheteur. Cela prenait beaucoup de temps. Finalement, le métier de ferrailleur exigeait de la patience, des efforts et l'absence d'illusions sur les chances de s'enrichir. Il permettait de vivoter.

Je m'y risquai sur les conseils de Germain. Le cuivre valait cent fois plus cher que le fer. Je brûlai des fils électriques récupérés dans les dépotoirs pour ôter le plastique, cherchai des robinets de cuivre et des tuyaux de plomb. A la même époque, le service d'aide sociale de la mairie offrait aux pauvres un morceau de pain de cent vingt-cinq grammes par semaine, et la Croix-Rouge un litre de lait, ainsi que quelques bons de nourriture en quantité dérisoire qu'il fallait réclamer avec obstination à chaque distribution. C'était dégradant et de toute façon insuffisant pour vivre, même en se serrant beaucoup la ceinture. Je ne pris rien. Les métaux rapportaient plus. Je récoltais dix kilos par semaine que je transportais dans des sacs et mes poches.

Trois acheteurs de métaux se faisaient concurrence dans la ville. Ils revendaient ensuite en plus grandes quantités à d'autres sociétés, qui pratiquaient le recyclage. Je gagnais quarante francs par mois au début, puis, en explorant d'autres dépotoirs où des artisans jetaient avec leurs camionnettes des déchets métalliques, j'accrus mes revenus. C'était la chasse au trésor. Un beau morceau de plomb, de longs fils électriques me faisaient toujours plaisir car je savais que je mangerais encore cette fois-ci sans rien demander à personne. Je ne vivais pas facilement, c'était spécial, mais je vivais. Le « métier » était stable et les acheteurs me payaient avec honnêteté. Sans lui, je ne sais ce que je serais devenu. Je l'exerçai pendant quatre ans, toute la durée de mon habitation dans la grange.

A la cave, sous le plancher de cette grange, s'installa un invalide du travail qui touchait une petite pension. Je fus bientôt obligé de le rejoindre car le propriétaire de la grange vint récupérer les tuiles et les poutres du toit. Elle était à ciel ouvert. On ne pouvait plus y habiter. Je descendis à la cave, grande et propre, mais humide et sans lumière. Une bougie permettait de s'éclairer. Le sol en terre battue transmettait le froid. On ne pouvait pas y faire du feu pour des raisons de sécurité. Nous ne brûlions du bois qu'à l'extérieur, cachés par un mur.

Cet invalide du travail écrivit une magistrale lettre de réprimande au général de Gaulle, lui rappelant que combattre les nazis étaient bien mais qu'oublier les pauvres était moins bien. Evidemment, cela ne servait à rien. Pourtant, il avait d'autres motifs d'écrire à de Gaulle. Pendant la guerre, après s'être opposé au gouvernement de Vichy, il avait été déporté pour des raisons politiques dans un camp d'extermination. Durant trois ans, il fut employé par les Allemands, entre autres tâches, à brûler les cadavres dans les fours crématoirs. Très fort, mesurant un mètre quatre-vingt-onze, originaire d'Orléans, il n'avait échappé lui-même à la mort que par chance. Vivre ensuite dans une cave, la paix revenue, ne lui plaisait pas. Il y voyait un manque de respect à la fois pour les déportés, les résistants et les infirmes. Cet homme décrivait les horreurs des camps comme s'il les voyait encore. C'était atroce. Avant la guerre, il avait entrepris des études de pharmacien et maintenant il aidait des Nord-Africains à rédiger des lettres et des formulaires administratifs, contre un peu de monnaie.

Il partit en 1966 lorsque la rumeur d'une démolition des granges s'amplifia. Je restai avec Germain, le chasseur d'Afrique, lui au jardinage, moi à la ferraille. Cela ne dura pas. La cave fut bientôt occupée par un troisième homme, qui arriva par hasard, Auguste, un colosse surnommé « La Plume » parce que son chapeau de feutre noir en pointe était orné d'une grande plume de faisan de quarante centimètres de long, style Robin des Bois. Comme il n'avait pas de logement non plus, on l'accepta.

— Si tu veux venir, tu peux, les granges ne sont pas à nous de toute manière, l'informa-t-on.

Il avait logé au village de Darvault dans un vieux camion, ailleurs dans un baraquement près de carrières de pierres. Il logeait n'importe où, travaillant à n'importe quoi. Il venait de participer à la construction de l'autoroute; il s'occupait désormais de l'installation et du rangement des piquets et des toiles sur la place du marché de Nemours. C'était un drôle de gars. Il fallut bien s'habituer à lui. Après quelques mois, on avait fait des progrès, mais on n'y parvint jamais tout à fait.

Son feutre voyant lui donnait un genre que je n'aimais pas. Il changeait la plume lorsqu'elle était abîmée en s'adressant à des marchands de volailles. Il en était fier, bombant la poitrine, montrant sa force. Cette tenue lui rappelait sa jeunesse et sa ville italienne d'origine, Vérone, près de laquelle il avait chassé le sanglier.

Le soir, il nous contait ses aventures. En ne retenant que la moitié de ce qu'il disait, il en restait beaucoup.

— Si ! Si !... C'est vrai !... affirmait-il avec des yeux qui faisaient peur et des mains qui ressemblaient à des battoirs.

Il avait eu la mort à ses trousses et possédait aux jambes des blessures dues à des éclats de grenades. Au début de la Seconde Guerre mondiale, il se trouvait en Allemagne. Engagé à dix-huit ans, il avait combattu en Espagne aux côtés du général Franco pendant la guerre civile, été envoyé en Abyssinie, en Grèce, en Albanie. Il nous parlait dans un mauvais français mêlé d'italien et d'allemand de sa désertion de la Wehrmacht avec quelques camarades, de ses attaques contre les SS en Tchécoslovaquie aux côtés des résistants qui comprenaient, même là-bas, des Français et des Polonais avec les Tchèques. Une médaille militaire, toutefois, la seule en sa possession, lui avait été remise par l'Allemagne hitlérienne avant qu'il ne change de camp. Probablement nous cachait-il beaucoup de choses. La bataille de Stalingrad, dont il parlait avec épouvante, lui avait montré les limites des forces allemandes.

— Il faisait très froid à Stalingrad, dans la neige, très froid, disait-il.

Le gouvernement français l'avait accepté sur son territoire.

Un après-midi, il partit en ville faire des achats. Un groupe d'ouvriers de la commune voisine, Saint-Pierre-les-Nemours, l'agressa pour des affaires anciennes qu'ils avaient entre eux. Les injures commencèrent, puis les menaces. Saisissant une boîte de conserve pleine qu'il venait d'acheter, La Plume en assena alors des coups sur un des agresseurs. Les clients d'un café téléphonèrent aux gendarmes et à un médecin. Trop tard. L'homme, âgé de vingt-cinq ans, était mort. La Plume ne s'affola pas. Il entra au bistrot pour demander de bien prévenir le docteur, et revint à la grange avec sa chemise pleine de sang.

A la vue de ce sang, je me demandai ce qui s'était passé. Il me raconta la bagarre.

— Je viens de me battre contre trois types, me dit-il.

L'un d'eux s'est avancé plus près que les autres et je lui ai tapé dessus pour me défendre.

Je ne comprenais pas s'il inventait. Son histoire semblait vraie. Il ne nia pas plus les faits auprès des autorités. Un petit article que je lus dans un journal local parla d'une rixe et du décès d'un agresseur, sans commentaires. Je finis par songer que La Plume allait nous attirer des ennuis à tous. Cette histoire déplorable pour la victime et sa famille risquait de nous faire expulser des granges. Je n'avais pas envie de vivre à côté d'un assassin, qui s'était défendu, mais qui avait peut-être des torts à l'origine du différend. Cela me barbouilla l'estomac et m'empêcha de dormir.

— Tu vois ce que ton copain à fait, c'est du propre, me dit un homme en me montrant le journal.

On jasait dans le voisinage. J'étais ébranlé. La Plume prit un avocat et plaida la légitime défense. Il fut condamné à payer les frais mais pas à la prison. Il n'en parla plus ensuite, ni personne. Cette tragédie fut oubliée. Elle ne représentait qu'un épisode fâcheux de plus, dont il se sortait bien. Ses trois agresseurs ne s'étaient pas rendu compte à qui ils avaient affaire, ni pour la force physique, ni pour le caractère. Moi, si. Je savais que La Plume pouvait tuer comme il pouvait rendre service, avec la même spontanéité.

Il s'empara de mon travail de ferrailleur que j'avais eu tant de mal à organiser. Ce fut une bonne affaire pour lui. Il voulut aller à ma place chercher le cuivre et le plomb, tandis que j'aurais eu pour mission de surveiller ses affaires à la grange. Il craignait les voleurs. Ce changement me déplut. La Plume était une brute. Aucune possibilité d'aller se plaindre de son comportement auprès de qui que ce soit n'existait. Il partageait cependant une partie de l'argent obtenu, et me donnait aussi un peu de nourriture. Je ne recevais toujours pas régulièrement ma pension et désespérais d'y parvenir. En me faisant dérober la seule activité un peu rentable que j'avais trouvée et que mon mauvais état de santé me permettait d'exercer, je m'enfonçais dans le découragement.

De façon incroyable, il arriva parmi nous un autre déporté, Bernard, qui avait survécu à Buchenwald. Je ne soupçonnais pas que tant de déportés, aux vies souvent brisées, fussent si peu aidés par le gouvernement et les associations humanitaires. Cet homme vint habiter à la cave comme un malheureux. Il arrivait de La Madeleine-sur-Loing, petit village de deux cents habitants des environs. Sa femme l'avait quitté pour un autre homme. Cardiaque, travaillant à des petits boulots insuffisants, quarante-cinq ans, il fut rejeté brutalement après quelques semaines par La Plume, bien qu'il ait été sympathique et discret. La Plume faisait le vide autour de lui.

— Débrouille-toi pour trouver quelque chose d'autre, lui ordonna-t-il.

Bernard eut la chance d'être recueilli dans un petit chalet en bois, à la sortie de Nemours, par des parents éloignés. C'était un paumé qui n'aurait pas dû être un paumé. En l'écoutant parler de la vie dans les camps de concentration, j'avais l'impression de vivre comme un roi.

Je voulus reprendre mon travail de chercheur de métaux. Un immense dépotoir, long de cent cinquante mètres, large de trente mètres, créé en 1965, servait à la décharge des camions de ramassage des poubelles de cinq communes. Un syndicat intercommunal avait été constitué et le gérant de la société de camions-bennes, qui avait la main haute sur ces choses, me permit de fouiller à ma guise. La Plume me laissa alors tranquille. Un jour où j'examinais le tas de détritus en songeant à la petite fortune qui s'y trouvait pour peu qu'on se donne le mal de la ramasser, j'eus l'idée de brûler des objets afin d'en extraire le métal. Des ferrailleurs isolés venaient d'ordinaire avant moi, un père et son fils, le premier en vélo, le second en mobylette, récupérer le métal à chaque passage des camions, et il y avait une série quotidienne de camions. Les deux hommes ratissaient tout. Ils commençaient par brûler. Afin de les prendre de vitesse, je mis le feu dans le même dessein. Les camions pressaient avec une force considérable les objets et il devenait impossible de les séparer à la main, de piocher dedans. Le feu réduisait leur volume et facilitait la tâche. Mais je n'avais pas l'habitude. Je faillis créer une catastrophe.

Les flammes embrasèrent une partie importante du dépotoir et la fumée blanche, épaisse, poussée à ras de terre par le vent sur des centaines de mètres du côté de l'autoroute nouvelle, créa la perturbation. Les voitures s'arrêtèrent tant la visibilité était nulle. J'avais coupé l'autoroute en deux ! Je grimpai sur un tertre pour observer le sinistre que je ne pouvais réduire. Le gérant vint sur place, dépassé par les événements, avec deux motards de la gendarmerie, et le feu s'éteignit seul, mais la braise en profondeur persista plusieurs journées. Je rentrai bredouille. A cause de l'autoroute, je ne recommençai pas. Ce dépotoir fut fermé moins de trois ans après sa création. On l'aplanit et le recouvrit de terre où la végétation poussa bientôt, de hautes herbes et des buissons. Sa disparition me priva de revenus consistants; il ne demeura, ici et là, que des miettes et la concurrence m'interdit de plus en plus de songer à vivre de cette activité. Je me retrouvai comme avant.

J'aurais voulu que La Plume s'en aille, mais il s'obstinait à habiter la grange. Bientôt, il s'obstina aussi à habiter la vieille maison de Nemours que la mairie m'avait prêtée en attendant sa destruction en 1968. Je ne pouvais rien dire, elle n'était pas à moi.

La cohabitation avec un gars comme celui-là m'a appris, par la suite, à ne plus avoir peur de grand monde. Dans la forêt, lorsque la nuit tombait et que n'importe qui pouvait m'attaquer, je me disais parfois : « Au diable la trouille ! La Plume était peut-être pire que tous les autres réunis et il ne m'a jamais assassiné. » La lutte contre la peur ne s'apprend pas au moment où le danger existe.

La Plume fit partie de la charrette des pauvres rassemblés dans le bosquet par les responsables municipaux entre 1968 et 1971. Il avait deux fils en Italie. Il envoyait une pension à son ex-femme chaque mois. L'argent lui parvenait d'Allemagne, où il avait vécu, et depuis la France il l'expédiait en Italie. Sans logement, il ne pouvait s'en procurer un avec l'argent qui lui restait quand sa pension était payée. J'aurais voulu qu'il soit plus riche car il avait pris la meilleure place dans ma cabane.

Il était sans gêne et toute discussion s'avérait impossible. Ses accès de colère le faisaient redouter, et le métayer de la ferme voisine ne s'attardait jamais auprès de lui. Il se disputa avec un garde-chasse, le jeta au sol et je craignis de m'interposer car un coup de coude de la brute m'aurait assommé sans qu'il ne s'en aperçoive.

— Calme-toi, allons !... lui criai-je.

Il se calma.

Je devais supporter ce personnage au fond de la cabane où nous dormions ensemble. L'idée du sénateur Dailly devenait cauchemardesque. La construction d'une autre cabane n'aurait pas été tolérée. Nous ne devions pas faire un village, mais nous regrouper dans nos baraques, y prendre le moins de place et nous faire oublier. Cette période fut rude.

La Plume apprit la mort d'un de ses fils dans un accident de moto. Il pleura et se renferma. Il s'installa aussi dans la plus spacieuse des constructions abandonnées par les autres hommes, qui avaient habité le bosquet avant nous, et il me laissa en paix dans la mienne. Cela ne dura pas. Tandis que j'allais chercher de l'eau, il me vola mon portefeuille avec mes papiers d'identité.

Il avait pénétré en cachette dans ma cabane. Je le réprimandai, ce qui eu pour effet de l'étonner car personne ne se hasardait à l'affronter, mais il ne répondit pas. Il cueillait tranquillement des champignons.

Je lui donnai alors un coup de bâton sur le dos. Il en fut à peine ému. C'était vraiment un colosse. Il grogna comme une bête contrariée et garda mon portefeuille : c'était une chose dont il pourrait avoir besoin à tout hasard. Longtemps, je me suis demandé si ce n'était pas lui qui touchait ma pension.

Dans le voisinage, il allait souvent retrouver une femme.

— Je vais lui faire un procès, me dit-il, l'air terrible. Cela va se régler en justice. Je les aurai.

Il parlait de l'expulsion. Il voulait se défendre contre le propriétaire du bosquet qui souhaitait nous faire partir, car il n'acceptait pas d'être traité comme un chien.

Puis, il partit comme les autres, sans protester, sans un mot. Il s'installa dans un petit baraquement en bordure de l'autoroute où logeaient déjà deux personnes, à qui il versa un maigre loyer.

Et moi, je ne le revis plus. Depuis cette date, je restai seul dans la forêt.

C'était déjà il y a bien longtemps.

CHAPITRE XV

Après l'hiver, le printemps

DES enfants qui vivaient dans les H.L.M. neuves construites à la périphérie de Nemours s'amusèrent à explorer la forêt et à y jouer. Ils me découvrirent, parlèrent de moi dans leur entourage, vinrent me rendre visite de temps en temps. Leurs venues à ma cabane, pendant les vacances et le beau temps, ne cessèrent presque plus dès lors. Ils furent de plus en plus nombreux, quelques-uns espiègles et chahuteurs, parfois voleurs, me dérobant des objets de menue valeur, d'autres sages et tranquilles. Ils m'offrirent un coup de main pour couper du bois ou faire de légers travaux. Des enfants plus jeunes, garçons et filles, m'apportaient des dessins, me montraient leurs cahiers d'école. Ils me faisaient plaisir, mais je ne tenais pas tellement à leurs visites, me sentant responsable de ce qui pouvait leur arriver dans la forêt où ma présence les intriguait et les attirait. De surcroît, je redoutais les ragots et médisances susceptibles de se colporter sur ces fréquentations inaccoutumées.

Ces jeunes des H.L.M. firent le premier jardin que je possédai à cet endroit, un rectangle de deux mètres de long sur un mètre de large, planté de tomates et de fleurs, entouré d'un grillage pour le protéger des lapins. Ils relevèrent leurs manches et se mirent en tête de réussir ce jardin. Prenant une pioche et une bêche, ils commencèrent avec détermination et enthousiasme à préparer le sol. J'en fis autant. La tâche ne se révéla pas aisée car les racines des arbres et des buissons empêchaient de remuer la terre. Les parents de l'un de mes visiteurs travaillaient chez un grainetier. Cet adolescent apporta des graines de persil, salades, carottes. Puis, le jardin périclita. Les feuilles des arbres le recouvrirent, lui donnant trop d'ombre, et presque tout mourut. L'emplacement n'était pas bon. J'eus droit en compensation à un paquet de pâtes, deux ou trois œufs, quelque ravitaillement.

J'éprouvais aussi toutes les difficultés à empêcher les plus grands d'entailler des arbres avec des couteaux, de grimper sur le toit de ma cabane et d'y faire des sottises. Le propriétaire revint :

— L'arbre est blessé, dit-il.

Je devais veiller à tout. Certains enfants m'adressèrent des insultes, se moquèrent de ma pauvreté. D'autres m'offrirent de vieux cahiers avec des pages blanches afin que j'y écrive des souvenirs ou allume du feu. En fait, ils constituaient une petite population en bien des points semblable à celle des adultes. Mais leur présence me changeait de la solitude absolue.

Quand un enfant dépassait les limites du raisonnable, mes reproches allaient d'abord en pensée à ses parents et à ses enseignants. Je voyais beaucoup de défaillance dans l'éducation, même au fond d'une forêt. La construction de H.L.M. avait suscité l'édification d'une école nouvelle. Certains après-midi ensoleillés, les enseignants emmenaient les élèves pour des promenades de deux ou trois heures dans la forêt. Ils passaient non loin de ma cabane. Parfois, je les croisais. Quelques enfants me criaient des injures en présence de leur maître ou de leur maîtresse, qui laissait faire. Ces instituteurs m'expliquaient ensuite qu'ils n'y pouvaient rien. La faute revenait aux parents. Tout le monde se dérobait. Je n'insistais pas. De tels incidents étaient plutôt rares et s'effaçaient devant la gaieté apportée par d'autres enfants, leurs petites attentions. Une bonne quinzaine venaient me voir, par groupes de deux ou trois généralement. Certains parents vinrent ensuite, tout étonnés, échanger quelques mots. L'essentiel du temps, néanmoins, j'habitais la forêt seul comme avant, avec le souvenir d'une parole ou d'un sourire. Rien n'était changé sur le fond.

Cette ébauche de jardin me donna le désir de cultiver un vrai potager, mais les chasseurs continuaient de s'y opposer. Elle me rappela aussi, en voyant ces enfants à l'œuvre, les journées à l'orphelinat où, après le certificat d'études primaires, je fus affecté à aider le jardinier.

J'arrachais les mauvais herbes, cueillais les haricots et les petits pois. Cet homme âgé, peu bavard, était célibataire et logeait à l'orphelinat. Il travaillait sans me jeter un regard. En fait, il ne s'occupait d'aucun enfant. Pourtant, les enfants qui l'aidaient éprouvaient une satisfaction à se sentir auprès d'un homme autre que l'instituteur, qui, malgré tout, leur évoquait une vie différente, une vie extérieure. Le jardinier sortait seul le samedi ou le dimanche.

Quand il ne parvint plus à travailler, il fut remplacé par un autre plus jeune, d'aspect déluré, qui fréquentait les cafés de la ville et peut-être d'autres endroits. Les religieuses lui faisaient des réflexions devant nous, mais elles devaient mal le payer.

Le grand potager de l'orphelinat occupait toutes ses journées. On l'appelait aussi, pourtant, pour qu'il fasse office de cordonnier. Il clouait et ressemelait nos galoches. La semelle était en bois et le dessus en cuir. L'été, le bois étant trop chaud, nous mettions des souliers de cuir.

Aux yeux des enfants des H.L.M., je devais avoir le mystère de ces jardiniers, surtout du plus âgé. Je rafistolais mes chaussures. A mon tour, j'évoquais une vie différente et pleine d'énigmes.

Un jardin me devenait d'autant plus nécessaire que je n'avais pas l'habileté de La Plume et d'autres sans-logis qui, parlementant avec des commerçants, obtenaient à bas prix des volailles lorsque la date limite de vente était dépassée. Je manquais de bagout.

Cela me valut une histoire. La portion d'autoroute de la région avait été inaugurée. J'avais revu le sénateur-maire de Nemours, Etienne Dailly, accompagné pour cette inauguration du ministre des Travaux publics, Marc Jacquet, et du ministre Alain Peyrefitte qui habitait Provins, en Seine-et-Marne. Ils déjeunèrent à l'Ecu de France. La population et les journalistes étaient partis. Je vis ces personnalités entrer dans le restaurant avec, je crois, le préfet. Je n'oublierai jamais ce qui se passa, ou plutôt ce qui ne se passa pas ensuite.

Vers deux heures de l'après-midi, je revins devant le restaurant parce que c'était mon chemin, et aussi parce que j'étais un peu curieux. Quelques belles voitures noires se trouvaient garées là. Les ministres et les personnalités sortaient. Marc Jacquet me regarda. Alain Peyrefitte me regarda aussi. Je m'arrêtai. J'étais seul sur le trottoir. Le sénateur-maire Dailly leur dit un mot à mon sujet, que je ne compris pas. J'espérai une intervention. Je fus sur le point de penser que nous pouvions parler. Je crus même que le sénateur allait me faire signe d'approcher davantage. Tout prêtait à croire que ce fût possible et aisé. Les hommes prenaient leur temps, respiraient, détendus et satisfaits en sortant de table.

Puis le sénateur me tourna le dos, monta en voiture et les autres suivirent, m'ignorant, allant en paix aux affaires du pays. J'avais appris à être déçu et continuai ma route. Deux ministres et un sénateur le ventre plein qui regardent un pauvre le ventre vide, le voient-ils ? Je ne pouvais pas répondre à leur place. Je ne savais pas. L'abîme entre nous était considérable. Sans doute ne pouvaient-ils comprendre ce que je vivais. Ils m'avaient en fait regardé comme un chien, sans hostilité, mais comme un être bien différent.

Il y eut mieux à cette époque. Je marchais dans la campagne au bord d'une route entourée de champs cultivés lorsqu'une voiture me croisa. Je reconnus au volant mon instituteur de l'orphelinat, Henri Benoît, qui était un orphelin ayant eu la chance de continuer des études et de revenir dans son orphelinat enseigner à dix-sept ans et demi. C'était lui qui m'avait préparé au certificat d'études primaires les deux dernières années. Il voyageait ce jour-là en compagnie de sœur Céleste, celle que j'avais déjà vue à Nemours. Ils me reconnurent. Mon instituteur m'adressa un sourire et un signe de tête. La religieuse sourit également. Ils semblaient se dire : « Voilà un de nos anciens ! » Je n'avais pas revu l'instituteur depuis plus de vingt-cinq ans. Je fus surpris et supposai tout de suite qu'ils voyageaient dans la région pour quêter en faveur de leurs établissements pour enfants. Ils continuèrent leur chemin sans s'arrêter ni m'adresser un mot. J'avais l'habitude de la solitude et du silence. C'était dur quand même. Je leur souhaitai bonne chance en observant la voiture s'éloigner entre les blés.

Durant des heures, je restais assis devant ma cabane à songer. « C'est trop boisé ici », me répétais-je encore par dérision. Quand j'en avais assez, j'allais m'asseoir, en été, sous un arbre près de l'église de Moncourt. C'était moins boisé. Je regardais passer les voitures en feuilletant un journal. Trois ou quatre heures après, un grand nombre de conducteurs revenaient en sens inverse. Moi aussi, je rentrais alors chez moi.

Devant ma cabane, une fouine saigna un rat jusqu'à la mort. J'étais assis, le rat courut, la fouine l'attrapa deux mètres plus loin. Il n'y eut pas de lutte. La fouine, qui se nourrit de sang, saisit le surmulot derrière l'oreille et le vida sur place en quelques instants. Il s'écroula sur le côté dans un reste de son sang, une flaque imbibant la terre. Je m'avançai. Le spectacle de ces tueries me déplaisait toujours. La fouine rousse, d'une incroyable souplesse, au museau allongé, aux pattes fines et minuscules, partit se cacher. J'écartai le rat afin qu'il ne se décompose pas devant mon abri ou n'attire d'autres animaux. La fouine revint pour finir de boire son sang, observa de tous côtés où il était passé, et renonça en disparaissant parmi les arbres.

Je voyais souvent des fouines et des belettes, qui chassaient des petits lapins se sauvant à toute allure devant elles. J'espérais toujours que les lapereaux leur échapperaient. Avec les années, je ne vis plus de surmulots, qui disparaissaient peu à peu de la forêt, mais seulement des mulots. La forêt changeait, et un dépotoir à proximité avait été supprimé où ils trouvaient à manger.

Les surmulots, très gros, qui venaient les premières années gratter la nuit les parois de ma cabane pour trouver de la nourriture, m'avaient réservé des surprises, surtout dans ma grange d'autrefois. Une nuit d'hiver, je m'éveillai brusquement. Un surmulot dormait contre moi pour avoir de la chaleur. En bougeant, je le dérangeai, et il s'enfuit. Une autre fois, un surmulot se coucha sur mon oreiller pendant mon sommeil, contre ma tête. J'eus peur, en m'éveillant, qu'il ne me morde. Il dormait et j'entendais son souffle, un bruit particulier avec le nez. Je bougeai, il s'éveilla et partit.

Dans la forêt, les animaux que je vis le moins furent les serpents. Je m'en méfiais, mais ils évitaient d'instinct un emplacement occupé par l'homme. Ils se raréfièrent aussi, et j'en observai de moins en moins en cherchant du bois. Une seule fois, en vingt ans, je vis une vipère approcher de ma cabane. Elle disparut aussitôt.

Un grand lézard vert attrapa l'un de mes chats par la patte arrière avant qu'ils ne soient massacrés par les chasseurs. Le lézard le mordit et tint bon, absolument immobile. Le chat se retourna, le regarda, immobile aussi, comme hypnotisé. La scène dura deux ou trois minutes devant ma cabane. Puis, le lézard vert lâcha prise, et le chat se mit à bouger à nouveau, chacun allant de son côté. La vie de la forêt était composée de milliers de petits événements surprenants, qui s'achevaient parfois par la mort d'une bête. Je sentais vivre et lutter tout ce monde autour de moi, tandis que je luttais pour demeurer vivant. A cause de cela, je ne me comportais pas en observateur comme les autres. Ces milliers de petits événements ne m'intéressaient pas toujours, tant j'avais de soucis.

Ma cabane commençait en plus à s'écrouler de vieillesse. Les poteaux maintenant les parois devaient être remplacés. Du bois solide était nécessaire. Je n'avais pas le droit d'en couper. Dans le voisinage, des travaux d'installation d'un câble souterrain me rendirent service au bon moment. Les ouvriers élargirent un chemin forestier et coupèrent de nombreux acacias, dont plusieurs furent ensuite abandonnés sur place. J'en récupérai quatre pour consolider mon abri.

Je ne disposais de rien mais, au moment crucial, je trouvais généralement sous ma main ce qu'il me fallait. De coup de chance en coup de chance inespéré, de sortie profitable (celle où je rapportais quelque chose d'utile) en sortie profitable, je pouvais continuer à vivre.

Puis, ma situation changea complètement à nouveau, par l'effet du hasard. La création d'un supermarché le long d'une route départementale, en dehors de la ville, présenta des avantages que je ne vis pas tout de suite. En me promenant, j'observai un jour le bâtiment nouveau et découvris, sous un abri, derrière le grand magasin de tôles, un amoncellement de boîtes en carton. Elles contenaient de la nourriture jetée, des denrées invendables mais encore comestibles, des fruits, des boîtes de conserve, le résultat d'un tri effectué par le personnel du magasin. On jetait tout ce qui ne pouvait plus être proposé aux clients.

Je rapportai de la nourriture à ma cabane en attendant les réactions des uns et des autres, surtout de la municipalité de Nemours où le supermarché avait été édifié, à la limite de son territoire.

Il n'y eut pas de réactions. Après l'heure de fermeture du magasin, je retournai dès lors régulièrement prendre des aliments écartés de la vente. La direction et les caissières me remarquèrent bientôt. Il n'y eut jamais de conflit. On ne me donna pas de nourriture, mais l'on ne fit pas obstacle à ce que je prenne celle rejetée des rayons. Parfois, je revenais les mains vides, pendant deux ou trois voyages, une semaine; parfois, j'avais une petite surabondance qui me permettait de faire des réserves pour les mauvais jours. Heureux de cette nouveauté, j'allais à travers la forêt et la campagne jusqu'au magasin trois soirs par semaine.

Quand la nourriture manquait, je prenais malgré tout des cartons et des sacs en plastique pour allumer le feu. Je retrouvai un peu plus d'espoir. La vie changeait. « J'ai eu bien raison, me disais-je, de ne pas me décourager... » Dans le coin, aucun autre pauvre n'agissait de cette façon. J'étais bien tranquille. Le cauchemar des visites anciennes au marché public de la ville, ou aux poubelles des commerçants, sembla de plus en plus loin.

Parmi les objets du dépotoir de Grez-sur-Loing, qui avait constitué pour moi une perpétuelle foire à la farfouille, j'avais découvert des vêtements tout à fait présentables. Face aux bureaux de la Croix-Rouge qui ne me donnait rien, un locataire d'immeuble m'avais jadis informé :

— Tu trouveras plus dans les poubelles qu'à la Croix-Rouge.

Et c'était vrai à ce moment. Devant un hôtel, j'avais récupéré des couvertures chaudes. Quelques passants me jetaient des boîtes d'allumettes, après avoir allumé une cigarette, en faisant mine de ne pas me voir. Ils me rendaient service. Il ne fallait pas être vaniteux.

Les adolescents continuaient de me rendre visite à ma cabane et un Espagnol, qui circulait en mobylette avec ses camarades, voulut se rendre utile. A ma surprise, il m'amena ses parents, qui décidèrent de venir toutes les semaines m'apporter du pain et des légumes, même de la viande. Cette nourriture provenait d'un surplus de la cuisine d'un foyer pour jeunes travailleurs, qui venait d'être ouvert, où ils étaient employés. Le couple parlait bien le français, avec un accent, et rompait ma solitude. Un jour, accusé de faire du braconnage de lapins, il cessa définitivement de venir.

Je repris alors l'idée de faire un jardin. C'était en 1982. Le seul endroit ensoleillé, à proximité de mon habitation, se situait à la lisière de la forêt, sur un monticule de terre et d'herbes, haut de deux mètres, long de cent cinquante mètres, avec des abords en pente douce. Cachés sous cette terre et cette végétation se trouvaient les restes du dépôt d'ordures constitué entre 1965 et 1968 pour le service des communes environnantes. Les détritus dormaient là depuis quatorze ans, les métaux rouillaient, se décomposaient, mais pas le verre ni les objets en plastique. A chaque coup de pioche, une multitude d'ustensiles de toutes dimensions apparaissaient, et même des jouets abandonnés, des petites voitures, des soldats, des billes, des animaux en plastique.

— Venez voir !... C'est Napoléon.

— Non, c'est Kléber.

— Moi, j'ai trouvé un tracteur.

Les enfants s'amusaient à découvrir des soldats miniatures et une foule d'objets. Toutefois, parmi les godillots, les peignes et les débris de pneus, le risque d'une blessure avec des tessons de bouteille ou des boîtes de conserve était constant. Un nettoyage, avant de bêcher et de semer, exigea un temps considérable. Mon jardin eut d'abord de petites dimensions. J'étais bien décidé à le faire malgré l'opposition de la société de chasse.

Un autre jeune m'offrit des graines de toutes sortes de légumes, m'aida à bêcher avec trois de ses compagnons, dont l'un m'apporta un râteau. Ensuite, je continuai à faire le jardin seul pendant des jours et des jours, éprouvant le bonheur d'y travailler, de nettoyer la terre, de semer, de contempler les premières pousses, les poireaux, pommes de terre, tomates, oignons, carottes, thym, endives, courgettes et d'autres plantes. Je mis des fleurs et des fraisiers, ainsi qu'un grillage autour des choux pour enrayer la gourmandise des lapins. Ceux-ci me causaient de grands dégâts et étaient d'une audace extraordinaire. Ils arrachaient des carottes entières pendant la nuit en creusant un tunnel sous le grillage. Je devais enfoncer ce dernier dans la terre de dix ou vingt centimètres, mais il m'en manquait toujours des morceaux et les lapins découvraient les passages faciles.

— A quoi sert ce fil ?... me demandaient souvent les visiteurs.

Autour d'un prolongement du jardin qui touchait presque ma cabane, j'avais fixé une ficelle à vingt centimètres du sol sur quatre piquets. Elle semblait ne rien pouvoir protéger.

— Et les chiens de chasse, vous y songez ?... disais-je.

Les chiens contournaient sagement cette parcelle cultivée, en apercevant le fil, au lieu de la piétiner.

Au cours des années, je défrichai davantage et accrus la surface du potager. Le soleil l'éclairait bien. Il manquait souvent d'eau, les insectes et les vers l'attaquaient, mais les récoltes étaient toujours suffisantes. Plus je creusais, plus je découvrais les objets apportés jadis par les camions des éboueurs. Je les mettais dans un coin par dizaines de kilos. Entre les fraises et les tomates, les morceaux de verre ne cessaient de scintiller et des petits jouets continuaient d'aviver la curiosité des enfants qui les cherchaient. Des familles entières avec leurs enfants passaient me voir pendant les week-ends. Je finissais par les connaître tous et appréciais leurs visites de quelques instants. Deux enfants, Damien et sa sœur Emelyne, âgés de neuf et sept ans, m'écrivirent une phrase touchante. Emelyne écrivit ceci :

« Ton jardin est superbe et il a même des jouets. »

Damien écrivit cela :

« Tu es gentil avec les enfants et ta cabane est belle. »

Leur grand-mère m'apporta de l'engrais et des graines de haricots, de pâtisson, de salades. Je ne risquais plus de mourir de faim, et les chasseurs avaient renoncé à supprimer mon potager et me faire partir.

A cette date, une Portugaise vêtue tout de noir, mariée et grand-mère, qui m'avait aperçu sur les routes, m'apporta une fois par semaine du pain et divers aliments. Elle ne me demanda pas si j'en avais besoin. Elle les posa d'autorité sur la table de ma cabane. Puis, elle parla en portugais et dans un français incompréhensible. Comme cela lui faisait plaisir de parler, je l'écoutais. Chaque semaine, elle revenait, parlait sans que je comprenne un mot, et disparaissait. Je ne sus jamais d'où elle venait ni ce qu'elle faisait dans la vie. J'étais incapable de saisir un mot de son langage abondant, sauf qu'elle s'appelait Maria et avait beaucoup trop de pain, disait-elle. Je crois qu'elle l'achetait parfois à mon intention. Un jour, je cassai un bol. Elle m'en apporta un autre, un beau.

Ces relations avec les gens recelaient une valeur inestimable. Des petits riens peuplaient ma vie, la transformaient par un peu de chaleur humaine. Pour la première fois, je vécus de façon presque normale dans la forêt, sans être angoissé par la crainte de me voir chassé ou d'y mourir de faim. Devant mon jardin, j'éprouvais un bonheur extrême, m'arrêtant pour le contempler. A la vérité, ce jardin fut plus qu'une source d'alimentation et un emploi du temps. Il me permit de vivre pour de bon dans la forêt. Jusqu'alors, je n'avais été qu'un survivant presque par miracle, un occupant des bois qui devait sans cesse retourner en ville, d'où il était chassé, d'où il lui fallait courir se réfugier dans la forêt. Maintenant, j'acquérais une indépendance. Je m'installais vraiment dans la forêt, mais ce ne fut qu'au bout de dix-huit ans, quand mon potager fut assez grand pour me nourrir et qu'un complément de nourriture vint du supermarché. Je m'offrais le luxe de recueillir des graines dans mon jardin pour les planter l'année suivante. Si l'on me demandait comment j'ai vécu vingt ans dans la forêt, je dirais d'abord que j'ai consacré dix-huit ans à m'y installer et à y apprendre la vie la plus rude. Autant dire que toutes ces années ne furent pas un amusement au grand air.

Les aliments jetés derrière le supermarché entretenaient ma santé. Ne manger que des choux et quelques autres légumes constituait une entreprise très difficile pour l'estomac et le moral.

— Comment vivez-vous dans la forêt ? me demandait-on parfois.

— Je vis comme ceux qui ne sont pas dans la forêt. Comment voudriez-vous que je vive autrement ?

— Il vous faudrait la télévision !...

Eh oui ! la télévision me manquait souvent. Un habitant de Moncourt m'avait donné en 1986 une petite radio, que j'écoutais chaque soir, mais j'aurais aimé des images. A part les appareils électroménagers et les commodités d'un logement ordinaire, j'avais tout ce qu'il fallait, et je vivais comme tout le monde. Pour y parvenir, sans électricité, sans gaz, sans eau courante, avec en définitive rien de ce dont les autres disposaient, je m'étais habitué à me contenter seulement de ce que je possédais. Un plat de pommes de terre cuites à l'eau, sans sel ni beurre, c'était bon. Une boîte de raviolis périmée, de céleri ou de petits pois, c'était bon. Il ne fallait pas considérer les choses autrement. J'avais occupé une grande partie de mon temps à récupérer partout des objets inutilisés, qui remplissaient un volume appréciable, et, après avoir mangé, j'y trouvais ce qu'il fallait pour bricoler, coudre avec de vieilles aiguilles ou scier du bois. Je possédais maintenant une scie. La nuit finissait toujours par tomber. J'allais dormir comme chacun. La seule différence est que je n'ai jamais éteint la lumière, ni fermé la porte à clé. Il n'y avait pas de lumière ni de clé. Le temps était long, mais l'on est bien obligé de s'arranger avec le temps. Ce n'est pas spécial à moi.

Deux cent quarante mois dans la forêt sans interruption ! Sept mille trois cents jours ! Je n'avais jamais vu de phénomènes extraordinaires dans la forêt, de ces choses étonnantes comme on en raconte dans les livres, au sujet des animaux par exemple.

— Vous avez dû en connaître des aventures en vingt ans !... s'exclament certains.

Je n'en avais pas vu tant que cela. Rien à quoi l'on s'attendrait et qui correspondrait, a priori, à une aussi longue durée. C'était même décevant si l'on se plaçait de ce seul point de vue. Ce qui prouve que l'on se fait des idées fausses sur la vie dans la nature. Pourquoi y aurait-il des choses extraordinaires plus qu'ailleurs ? Le plus étrange, le plus dépaysant a toujours été la nuit qui tombe, enveloppe les arbres, estompe les choses, paraît recouvrir d'un silence éternel et absolu le monde entier, augmente la solitude, puis recule pour laisser la place à l'aube, au retour des petits animaux et des plantes. La succession des saisons, qui sont trop chaudes, trop froides, trop pluvieuses, trop longues, trop propices aux moustiques et aux guêpes, trop semblables à elles-mêmes, c'est cela la vraie aventure dans la forêt.

Mais je n'ai pas souvent eu l'impression d'être compris. On attend des récits fabuleux. Un mois dans la neige, c'est fabuleux lorsqu'on n'a qu'une cabane dérisoire pour s'en protéger, mais je ne peux pas décrire la neige ni cent fois ma cabane noircie par la fumée, où les flocons, le vent ou la pluie trouvaient toujours le moyen de s'engouffrer par des brèches dans le toit et les parois. Je m'y habituais. Je réparais. Les faits les plus prodigieux venaient toujours de la société, les plus déments. C'est le monde qui, je crois, a quelque chose de fou. La forêt n'est pas folle. Le monde est incroyable. La forêt n'est que mal connue.

En coupant du bois, j'ai écouté une histoire stupéfiante racontée par un homme qui venait me voir de temps en temps. Tous les gens de la région en parlaient. Les arbres n'étaient pas concernés, mais seulement le monde d'où j'avais été chassé. C'était une histoire insensée qui lui était arrivée et m'obligeait à me demander si j'avais vraiment envie de retourner dans ce monde. Je le désirais encore, mais, malgré tout, j'aurais préféré que le monde soit différent. Tout avait commencé pour lui par une mise au chômage. A la fin de la période de versements d'indemnités et d'allocations, il avait cessé de toucher également des remboursements de la Sécurité sociale. Il avait décidé de prendre une assurance personnelle, volontaire.

— Je m'étais inscrit de façon volontaire, c'est ça le plus fort, disait-il.

Le voilà qui paye chaque trimestre deux mille francs, la somme exigée par la Sécurité sociale. Je rêvais un peu. Avec deux mille francs, j'aurais pu vivre des années, mais de nos jours ce n'est plus grand-chose, comme je l'entendais à la radio lors des revendications pour la hausse des salaires. Après une année, le chômeur s'aperçoit qu'il ne peut plus payer les deux mille francs, faute de revenus, et il prévient la Sécurité sociale afin de résilier son contrat.

Il reçoit alors une première lettre d'avertissement pour payer quand même, on ne veut rien savoir. Elle est assortie de menaces.

Il écrit à nouveau. Il reçoit cette fois le commandement de payer sans délai dix-huit mille francs. Il ne comprend pas d'où vient cette somme.

Il croit qu'il s'agit d'une erreur. Il montre la lettre de menace à tout le monde. Il écrit à nouveau. Son courrier arrive bien, mais la Sécurité sociale n'en tient pas compte. Elle lui réclame dix-huit mille francs à verser tout de suite parce qu'il a déclaré ne plus pouvoir payer deux mille francs. Il écrit, il téléphone, on en parle, la mairie intervient, se renseigne, constitue un dossier. La Sécurité sociale ne démord pas. Il lui doit cet argent. La loi sur l'assurance volontaire fait qu'on ne peut pas la résilier. Elle est à vie. Pour en sortir, il faut retrouver du travail, mais le chômeur, précisément, est au chômage et aucun employeur ne paye à sa place. S'il avait pris une assurance dans une société privée, il n'aurait pas eu tous ces ennuis.

Car l'affaire continue.

Un jour, il tombe malade et un médecin lui prescrit des médicaments. Il n'obtient évidemment pas de remboursement de la Sécurité sociale et il n'ose plus aller chez le médecin ou dans une pharmacie. Ce n'est pas tout car, peu après, le directeur du recouvrement des cotisations de Sécurité sociale de Seine-et-Marne, à Melun, c'est-à-dire le directeur de l'URSSAF, lui envoie une lettre réclamant soixante mille cinq cents francs ! Six millions de centimes ! La Sécurité sociale s'est fâchée, a augmenté le niveau des cotisations réclamées, et a déjà fixé cinq mille francs de majoration de retard. La somme est à payer sans délais. Et attention, elle ne concerne pas des années de cotisations, mais une période de neuf mois seulement.

Le directeur en question lui adresse la menace, sur un beau papier, « soit de délivrer une contrainte qui sera transmise à l'huissier, soit d'engager une procédure judiciaire devant le tribunal compétent ». Et voilà un chômeur mené devant un tribunal parce qu'il est chômeur, uniquement parce qu'il est chômeur, et ne peut payer une somme extraordinaire qu'il ne comprend pas. La lettre précise que, s'il ne paye pas les soixante mille francs, les frais de procédure, en plus, seront à sa charge. On ajoute : « Il est donc de votre intérêt de vous acquitter de cette dette par retour. »

Le chômeur prévient à nouveau la mairie. Celle-ci prend contact avec un contrôleur de la Sécurité sociale. Il examine le dossier. Il informe la mairie que le chômeur sera pris en charge, mais qu'une hypothèque de soixante mille francs sera constituée sur ses biens. Il doit toujours de l'argent. Quel argent ? Le service d'aide sociale du département décide alors de payer des cotisations normales, deux mille francs par trimestre, mais refuse de payer les soixante mille francs. Le conflit s'est déplacé : il est maintenant entre deux administrations.

Je ne bénéficiais plus de la Sécurité sociale depuis longtemps. Je n'ai pas connu ce genre d'affaire absurde, mais on m'a privé de ma pension d'invalidité, sans jamais m'expliquer pourquoi. Que l'on soit dans la forêt ou hors de la forêt, le monde se ressemble partout.

Quand j'étais découragé, je me demandais s'il valait la peine de continuer à vivre dans ces conditions. Chaque fois, je répondais que la vie le méritait, mais chaque fois aussi revenait un doute.

On ne me fera jamais croire qu'il existerait environ trois

millions de chômeurs en France s'il n'y avait pas autant d'égoïsme, de bêtise, de refus vaniteux de s'apporter une aide matérielle les uns aux autres. On peut avancer tous les motifs économiques, financiers, politiques, techniques que l'on veut, je ne croirai pas qu'ils conduiraient à cette situation si l'égoïsme et l'orgueil n'étaient pas des éléments également importants. Sans la difficulté de trouver un travail, je n'aurais pas vécu dans la forêt. Je dis qu'il y a des accapareurs, des profiteurs, et l'égoïsme des patrons là-dedans, pas seulement des grands patrons, mais aussi des plus petits, de ceux qui ont des postes de décisions. On veut pour soi, on ne s'occupe pas des autres, on désire être le plus fort et avoir le dernier mot. Cela crée une société barbare, sans cœur, sans humanité, et qui est aussi fragile que détestable. Je n'accuse pas plus ceux dont j'ai cité les noms ou les fonctions que ceux dont je n'ai jamais vu les visages, entendu les noms, mais qui ont peut-être des responsabilités supérieures dans des bureaux, des ministères.

L'Etat est le premier des égoïstes. Les associations ne peuvent s'occuper seules de la pauvreté. Elles sont capables de jouer un rôle d'appoint ou d'indiquer des orientations nouvelles, mais l'Etat demeure la grande force en mesure de prendre ce problème à bras-le-corps. C'est son rôle. Il doit s'en mêler beaucoup plus. Le problème n'est pas insoluble. Ce qui forme un obstacle, ce sont les mentalités.

La course à l'argent est vaine. On pousse les gens à gagner de l'argent, mais une minorité en possède vraiment, les autres traînent leurs godasses. Au-delà d'un certain niveau d'enrichissement, ceux qui veulent continuer à amasser me paraissent fous. Ce sont des malades. Et ils sont pris pour modèles par d'autres. Ça ne va pas. J'aurais aimé avoir plus d'argent, mais la belle vie des riches est provisoire, éphémère, trompeuse. Je ne l'envie pas. Elle n'est pas faite pour durer.

Un huissier de justice qui habite à quatre kilomètres de

ma cabane, en pleine campagne, a fait deux ans de prison pour avoir volé les gens lors de saisies. Il prenait chez eux directement et en gardait une partie. Tout le monde le connaît ici. Il n'en a pas honte. Il est très à l'aise. Avec l'argent volé, il s'est acheté à sa sortie de prison une vaste propriété. Il n'a plus le droit d'être huissier, mais cette sanction ne le gêne pas. Riche et parjure à la fois, il n'est pas à envier.

Quand même, il vit mieux que moi, et j'ai failli cent fois devenir un voleur. Je n'ai même pas réussi à devenir anarchiste. Ce n'est pas un système de pensée qui puisse aider les pauvres. Je n'ai jamais été anarchiste. Ce dont les pauvres ont le plus besoin, chez nous et dans les pays du tiers monde, c'est du respect des droits de l'homme, et cela ne se trouve pas dans l'anarchie.

On ne respecte pas les gens quand on ne leur donne même pas d'eau potable. Je peux en parler. J'ai passé vingt ans à marcher dans tous les sens pour aller chercher de l'eau. C'était un problème d'organisation. Sur un autre continent, j'aurais sûrement rencontré de l'eau non potable, avec des microbes. C'est la première cause de transmission de maladies dans le monde. Au niveau des Etats, ne peut-on rien faire pour assainir l'eau ? Ne peut-on vraiment rien faire ? Je dis qu'on ne veut pas, que c'est un problème d'organisation et encore d'égoïsme. Des enfants à qui on donne de l'eau non potable, ça ne devrait pas exister. Mais comment cela ne pourrait-il pas exister puisque, en France, dans un pays où l'eau ruisselle, j'ai dû me battre tant pour obtenir l'eau nécessaire à ma survie ? Je suis révolté de voir que les dirigeants des Etats ne font pas en sorte que chaque être humain sur la planète ait de l'eau potable en quantité suffisante de sa naissance à sa mort. Il n'y a pas que la faim. L'humanité s'accoutume à un phénomène pervers qui se développe en elle comme une maladie. L'humanité a besoin de se soigner.

« Et pourquoi ne détruisent-ils pas les armements ? » me demandais-je. Et j'étais un ancien militaire qui avait fait l'Indochine ! La France n'a aucune excuse d'être parmi les principaux pays vendeurs d'armes. Tous les arguments avancés, tels qu'éviter le chômage des employés des usines d'armes, obtenir de l'argent, se faire des alliés étrangers, n'ont pas de sens. Chacun a droit à un travail, mais un travail dont les fins ne soient pas viciées.

Je me suis répété ces choses au long des années, en parcourant les chemins, en retrouvant chaque jour mon coin de forêt, en étant sans cesse plus convaincu de la sottise de notre espèce.

Quand j'avais fini d'être mécontent, je regardais si mon feu de bois brûlait bien. Les activités quotidiennes me reprenaient. Je pouvais penser bien ou mal, il n'y avait de toute façon personne pour me contredire. Avec les visiteurs, je n'entamais jamais de polémique.

— Comment ça va ? me demanda un chiffonnier que j'avais connu quinze ans plus tôt et qui venait me voir une ou deux fois par an.

— Ça va doucement, c'est l'hiver.

— Alors, c'est bien. Je reviendrai au printemps.

Ma petite cabane ne suffisait pas, ni la seconde représentant ma « chambre », et, pour ranger mes affaires, je consolidai à sept ou huit mètres derrière un bouquet d'arbres mon dernier abri, très léger, uniquement composé de piquets et de grandes feuilles de plastique. Cet abri ayant la hauteur d'un homme, il ressemblait à une cabane sans en être une. L'ensemble, avec les W.-C. et le système de récupération d'eau de pluie, groupait cinq petites constructions, disposées en rond. Le centre évoquait une place de village où, quand il faisait beau temps, je mangeais et passais de longues heures. C'était là que les gens me parlaient le plus souvent.

D'année en année, j'avais construit une sorte de village miniature, de hameau invisible, où je me sentais complètement caché de tous jusqu'à ce que l'on arrive au seuil de mes abris. Le propriétaire, qui m'apporta un jour un matelas, en fut surpris. Il convint que chaque élément jouait un rôle. Tout aurait pu être réuni dans une cabane unique, mais je n'avais jamais disposé des moyens d'en bâtir une assez grande et solide.

Seize ans après mon arrivée dans ce nouvel emplacement, en 1987, le propriétaire m'autorisa à placer sur le petit sentier d'accès aux cabanes un panneau : « PRIVÉ ». Il devait tempérer la curiosité ou le sans-gêne de certains promeneurs par les jours de beaux temps. Je songeai à fixer la pancarte de Pâques à la Toussaint, mais je ne le fis pas afin que l'on ne me prît pas désormais pour un propriétaire. Je n'avais jamais rien possédé dans cette forêt et le passage y était libre pour chacun.

En 1988, la mairie de Darvault, avec un nouveau maire, me procura une carte d'identité, en remplacement de celle volée des années auparavant, et essaya à son tour de m'obtenir ma pension d'invalidité. Pour l'administration, j'étais mort depuis longtemps, rayé des dossiers. La mairie échoua, après avoir accompli des démarches durant plusieurs mois, se heurtant aux problèmes administratifs incompréhensibles que j'avais rencontrés, mais m'apporta un petit poêle à bois pour remplacer celui, détérioré et devenu dangereux, que j'avais toujours eu.

Ces gestes auraient été impensables quelques années plus tôt. J'eus l'impression de commencer une nouvelle vie, bien que l'avenir dans la forêt m'apparût aussi incertain et difficile. Des voisins m'emmenèrent même faire quelques promenades en voiture. Des enfants montés sur un beau petit poney de race shetland, avec une longue crinière blanche, vinrent à ma cabane faire une halte. Des cavaliers parcouraient les allées régulièrement, dans cette région où les centres équestres sont nombreux, mais aucun n'était encore jamais venu à mon refuge. Ce qui changeait, c'était la solitude. Je ne me sentais plus totalement seul. Pour le reste, je demeurais toujours aussi pauvre, et de plus en plus fatigué lors des intempéries. J'entendis des protestations :

— S'il a droit à une pension, il doit la toucher ! Dans quel monde vivons-nous ?...

Je me demandais bien dans quel monde nous vivions. Je me l'étais sans cesse demandé. La fragilité de cette solidarité naissante apparut pendant l'hiver de 1987-1988 où je ne pus aller chercher de l'eau. Ce que l'on m'apportait généreusement en nourriture représentait désormais une amélioration de l'ordinaire, en compensation de quoi je donnais des quantités de poireaux ou de choux, mais l'eau constituait un problème obsédant, perpétuel. La grand-mère de Damien et Emelyne, ces petits enfants qui me rendaient visite, fut la seule à s'en charger régulièrement pendant tout l'hiver et à m'en apporter en voiture. Autour, le désert, le néant. Chacun pour soi.

Puis, l'hiver passa et l'on revint me voir comme avant.

Ainsi sont les hommes.

CHAPITRE XVI

« J'espère que demain sera un jour heureux »

À l'approche de mes vingt années dans les bois, on parla davantage de ce que certains appelaient mon exploit, d'autres ma situation minable. Il y avait un côté record, et un côté échec. Une municipalité voulut m'aider à me loger. J'étais bien content. Je me faisais déjà des idées. En vieillissant, on s'affaiblit. Je souhaitais quelque chose pour l'hiver surtout, et un peu d'électricité et d'eau. Des conseillers municipaux vinrent me voir. Ils parlèrent de me placer dans un hôpital, mais je n'étais pas malade, ou dans une maison de retraite, mais je n'étais pas assez vieux. Je n'avais rien demandé de tel. Ces gens me voulaient du bien, mais nous n'avions pas la même notion de ce qui était le bien pour moi. Je préférais surveiller mon potager, avec ces pique-assiette que sont les doryphores.

Ah, les doryphores ! Ils ont été au cœur d'une fameuse histoire de la région, dont le héros était un agriculteur. En 1940, il avait sept ans. Pas question pour ses parents de l'envoyer à l'école. La grande affaire demeurait le travail des champs et le soin des bêtes. Au printemps, les pommes de terre poussèrent. Et les doryphores attaquèrent. Les doryphores sont des insectes, aux élytres rayés de noir, assez jolis, mais terribles pour les récoltes. C'était l'exode. Des familles entières fuyaient les Allemands. Elles passèrent le long des cultures. L'enfant marchait parmi ces inconnus avec une « boîte à doryphores », une vieille boîte de conserve percée des deux côtés pour laisser passer une anse constituée d'un fil de fer. La guerre l'inquiétait moins que la récolte des patates, et celle-ci beaucoup moins que le concours de doryphores qu'il faisait avec son frère plus jeune de deux ans. Le père les grondait s'ils ramassaient des doryphores dans les champs voisins parce qu'ils ne devaient pas s'occuper des ennuis des autres.

Un bel après-midi, les deux enfants, insensiblement, s'éloignèrent des parents. Quelqu'un leur demanda s'ils suivaient l'exode. Ils s'étonnèrent.

— Non, on ne suit pas l'exode, on suit les doryphores, répliquèrent-ils en continuant.

Comme ils allaient dans le même sens que les populations traversant le village, on pouvait croire que tout le monde allait à une grande chasse aux insectes. Cette année, les pommes de terre seraient tranquilles. La France était sur les routes et les deux petits paysans, avec elle, chassaient le doryphore. Leurs parents s'inquiétèrent de ne plus les voir. La mère les rattrapa en vélo. Le soir, ils ne voulurent pas qu'on jette au feu leur récolte. Plusieurs doryphores s'échappèrent, allant repeupler les terrains débarrassés de leur présence, mais l'entreprise avait été glorieuse.

Les enfants avaient suivi la masse sans la suivre, guidés par leur démarche personnelle. C'est pareil pour les adultes. Partout existent des gens qui semblent aller là où vont les autres tout en n'y allant pas. La question est de savoir si ça leur plaît ou leur fait horreur, s'ils sont vraiment libres ou contraints.

Je n'étais pas libre de refuser la forêt, mais je voulais essayer de décider des dernières années de ma vie. Je ne souhaitais pas qu'elle soit un perpétuel exode. Je préférais m'occuper de mes doryphores à ma manière.

La vie au grand air, libre, en dépit de toutes les calamités, m'apparaissait encore meilleure que la vie proposée, claustrée et déjà à moitié dans la tombe. Si l'on m'avait fait cela du jour au lendemain, je n'aurais pas résisté. Je crois maintenant que m'enfermer serait me tuer. On prend toujours des habitudes. Je ne peux pas me défaire de mes habitudes de vie dans la nature comme d'un vieil habit.

Chaque matin, entouré des arbres et des animaux, je suis émerveillé que la vie ait eu le dernier mot. La nature me paraît encore plus belle. Je ne voudrais pas la quitter comme ça.

Une mésange vient nicher entre deux planches du toit de ma cabane. Cette mésange, je l'aime aussi. Elle me connaît et dort tout près de moi. Un troglodyte venait auparavant faire son nid à l'intérieur de ma cabane, dans un coin où je séchais du bois. Les écureuils courent partout. Ils se sont habitués si bien à ma présence que, un jour, ayant découvert un écureuil mort, j'en ôtai la peau pour la faire sécher dans la cabane; un autre écureuil descendant d'un arbre se figea à cette vue. Il ne se préoccupa pas de moi. Qu'éprouva-t-il ? Il observa, pétrifié, la fourrure et s'en alla.

Des souris, de petits rongeurs, s'installent devant ma porte de longs moments sans crainte, faisant leur toilette, grappillant quelque nourriture, et repartent à pas légers et délicats.

Si près de Paris, je suis comme au bout du monde.

A mon avis, presque tout est incroyable quand on y regarde de près. Par exemple, tuer des enfants. Dans un village tout proche de ma cabane se trouvent des gens qui ont tué leurs enfants. Ils ne sont peut-être pas plus surprenants, ni méchants, que d'autres qui n'ont tué personne, pas même un lapin ou une poule. En marchant vers Darvault, on peut les rencontrer. Ce n'est pas difficile. Tout le monde sait ici où les trouver. Je veux dire tous ceux qui connaissent l'histoire des êtres, l'histoire de ce pays, surtout de notre espèce et de ses misères. On les laisse en paix. La mère a fait de la prison. Elle est aujourd'hui devenue une femme obèse et fatiguée par ses grossesses et par ses meurtres. Je ne sais combien d'années elle est restée en prison. Personne ne s'en souvient certainement aux environs. Je ne sais pas non plus combien d'enfants, ses propres enfants, elle a tués. Nul ne sait le nombre exact. Je ne suis pas sûr que les juges et les policiers aient réussi à le déterminer avec certitude. Son mari l'a aidée à tuer. Il était charretier chez les agriculteurs qui, lorsqu'ils passaient près de ma première cabane, venaient me parler.

Il est libre aujourd'hui. Lorsqu'il a été mis en prison, les journaux en ont parlé. Sa femme n'était pas encore très grosse à cette époque, sauf quand elle attendait un enfant. Du jour au lendemain, son ventre devenait plat comme une planche à repasser, à l'étonnement de tous. Elle répondait que c'était une impression, une question d'habits. Les nouveau-nés étaient enterrés dans le jardin ou brûlés dans la cuisinière. Des voisins, intrigués par le manège, alertèrent les autorités. L'effroi saisit le public. On en parla partout. Les parents meurtriers savaient qu'ils tuaient mais, pour eux, ce n'était pas tuer tout à fait. Ils pratiquaient plutôt un avortement tardif, un avortement à la naissance, rien de plus. Ils ôtaient des vies, ils ne commettaient pas d'assassinats, c'est différent. Ils interrompaient. Ils faisaient une interruption volontaire. Ils le faisaient quand ils le pouvaient, avec leurs méthodes. Leur caractère et les préjugés les plus arriérés de la campagne les conduisaient à voir d'un mauvais œil les médecins, les papiers administratifs, les obligations. L'avortement était alors illégal et les « faiseuses d'anges » travaillaient contre de l'argent, avec des risques de maladies et de décès. La méthode employée par le couple avait l'avantage de la gratuité, de la sûreté et de la facilité. D'un certain point de vue, c'était très moderne, une « Sécurité sociale » privée. C'était l'avortement retardé parce que les parents ne pouvaient pas l'accomplir plus tôt, tout simplement, l'avortement différé, sans intermédiaires. Ils tuaient les enfants de leurs propres mains à la naissance. Etait-ce plus lâche ou courageux ? Etait-ce plus sale ou propre ?

On les a relâchés et ils sont revenus vivre chez eux. La

population les a maudits et puis leur a parlé plus ou moins comme avant. Ils sont retraités aujourd'hui et ont de grands enfants, qui viennent les voir, car ils ne les tuaient pas tous. Ils n'en auraient peut-être même tué aucun s'ils avaient eu de quoi les élever. Je ne suis pas certain qu'ils aient bien saisi pourquoi on les avait emprisonnés. Jusqu'à trois mois on peut tuer maintenant, dans le ventre, ensuite on ne peut plus. C'est la loi. Dédé et sa femme pensaient dans leur ignorance et leur pauvreté, et avec leur fichu caractère, que ce n'est pas plus grave un peu après qu'un peu avant. Ils étaient barbares, c'est certain. Ils étaient sans cœur ni répulsion. Toute mise à mort m'a toujours inquiété, même celle d'un arbre ou d'un animal. Et que dire de la mise à mort d'un frère, d'un petit frère ou d'une petite sœur, d'un semblable de trois mois qui vit parce que son cerveau, son estomac, son foie, ses reins et tout le reste travaillent et vivent, la mise à mort d'un enfant qui bouge les yeux et la langue, suce son pouce et possède des réflexes ? Quelquefois, en pensant à Dédé dans ma forêt solitaire, je me demande s'il n'aurait pas mieux valu que ma vie se termine comme ça, avant de commencer. Combien de fois me suis-je dit : « Est-ce que cela valait la peine de vivre ainsi ? » La suppression de la vie paraît quelquefois la moins laide et la moins injuste de toutes les solutions. Mais cette laideur, cette injustice, sont surtout liées au manque de solidarité et d'entraide. On pourrait accepter tout le monde sur terre si on le voulait. On pourrait aider ceux qui en ont besoin lorsque les maux semblent se donner rendez-vous chez eux. Voilà un paradoxe : la vie gêne parfois la vie, la vie gêne souvent la vie. C'est un grand drame et un mystère. J'ai eu le sentiment de gêner, moi aussi, et d'être entouré de gens qui, comme Dédé et sa femme, auraient aimé en finir avec mon histoire un peu plus tôt. On ne m'a jamais rien reproché, c'est vrai, sauf d'être là et d'exister. Mais je suis toujours là et je tiens bon, et je tiendrai bon aussi longtemps que je le pourrai, parce que je suis content d'exister.

Je suis même contre la suppression des enfants anormaux à la naissance. On doit les aider et aider leur famille en attendant que la médecine apporte des remèdes. S'il est quelque chose que je n'aime pas, c'est l'exclusion. L'Eglise catholique n'a pas non plus assez réfléchi à ces choses. Elle exclut dans la détresse ou la misère ceux qu'elle condamne à supporter seuls des épreuves trop lourdes. C'est bien beau de dire aux gens : « Ne tuez pas les embryons, même s'ils sont anormaux, même si les conditions sociales sont mauvaises », et de les laisser se débrouiller seuls avec de bonnes paroles. L'Eglise me peine dans ses affirmations et le ton qu'elle emploie. Et puis, le médecin a un mot à dire qui ne revient pas toujours à l'évêque.

Si l'on m'a rejeté dans une forêt, c'est par facilité. Avec la même facilité, on en tue d'autres. On m'aurait tué si on l'avait pu.

A Darvault habite un couple qui abandonne ses enfants à la naissance. Tous ses enfants. Ça, c'est fort. Il en a eu une douzaine. Il ne les tue pas, il demeure dans la légalité. On ne lui fera jamais de reproches.

La femme n'est pas vieille, ni même laide. Elle est alcoolique, comme lui. Quand elle a un enfant, il est pris aussitôt à l'hôpital sans qu'elle le ramène à la maison. Une douzaine d'enfants placés à l'Assistance publique, à la DDASS, dans des familles adoptives, je ne sais où, avec un avenir incertain, et peut-être d'autres enfants à venir. J'espère que le monde leur offrira mieux qu'une forêt.

— Une bonne nouvelle !... J'ai une bonne nouvelle !... me dit avec joie un conseiller municipal en 1988. Votre pension ! Ça y est !... On a écrit...

Depuis si longtemps que cette pension ne me parvenait pas, on avait fini par imaginer que j'affabulais peut-être. L'administration était en correspondance avec la mairie de Darvault, qui espérait obtenir satisfaction. En attendant, la mairie m'offrait quelques repas. J'obtins même du bon café pour trente francs. Je le préparai avec soin, le savourai. Quel délice ! Mais il n'avait pas fallu que les efforts de la mairie pour aboutir à cette tasse de café. Il avait fallu tout un mouvement d'opinions, des discussions, des interventions de la part de diverses personnes.

Néanmoins, ma pension, si elle me parvenait, serait trop faible pour me permettre d'envisager une modification radicale de ma vie.

Je continuai à cultiver mon jardin et à recueillir les denrées jetées derrière le supermarché. Un grand arbre mort à proximité de ma cabane m'inquiétait. Il allait tomber par un jour de vent violent. Je ne pouvais le couper sans risquer une fausse manœuvre où il aurait écrasé mon abri. Au cours des années, j'avais vu cet arbre vieillir, se dessécher, se fatiguer, et mourir. Maintenant, il ne lui restait plus qu'à coucher sa tête contre la terre, dans un grand bruit de géant qui jette son dernier cri. Je l'examinai bien. Il pouvait tenir debout encore quelques années. De nous deux, lequel allait partir le premier ?...

Je ne voyais pas mon avenir dans la forêt avec clarté ni sécurité. Je ne l'avais jamais vu sous un jour favorable. J'attendais de quitter les lieux dans de bonnes conditions.

On a toujours tort de désespérer. L'espérance est l'une des choses les plus belles et utiles qui soient, avec la volonté de surmonter ce qui paraît implacable. Il n'y a pas de lieux ni de situations particuliers pour en faire l'expérience. Quand on a essayé de vivre au mieux de ses possibilités, en ne voulant nuire à personne, et qu'un événement contraire survient, il ne faut pas paniquer dans le cas où les choses ne se passent pas comme on l'aurait voulu. Je me le suis souvent répété. C'est là encore un de mes secrets de la vie dans la forêt. Si l'on est mis à l'écart des autres pour un motif qui dépend plus ou moins de soi, ou pas du tout, une maladie, un échec social, la vieillesse, un problème familial, il faut prendre la réalité avec philosophie. J'assure que c'est moins difficile qu'on ne le croit si l'on ne se braque pas, et essayer de redresser la situation du mieux que l'on peut. Si l'on échoue, eh bien, il convient de se dire que la réalité ne s'arrête quand même pas là. Moi je crois à l'immortalité. En attendant, on doit se convaincre que la vie mérite de continuer. Je me disais quand plus rien ne marchait : « Je vais vivre d'une autre façon, tant pis, je vivrai quand même, et je deviendrai peut-être quelqu'un de meilleur, qui sait ? »

En tant que chrétien, il me semble qu'il ne faut pas avoir une courte vue sur les drames et le malheur. Si l'on n'est pas chrétien, il existe beaucoup de manières de saisir que le monde ne s'arrête pas à soi. On baigne dans un mystère traversé par des choses bonnes et des choses mauvaises. Parfois, il est nécessaire de se révolter. On est en état de légitime défense physique ou psychologique. Mais le combat n'est pas toujours possible, et il faut bien réfléchir auparavant. Je me suis beaucoup plus défendu et révolté qu'on ne peut le croire, mais j'étais bien trop écrasé pour vaincre seul. La solidarité a manqué.

Si je n'avais pas rencontré le Christ, je me serais peut-être suicidé en définitive. Je n'en sais rien. Ma vie dépourvue de sens était trop dure, inhumaine. Pourtant je ne suis ni un moine, ni un trappiste, ni un chartreux ni même un chrétien doué pour la prière programmée. Je ne possède pas de Bible, ni aucun livre religieux. Je n'ai jamais vu de Bible jetée nulle part. Le Christ m'était nécessaire par moments. Il savait ce que je ne savais pas, ni de moi, ni des autres, ni du monde. Je n'étais pas obsédé par la vie dans l'au-delà, mais j'avais confiance.

La mort de ma mère me revenait en mémoire de temps en temps. J'aimerais aller sur sa tombe pour la première fois, revoir les lieux de mon enfance, retrouver les personnes qui survivent peut-être de ma famille.

Le vingt-et-unième hiver dans la forêt est commencé. Le problème de l'eau se pose à nouveau. Chaque hiver, je me sens un peu plus faible. Cette histoire n'est pas finie. Peut-être ne fait-elle même que débuter pour de bon, avec de nouvelles surprises et des épreuves.

Depuis toujours, je me suis trouvé dans une espèce de boule qui roulait, qui roulait tout le temps en m'emportant, et je ne parvenais pas à en sortir ni l'arrêter.

A soixante-deux ans, j'espère encore que les choses vont s'arranger. Il n'y a pas de raison pour qu'elles empirent. J'ai mis du bois sur le feu allumé dans ma cabane. Les flammes douces et claires s'élèvent. J'ai passé une éternité à regarder ces flammes qui, pendant les longs hivers, m'offraient la seule chaleur de tendresse et d'amour capable de m'aider à tenir jusqu'au lendemain, puis jusqu'au printemps, et à espérer. Je n'ai jamais cessé d'espérer. C'est ma tendance la plus irrésistible. Aujourd'hui, j'espère qu'il peut encore se passer quelque chose d'heureux. J'espère que demain sera un jour heureux.

Comment j'ai connu Raymond Pin

par Michel Damien

Il n'avait pas de nom. Il n'avait pas de visage. Il n'était qu'une silhouette fondue dans la nature. On disait qu'il vivait seul dans la forêt à l'écart de tout, sans savoir pourquoi ni comment. Ni même depuis quand. Quinze ans, vingt ans, peut-être plus, racontaient les paysans du lieu. Il ne touchait pas de pension de l'Etat, prétendait-on, rien d'un organisme public ou privé. Mais il ne demandait d'aide à personne. Savait-il même encore parler ?

Pendant l'hiver 1984-1985, un froid exceptionnel s'abattit sur nos régions. La température descendit à moins vingt-cinq degrés dans le village tout proche où j'habitais depuis peu. Elle atteignit moins trente dans une autre commune. Non loin de là, quelque part dans la forêt contiguë aux dix-huit mille hectares de la forêt de Fontainebleau et des bois privés attenants, rendue inaccessible par les intempéries, Raymond Pin vivait. Survivait. Les plantes gelaient, les compteurs d'eau éclataient. Cet homme résistait. Quel était son secret ?

On dénombra des dizaines de morts en Europe. Personne ne s'occupa du sort de l'homme solitaire, aussi coupé du monde dans sa forêt que s'il vivait en haut de l'Himalaya.

Au printemps, il réapparut, fringant et de bonne humeur, paraissant savourer la douceur du temps, la beauté des premières fleurs et des insectes. Nul ne s'en étonna. Les anciens du pays étaient habitués. « Ce n'est pas un homme comme nous, me dit l'un d'eux. Il vit autrement. »

Ces propos n'expliquaient rien. Ils traduisaient peut-être seulement l'indifférence. Depuis le temps que l'énigme Pin existait, elle n'intriguait plus personne.

L'hiver suivant, il neigea beaucoup. Tous les chemins conduisant à l'endroit où l'on pouvait supposer que se trouvait sa cabane furent rendus impraticables, comme la route communale traversant la forêt. Les chasse-neige n'avaient pas approché cette forêt blanche dépourvue de toute habitation. Je tentai malgré tout, un après-midi, d'y accéder. Lorsque je commençai à marcher sur la route, je crus impossible d'avancer, même avec des chaussures de montagne et un solide équipement. La neige se trouvait prise entre deux couches de glace d'un centimètre, l'une formée au sol, l'autre à la surface. On glissait sur deux patinoires superposées. Les variations brutales de température avaient créé ce phénomène dangereux. A chaque pas, un craquement retentissait, comme celui de vitres cassées. Pour éviter cet obstacle, il fallait atteindre des champs cultivés en blé d'hiver. Des congères ne s'y étaient pas formées comme sur la route. Les mottes de terre irrégulières sous la glace permettaient de progresser. La lisière de la forêt, à moins d'un kilomètre, constituait un mur derrière lequel la vie animale s'abritait du vent et des tourbillons de neige. L'homme solitaire y vivait aussi.

« Comment peut-on résister là-dedans ? » songeai-je.

J'atteignis enfin la forêt où le vent rugissait moins fort Aucune trace de pas humains n'était visible. Seules de rares empreintes d'animaux sauvages s'y laissaient observer. Un oiseau de grande taille avait été dévoré par un prédateur. Des plumes et quelques traces de sang et de combat restaient sur la neige. Après une heure de marche, j'entendis des coups résonner. On coupait du bois au loin, tandis qu'une légère odeur de fumée se répandait. Puis, les coups cessèrent et le silence redevint total. La cabane dissimulée par des troncs hauts et nombreux n'était pas perceptible. Je ne voyais pas la fumée. A mesure que le jour déclinait, le froid glacial devenait inquiétant et la nature n'invitait pas à passer une nuit en ce lieu aussi beau qu'inhumain. Tout apparaissait blanc, silencieux, immense. « Ce n'est pas possible d'abandonner un homme dans ces conditions », songeai-je. Pourtant, il n'y avait rien à accomplir en sa faveur ce soir-là. Il avait organisé sa survie. Je risquais de ne pas pouvoir repartir à la nuit tombée et d'être prisonnier de la forêt et de la glace jusqu'au matin. Je fis demi-tour sans atteindre la cabane. Il me sembla que la résistance de cet homme n'expliquait pas tout. Il fallait de l'intelligence, de l'ingéniosité pour survivre ainsi, quelque chose d'exceptionnel, de peut-être inaccessible comme l'était son abri au fond des bois.

Je voulus en savoir davantage. Il s'avérait impossible, après ce nouvel hiver, de continuer à faire comme si nous n'étions pas responsables de la situation de Raymond Pin, comme si nous ne risquions pas d'être complices de sa mort, de sa souffrance.

Je n'avais pas l'intention d'écrire un livre, ni de l'interviewer à ce moment-là. Je passai d'ailleurs les deux premières années où je m'installai dans le village voisin, en 1982-1983, sans être informé de son existence. Je ne le vis pas une seule fois. Et puis, un jour, je le croisai par hasard sur une route de campagne déserte. Il poussait un petit véhicule. Il disparut ensuite dans la forêt. Il m'intrigua. Deux ou trois mois s'écoulèrent avant que je ne l'aperçoive à nouveau. Il ne ressemblait à personne, ni à un promeneur, ni à un vagabond, ni à un bohémien, et ne se livrait à aucune des activités des habitants de la région. Il avait une tenue soignée. Il était propre, bien rasé, bien coiffé, n'évoquait pas l'homme des bois hirsute de l'imagerie populaire. Il poussait d'un pas tranquille le même petit chariot, bien que ce terme ne convienne pas. C'était un engin indescriptible avec quatre roues de tailles différentes, bancales, fait de planches liées par du fil de fer. Il marchait avec dignité. On ne pouvait rien transporter à l'aide de ce véhicule. Il emportait néanmoins dessus, à grand-peine, deux jerrycans sur lesquels était inscrit : « Ammoniaque. » Il avait dû longtemps récurer ces deux bidons avant d'y transporter ce que je supposai être de l'eau.

Il ne fréquentait personne, mais ne se montrait pas ennemi des contacts humains. Aux salutations faites en se croisant, ce jour-là et d'autres, il me répondit aimablement, avant de poursuivre sa route d'une démarche sereine.

Cependant, une personne de ma famille l'aperçut un jour qu'il éprouvait des difficultés à gravir une côte avec son chariot. Elle baissa la vitre de sa voiture, s'inquiéta de savoir s'il pouvait marcher. Il finit par dire qu'il était très fatigué et avait mal à la tête. Elle lui donna deux aspirines.

« Ne vous en occupez pas, ma pauvre dame ! C'est peut-être un homme dangereux ! Passez votre chemin sans vous arrêter… », lui conseillèrent certains.

« Et s'il mourait un jour sans prévenir ? » s'interrogèrent quelques autres dans les villages alentour. On ne pouvait pas habiter éternellement la forêt. Les arbres eux-mêmes meurent. « Oh ! ce ne serait pas une grande perte ! » répondirent plusieurs, jeunes et vieux.

Je revins le voir. Avec stupéfaction, je découvris sa cabane. Elle ne ressemblait pas à ce que l'on pouvait imaginer. Les chevreuils et les lièvres connaissaient cet habitat mieux que les hommes. La forêt de Fontainebleau et ses alentours, d'après un recensement effectué en mars 1988 par l'Office national des forêts, possédait un effectif probable de trois cent vingt-cinq cervidés, des grands cerfs, des hères, des biches et bichettes.

Mais cet homme me dit qu'il ne chassait pas, ne pêchait pas, ne coupait même pas un arbre vivant. « La forêt ne m'appartient pas », conclut-il.

Je lui demandai s'il avait besoin de quelque chose. Il souhaita seulement obtenir de l'eau chaude et des journaux. Ce ne fut qu'à ma cinquième visite qu'il ajouta qu'un peu de lait lui ferait du bien et qu'il n'avait pas mangé de viande depuis longtemps. C'était l'inverse d'un mendiant. Il tenait à la fois de Robinson Crusoé et de Dersou Ouzala, cet homme seul dans la forêt de Sibérie découvert en 1902 par l'explorateur russe Vladimir Arséniev, mais aussi des « nouveaux pauvres », des pauvres du quart monde, de ceux en état de « pauvreté dépassée » comme il y a des comas dépassés.

A l'évocation d'un éventuel travail lui permettant de gagner un peu d'argent, il estima qu'il lui faudrait maintenant au moins trois mois avant de se réhabituer à une vie normale. Il fallait agir lentement. Je lui offris une petite radio sans être sûr d'avoir raison. Il me manquait la certitude que ce contact nouveau avec le monde, les informations de la terre entière, surtout des pays riches, de leurs publicités et de leurs mœurs, n'allait pas lui faire plus de mal que de bien. Six mois après, il m'apprit qu'il l'écoutait tous les soirs.

Un après-midi d'été, je l'observai en train de faire de la confiture de prunes. Il avait dilué cinq morceaux de sucre dans deux grands bocaux. L'acidité des fruits demeurait. « Cinq sucres, cela se sent, dit-il. On voit la différence quand il n'y en a pas... » Il battait son linge sur une installation de planches pour le laver à la façon des lavandières. A n'importe quel moment, je le trouvais absorbé dans ses occupations.

A l'approche de l'hiver 1987-1988, je prévins les responsables de la Croix-Rouge et du Secours catholique de Nemours, commune la plus proche à posséder des stocks de vivres et de vêtements. En dépit de leur expérience de la misère, ils estimèrent cette situation incroyable. On me donna une couverture, un pull-over, un repas froid à lui remettre. « Ils ont de quoi vous habiller et vous nourrir », dis-je. Il accepta les dons avec un manque d'enthousiasme et un sourire sceptique qui m'étonnèrent. « Il y a beaucoup de menteurs et de mensonges », commenta-t-il.

Peu après, un notaire à qui j'en parlai vint à sa cabane à

titre privé se rendre compte et lui apporter une lampe de camping à gaz et un manteau. C'était bien la première fois que cet homme pauvre portait un manteau de notaire.

Des questions furent soulevées avec les associations humanitaires. Comment pouvait-on vivre aujourd'hui en France pendant tant d'années sans être remarqué de personne ? La réponse fut que de nombreux habitants des environs, des conseillers municipaux, des maires, des médecins, des prêtres (dont un évêque), des assistantes sociales, des responsables de ces organismes d'entraide, des fonctionnaires ayant qualité pour intervenir, savaient ce drame quotidien et fermaient les yeux. Pourquoi ? Chacun estimait que ce n'était pas son affaire.

On en parla dans trois villages environnant la forêt. Un retraité vint à son tour offrir un anorak et des vivres. Mais les communes et les organismes d'entraide se renvoyèrent les responsabilités. Ils engagèrent une polémique entre eux. Le solitaire de la forêt n'y participa pas, indifférent, muet.

« C'est l'un des hommes les plus pacifiques de la région, me déclara un maire. Il ne ferait pas de mal à une mouche. Mais c'est la commune voisine qui doit le prendre en charge. »

On n'aboutit à rien. Huit mois après le début des discussions, on en était au point mort. Sa pension d'invalidité ne lui parvenait pas depuis des années. L'Etat était concerné, les communes étaient concernées, les voisins immédiats étaient concernés. Et, comme si vingt années d'inertie et d'indifférence à l'égard de Raymond Pin ne suffisaient pas, elles furent couronnées d'un festival de complications administratives et de veuleries. « Nous ne savions pas qu'il vivait ainsi », me déclarèrent quelques conseillers municipaux qui n'avaient cessé en réalité de le surveiller. Car c'était depuis longtemps, à sa manière, une célébrité. Sa réputation d'homme honnête et tranquille était solidement établie.

Français et médaillé militaire, il ne pouvait même pas

donner une facile bonne conscience en se laissant confondre avec un immigré clandestin ou chômeur.

Mais il serait mort depuis longtemps sans son ingéniosité et sa volonté de survivre. Ce n'est pas une nouveauté de dire que l'on peut aujourd'hui mourir de froid ou de faim en France sans que cela n'émeuve personne.

« C'est lourd », lui disait une propriétaire aisée d'un village en le voyant comme tout le monde pousser et tirer, sur une petite route, son chariot désarticulé avec les deux bidons d'eau. « C'est lourd », répondait-il en souriant avant de disparaître dans l'ombre des arbres. « N'avait-elle pas peur de vous dans un lieu aussi désert ? », demandai-je plus tard à l'homme de la forêt. « C'est plutôt moi qui avais peur d'elle ! », me répondit-il sans hésiter. Il savait que les riches, ou au moins ceux qui possèdent des biens, des propriétés, ont l'habitude de s'adresser aux autorités pour faire partir les pauvres de leur voisinage, simplement parce que la vue de la trop grande pauvreté est désagréable ou insoutenable. Mais Raymond Pin avait la chance d'être enveloppé, protégé, et comme « habillé » et « embelli » par la forêt tout entière, sa meilleure protectrice, sa complice.

Ce fut l'eau qui nous rapprocha, lui et moi. Je ne sais s'il faut y voir un symbole. L'homme subsistait l'année entière en autonomie complète, sauf pour l'eau.

J'intervins auprès des autorités. Le refus des municipalités et des organismes d'entraide de faciliter l'accès à l'eau, comme dans un pays sous-développé d'Afrique, me fit examiner le problème de plus près. Ce fut ma famille qui le résolut. Une voiture chargée de bidons s'engageait dans un chemin forestier aussi loin qu'il était possible, une ou deux fois par semaine, et des coups de klaxon appelaient Raymond Pin, qui arrivait d'un sentier étroit avec sa carriole.

Ce n'est pas qu'il m'ait réclamé quelque chose. L'affaire de l'eau se passa d'une façon déroutante, comme le reste. Un jour de décembre où je lui apportai une boîte de lait en poudre, je le rencontrai avec son chariot et ses deux bidons sur la petite route avant la forêt. Il revenait du cimetière. Je posai la boîte de lait sur le chariot en déplaçant un bidon. Après quelques mots échangés, je partis. Arrivé à mon domicile, je sursautai. Je venais de prendre conscience que le bidon était vide. Cela signifiait que l'eau du cimetière était coupée, que pendant trois mois au moins il n'y en aurait plus. L'homme n'avait fait aucune remarque. Il ne s'était pas plaint. Il était retourné sans eau à sa cabane.

La psychologie de Raymond Pin tenait, à mon avis, à trois points : se débrouiller seul; ne jamais s'énerver ou perdre le contrôle de soi; garder confiance. Un quatrième point existait, qu'il développa longuement, celui de tout prendre (ou presque) avec philosophie. A ce niveau de difficultés, cela signifiait vivre dans la spiritualité.

Nous décidâmes de nous retrouver presque chaque jour devant un magnétophone dans sa cabane. Il allumait un feu de bois avec des braises. Il s'asseyait sur une vieille chaise rafistolée et moi sur une autre du même style. J'enregistrai quarante heures d'entretien.

Bien que Raymond Pin ait vécu des années sans parler à personne, autant le lieu était pauvre, autant la conversation était riche. Cet homme ne représentait pas un philosophe formé par les livres, ni un sage exposant une doctrine, ni un esprit religieux (il ne cessa jamais de se déclarer chrétien) se référant de façon formelle à des dogmes. Il possédait une autre manière de sagesse, sans artifices, sans prétentions, cette sagesse indispensable pour vivre et se bien conduire quand un être est affronté à la misère absolue, à l'abandon total. Tout son discours reflétait une spiritualité, celle qui avait par exemple touché un pauvre prêtre béatifié par le pape Jean-Paul II, à Lyon, en 1986. Ce prêtre, Antoine Chevrier (1826-1879), avait osé écrire, avant de mourir de faim, que tous les efforts des sages et des mystiques pour être pauvres ne valaient pas la pauvreté de ceux qui la connaissent sans l'avoir recherchée : « Jamais un pauvre volontaire ne souffrira autant que les pauvres du monde...

Il faut bien se rappeler que la pauvreté volontaire et recherchée ne vaut pas la pauvreté effective du monde, des mères de famille, des ouvriers sans travail, des pauvres sans nourriture et sans logement. »

Raymond Pin n'eut jamais une parole de haine ni de rancune contre qui que ce soit. Il n'avait pas de comptes à régler. Mes questions furent nombreuses, faute de quoi des pans entiers de son histoire seraient restés secrets.

Nos entretiens auprès du feu s'effectuèrent dans la solitude d'un hiver sans visites et la sévérité impitoyable de la vérité. On entendait le vent souffler en rafales, tordre les arbres au-dessus du toit de la cabane, la pluie tomber à torrents, pendant que le froid s'abattait sur la forêt au crépuscule. Les flammes servaient de lampe. Je prenais des notes à leur lueur.

Au printemps, je demandai cette fois à Raymond Pin de m'accompagner à la Croix-Rouge. Tout lui faisait défaut. Trois bénévoles s'occupèrent de lui comme dans un magasin de prêt-à-porter. Des centaines d'habits se trouvaient rangés sur des étagères, classés par taille, pour homme, femme ou enfant. Les vêtements ne manquent pas aujourd'hui en France, la nourriture non plus, ni les médicaments. Tout est question de répartition. Pendant que Raymond Pin essayait, une bénévole s'exclama : « Cela nous fait plaisir. Lui au moins, c'est un vrai pauvre, un vrai " client " pour nous, pas comme ceux qui emportent des kilos de marchandises et vont les revendre. »

Attendre vingt ans avant de voir une détresse reconnue, c'est le signe d'une certaine inadaptation de l'action sociale à l'égard de la personnalité des pauvres et de leurs besoins. Il est parfois plus facile de donner que de chercher à qui donner ou de savoir quoi donner.

On revint toujours à la question de l'eau. En cet hiver 1988-1989, l'eau du cimetière fut coupée. Autant dire, pour Raymond Pin, que sa source était tarie. Un deuil dans ma famille nous empêcha de lui en apporter comme l'hiver précédent. « Je n'ai que l'eau de pluie, me dit-il. Si les nuages s'en vont, je ne sais ce que je vais boire. » Rien n'avait évolué sur ce point. Fallait-il qu'il aille frapper aux portes des maisons pour demander la charité d'un peu d'eau ? Oui. Il le fit. Pour la première fois en vingt ans, il en eut la force. Une pompe à incendie sur le trottoir, que des nomades utilisaient à Nemours, lui fut d'un précieux secours. Allait-on le chasser encore de la ville ? En ces jours, des chasseurs continuaient à ouvrir le feu sur sa cabane pour se distraire, comme jadis...

J'avais maintenant de longues heures d'enregistrement. Des témoins qui n'avaient pas parlé depuis des années confirmèrent détail après détail ce que je leur relatai des propos de Raymond Pin. « J'y étais... J'ai vu... J'étais présent... » Les langues se délièrent. Toute une région s'éveillait, se souvenait, se regardait dans un miroir. Plus encore, c'était une partie de l'histoire de France qui se racontait, deux décennies de nos mœurs, de nos mentalités, concentrées autour de l'exclusion d'un des plus pauvres et des plus oubliés des citoyens. L'histoire d'une déshumanisation, d'un rejet dans l'oubli, dans le néant, d'un être humain. D'un frère en humanité auquel on ferme ses oreilles, son cœur, sa conscience. Une sorte de meurtre sans nom, un crime raciste sans effusion de sang, sans racisme. Un acte exemplaire dans son horreur propre.

A l'été 1988, la fête à Moncourt rassembla dans le parc du château les familles du village, les riches et les autres. J'y aperçus Raymond Pin à côté du maire. Point n'est besoin d'aller loin pour voir se côtoyer les extrêmes. Par une ironie supplémentaire du sort, les maisons les plus cossues sont les plus proches de sa cabane, les pavillons modestes les plus éloignés. Le curé dit que les quêtes à la messe sont bonnes par rapport à d'autres paroisses.

Point n'est besoin de réfléchir pour comprendre que la misère a une inséparable compagne : l'indifférence. Et l'étroitesse de notre regard.

Avant notre rencontre, Raymond Pin s'imaginait conduit de façon inéluctable à l'hospice. « Ou même à la Maison de

Nanterre », ajouta-t-il en songeant à cette sorte de prison pour clochards et sans logis. Il n'y croyait plus. Il ne voulait plus y croire.

Quand j'eus fini mes enregistrements, je demandai à Raymond Pin ce qui avait été l'événement le plus marquant, le plus dur, de ces vingt ans. Nous étions dans la forêt, à l'emplacement où sa cabane avait été brûlée, à Noël 1971. Il se pencha et, saisissant une poignée de terre à laquelle se mêlaient encore des cendres, la fit couler entre ses doigts.

« Le plus dur, dit-il, ça n'a pas été un événement. Le plus dur est ce qui a été mon pain quotidien, mon lot de chaque jour : la solitude. »

M.D.

TABLE DES MATIÈRES

Achevé d'imprimer en février 1989
sur presse CAMERON,
dans les ateliers de la S.E.P.C.
à Saint-Amand-Montrond (Cher)
pour le compte des Éditions Calmann-Lévy
3, rue Auber, Paris 9e
N° d'éditeur : 11481/01
N° d'imprimeur : 7300-154
Dépôt légal : mars 1989